国学大讲堂

用人之道

钱浩 编著

中国言实出版社

图书在版编目（CIP）数据

用人之道 / 钱浩编著．—北京 ：中国言实出版社，
2016.3

　ISBN 978-7-5171-1775-9

　Ⅰ．①用… Ⅱ．①钱… Ⅲ．①人才学－中国－古代－
通俗读物　Ⅳ．①C96-49

中国版本图书馆 CIP 数据核字（2016）第 024436 号

出 品 人：王昕朋
责任编辑：周汉飞
文字编辑：江　北
美术编辑：杨　光

出版发行　中国言实出版社
　　　地　　址：北京市朝阳区北苑路 180 号加利大厦 5 号楼 105 室
　　　邮　　编：100101
　　　编辑部：北京市海淀区北太平庄路甲 1 号
　　　邮　　编：100088
　　　电　　话：64924853（总编室）　64924716（发行部）
　　　网　　址：www.zgyscbs.cn
　　　E-mail：zgyscbs@263.net
经　　销　新华书店
印　　刷　北京永顺兴望印刷厂
版　　次　2016 年 5 月第 1 版　　2016 年 5 月第 1 次印刷
规　　格　710 毫米×1000 毫米　　1/16　　18.5 印张
字　　数　280 千字
定　　价　58.00 元　　ISBN 978-7-5171-1775-9

前　言

国学是中华民族优秀传统文化，是数千年来中国人思维方式、行为方式、生活方式的高度概括。广义的国学，即胡适先生所说"中国的一切过去的历史文化"，包括思想学术、文学艺术、数术方技等各个方面。狭义的国学，则集中体现在我国传统图书分类的"经、史、子、集"四大部类中。

如果将国学比作一座文化大厦，其中经部代表的儒家思想是大厦的钢筋结构，史部所记载的文明进程是大厦的水泥浇筑，二者共同构成了国学的主体部分；子部的百家思想，则是大厦的门窗，可以让室内空气流通、充满生机；集部中的各类文集就是大厦里的装潢、家具、内饰等，丰富多彩。

人们初次走进一座大厦，往往先被大厦中的装潢、家具、内饰所吸引，就如同人们对国学感兴趣，往往是从集部中的诗词曲赋、小说散文开始的。故此，要想全面深入地了解国学、学习国学，就必须去解读这座文化大厦的整体结构，必须从对集部的喜爱，发展到对经、史、子、集各部的研读。

中华文明绵延五千年，国学经典浩如烟海，蕴涵着丰富的精神资源，比如大同世界的伟大理想，兼善天下的济世情怀，民贵君轻的理政思维，无为而治的治国方略，仁慈兼爱的博大胸襟，先忧后乐的爱国精神，忠恕孝悌的人际准则，崇礼尚义的道德风尚，执两用中的中庸法则，天人合一的生态观念，日日精进的治学精神，有教无类的教育理念……这些精神资源，是中华文明萌发壮大的文化基因，也是中华民族自强不息、厚德载物的精神滋养。

继承和弘扬优秀的传统文化对于实现民族伟大复兴的中国梦有着重要的战略意义。2013年8月，习近平总书记在全国宣传思想工作会议上指出："中华优秀传统文化是中华民族的突出优势，是我们最深厚的文化软实力。"2017年1月，中共中央办公厅、国务院办公厅印发的《关于实施中华优秀传统文化传承发展工程的意见》指出："文化是民族的血脉，是人民的精神家园。文化自信是更基本、更深层、更持久的力量。中华文化独一无二的理念、智慧、气度、神韵，增添了中国人民和中华民族内心深处的自信和自豪。"实施中华优秀传统文化传承发展工程，是建设社会主义文化强国的重大战略任务，对于传承中华文脉、全面提升人民群众文化素养、维护国家文化安全、增强国家文化软实力、推进国家治理体系和治理能力现代化，具有重要意义。

对于广大党员干部来说，积极汲取传统文化中的思想精华，能够开阔胸襟、改进方法、增强智慧，提升思维层次和领导水平，提高为人民服务的本领和能力，从而更好地担负起执政使命，带领人民群众不断推进改革开放和社会主义现代化建设事业，进而实现中华民族的伟大复兴。

为了帮助广大党员干部阅读、理解、掌握国学经典中的智慧，我们出版了"国学大讲堂"系列图书，包括《修身之道》《齐家之道》《治国之道》《处世之道》《用人之道》《谋略之道》，从不同的角度分析并总结出传统文化中的思想精髓，同时大量引用古今经典案例，贴近广大党员干部的工作、学习和生活，以增强可读性和实用性。希望"国学大讲堂"系列图书能够为党员干部提供治国理政的参考和修养的镜鉴。

由于编者水平有限，书中偏颇、错讹之处在所难免，敬请广大读者批评指正！

编　者

目 录

CONTENTS

第一章　为政之要，唯在得人

明人刘基说："有天下未尝无人也，有人未尝无用也，用得其当谓之得人，用失其当谓之失人。"可见，要想取得成功，必须懂得如何正确用人。而正确用人的基础和先决条件，便是能够得人。

第二章　知人用人，辨识有方

人才之间存在着千差万别，即使相似的人才，也会因客观条件的影响而拥有不同的潜能。领导干部挑选人才是有方法可循的，如荀子的"四观法"、诸葛亮的"七观法"、曾国藩的《冰鉴》等。

第三章　德才兼备，以德为先

从古至今，在选任贤才的问题上，德才兼备都是首要的条件，有德无才难堪大任，有才无德更为危险，即所谓"大德不至仁，不可以授国柄"，对于党员干部来说，重视德行，尤为重要。

第四章　不拘一格,广纳贤才

千篇一律的择人标准,只能选出结构单一的人才队伍,所以,必须敢于打破常规,突破选才的窠臼,不以学历资历为准,任人唯贤,重视年轻干部的培养和锻炼,做到"不拘一格"用人。

第五章　量才使能，善任有为

量才使能是一种艺术，对于领导者来说，只有用对了人，用好了人，使人各安其位，才各尽其长，各得其所，在合适的岗位上尽可能发挥出其全部的才能，才能取得事业的成功。

第六章　立政之道，察吏为先

清代张士元认为："用人之道，在核名实而已。名实既核，则忠佞与优劣俱见。"对于人才，不经过"核实"就不能加以任用。同样，巩固政权，必须对官员进行考核评价。

第七章　用人不疑,信之笃之

"用人不疑,疑人不用"的用人观体现了用人者的识人能力,体现了对人才的尊重与信任,能够给人才以自由发展的空间,充分调动人才的主观能动性,对于吸引和使用人才都是有益的。

第八章　容才为上，育才为任

一个人优点越突出，其缺点往往也越明显。领导者既要有识才之明、用才之智，也要有容才之量、爱才之心，包容人才的缺点。此外，对人才的培养和储备，也应该上升到战略的高度。

第一章　为政之要，唯在得人

　　人才是成就一切大业的基石和先决条件，用人是为政之本、治国之本、安民之本。古今中外，凡成就大事业者，都十分重视人才的作用。如刘邦曾说"得人才者得天下"；李世民提出"为政之要，唯在得人"；康熙指出"政治之道，首重人才"。古代治国者对人才作用的认识可以说达到了很高的水平，直至今天仍有共鸣之处。

◎周公吐哺，天下归心

◎人才之盈虚，视上之好恶

◎争天下者，必先争人

◎卓异之才，凡眼不识

◎得天下之才，而尽用之

◎君子之交，和而不同

周公吐哺，天下归心

> 山不厌高，海不厌深。周公吐哺，天下归心。（三国·曹操《短歌行》）
>
> 山不嫌尘土积聚才能高，海不嫌细流汇合才能深。要像周公那样殷勤地接待人才，使天下人才都集中到我这里来。这句诗表达的是曹操渴求贤才的急切心情和博大胸襟。

周公，姓姬名旦，西周初期人，是我国历史上有名的政治家，以贤能、仁爱著称。

周公辅佐武王，为周朝的建立和巩固立下卓绝的功勋。他十分尊重和爱惜人才，"犹恐失天下贤人"而"一沐三捉发，一饭三吐哺"，以腾出时间接待天下贤士。正因为如此，周朝才变得人才济济，制度完备，延续了八百年基业。

三国时期的袁绍与曹操论兵，曹操说出自己平定天下的策略，"吾任天下之智力，以道御之，无所不可"。曹操重视人才是出了名的，贤士许

国学名句集锦

免人之死，解人之难，救人之患，济人之急者，德也。德之所在，天下归之。

——《六韬·文韬》

攸来降时，曹操连鞋子都来不及穿就跑出去迎接。也正是由于曹操"求贤若渴"，像郭嘉、荀攸、贾诩、张颌、文聘等许多敌方阵营的文臣武将纷纷投奔而来，帮助曹操成就了一代霸业。

曹操在《短歌行》中说，"山不厌高，水不厌深，周公吐哺，天下归心"。意思就是要像周公那样，听说人才来了要把吃进口中的饭菜吐出来，然后赶紧去迎接贤士。连咽下食物的时间都没有，就怕轻慢了人才，这样急迫的求贤之心自然会让人才趋之若鹜。

周公位高权重，在剪个头、吃个饭的时间里都要接见三次客人，我们不仅看到了周公的勤政，还看到了勤政爱民的"低姿态"。正因为他放低了姿态，如百川汇海一般，人心才向这里凝聚，人才便欣然归附。

反观当前有极少数领导干部，显然没有学好"周公吐哺"的精神。有些官员"庸""懒""散"，办公室不"办公事"，没有做到执政为民；有些官员没有贯彻"德才兼备，以德为先"的用人机制，任人唯亲，浪费了不少可贵的人才资源；有些官员官僚作风严重，一出门就有一大帮"服务员"，派头十足，跟周公"握发""吐哺"形成鲜明对比。

对待人才要有发自内心的诚意，因为有才华的人往往自尊心也比较强。放下领导的派头，与贤者平等相待，有何不可呢？春秋时期，齐相晏婴出使晋国，在路上遇到了一个叫越石父的奴隶。晏子发现他谈吐不凡，有良好的教养，一问才知他以前也是士人，只是因为家里遭遇不幸才卖身为奴。晏子同情他，便为他赎身，带他回家。可是到了家以后，晏子没跟越石父告辞就进了自己的房门。越石父很生气，要与晏子绝交。晏子很纳闷，就派人去问："我不曾与你结交，谈何绝交？你当了三年奴仆，我今天看见了才把你赎买回来，我对你还算可以吧？你怎么可以恩将仇报，说什么绝交？"越石父说："君子不因为对人家有恩而轻视人家，也不因为人

国学名句集锦

明明如月，何时可掇？忧从中来，不可断绝。

——东汉·曹操《短歌行》

家对自己有恩而低人一等。我给人家当了三年奴仆，却没有人理解我；现在您把我赎买回来，我认为您理解我了。先前您坐车，不同我打招呼，我以为您是一时疏忽了。现在您又不向我告辞就直接入屋门，这同把我看做奴仆是一样的。既然我还是奴仆地位，就请再把我卖到社会上去吧！"

晏子听了越石父的话，赶紧走出来，请求和越石父见礼，并真诚地向他道歉。

泱泱中华，五千年来积淀的求贤若渴的深厚优秀传统文化源远流长，已融入民族的血脉，形成独特的民族品性。

中国共产党历来十分重视人才的培养与使用。习近平总书记在全国组织工作会议上指出，"要树立强烈的人才意识，寻觅人才求贤若渴，发现人才如获至宝，举荐人才不拘一格，使用人才各尽其能"，为人才心底注入了涓涓暖流。领导干部应加强自身道德修养，学习"周公吐哺"的胸怀与境界。

君子相惜于品，相敬于德，相信于诚，相重于情。"君以国士待我，我必国士报之"，真正的人才会以实绩报答知遇之恩。因此，领导者要对人才敬之以诚，待之以公，充分激发其干事创业的强大动力。

"青青子衿，悠悠我心。但为君故，沉吟至今"，古人对人才的渴求之情何其深沉真挚！领导者要有惜才之心，爱才之意，以海纳百川的胸怀和气魄广泛延揽人才为我所用，才能充分用好宝贵的人才资源。

国以才立，业以才兴。习总书记强调："创新的事业呼唤创新的人才。实现中华民族伟大复兴，人才越多越好，本事越大越好。知识就是力量，人才就是未来。"唯使识才、爱才、敬才、用才蔚然成风，天下英才方能心向往之并来之，实现百鸟朝凤、群贤毕至，干事创业的大好局面！

国学名句集锦

不是虚心岂得贤？

——北宋·王安石《诸葛武侯》

人才之盈虚，视上之好恶

人才之盈虚，视上之好恶。（王夫之《读通鉴论》）

人才济济还是人才匮乏，取决于执政者是喜爱还是厌恶人才。有的领导一贯亲小人，远贤臣，人才自然会敬而远之。有的领导嘴上说爱才，心里却是叶公好龙，妒贤忌能，那也得不到优秀的人才。

战国时期，燕昭王刚刚继位，想重振燕国，就问客卿郭隗该怎么办。郭隗说，应该招贤纳士。燕昭王问："我怎么知道谁是贤士，我该去拜访谁呢？"

郭隗就给他讲了一个故事。古时候有一个国君声称要用千金买千里马，结果三年都没有买到。一位侍臣主动要求去为国君寻访千里马，国君便让他带着千金去了。侍臣用了三个月时间才找到了一匹千里马，可是那匹马刚刚死掉了。侍臣就用五百金买下了那匹死马的骨头回去向国君复命。国君大发脾气说："我要买的是活马，你怎么用五百金去买来一匹死马骨呢？"侍臣回答说："国君请息怒。您想想看，我们三年都买不到一匹

尚贤者，政之本也。

——《墨子·尚贤上》

千里马，是世上真没有千里马吗？不是。是人们不相信大王真会花千金买一匹马。如今我花五百金给大王买来了一匹死千里马的骨头，消息传出去，人们就会相信大王是真的不惜千金买良马了，何愁没有千里马送上门来呢？"果然，不出一年时间，这位国君就买到了三匹千里马。

郭隗讲完故事后对昭王说："大王真想招纳贤士的话，就从我开始吧。人家看到像我郭隗这样的人尚且受到大王重用，更何况那些比我更有才能的人呢？"

于是燕昭王为郭隗修建了府邸，拜郭隗为师。结果，乐毅从魏国来，邹衍从齐国来，剧辛从赵国来，能人贤士们都争先恐后地来到了燕国。燕昭王很快振兴了燕国，打败了强敌齐国。

"千金市骨"的故事给人的启示是：要尊重知识，尊重人才，光停留在口头上是不行的，必须拿出实际行动来，让人们看出你的诚意，真正的贤士才会到来。

现在有一些用人单位，看似求贤若渴，实则叶公好龙。为什么这样说呢？因为他们找来这些高端人才，并不是为提升能力水平，而只是用来装点门面，撑面子。这种功利化的人才引进，迟早是要出问题的。要么是盲目引进高端人才，来了以后却没有合适岗位，造成人才的极大浪费；要么是出台一系列的优惠政策和条件，资金和待遇朝引进的人才方向倾斜，却破坏了内部管理规则，挫伤了其他同志的工作积极性。这种顾此失彼的后果，都是管理者始料不及的。

有些地方，不惜物力、财力到外地引进人才，却对本地区、本单位的人才视而不见。这种舍近求远的"灯下黑"行为，不仅造成人力资源的浪费，还压抑了现有人才的积极性、创造性，甚至会出现"招来女婿气走儿子"的现象。

国学名句集锦

贤良之士众，则国家之治厚；贤良之士寡，则国家之治薄。

——《墨子·尚贤上》

还有一些领导干部则是"没有人才想人才，有了人才怕人才"。他们既不希望自己的下级平庸无能，也不愿意自己的下级过于出色，使得优秀人才到了他那里，也是有劲使不上。

"人才之盈虚，视上之好恶。"为早日实现中华民族伟大复兴的"中国梦"，真心期待各地方各部门在对人才的问题上不再叶公好龙。尤其在科技创新已成为经济增长不竭动力而让人才争夺战愈演愈烈的当今，各地用人单位要想拥有足以使自己快速发展的人才，必须进一步立足于自身实际，一方面要务实、持久地建设自己的科技人才队伍，另一方面要有良好的选人用人机制，确保自主创新人才留得住、留得下。

国学名句集锦

仁者莫大于爱人，知者莫大于知贤，政者莫大于官贤。

——《礼记·表记》

争天下者，必先争人

争天下者，必先争人。明大数者得人，审小计者失人。（《管子·霸言》）

争夺天下的，必须先争夺人才。懂得大道理的得到人才，只打小算盘的失去人才。中外历史表明，一个真正的大国，一定是人才大国。要实现中华民族的伟大复兴，必然需要大量优秀人才，必然要从世界范围内吸引人才。

晚清名臣曾国藩是善于招贤纳士的典范，他创建的湘军可谓人才济济，他规模庞大的幕府是人才的渊薮。湘军鼎盛时，全国 18 个省中，有 13 个省的封疆大吏是他的属下和门生。曾国藩幕府之盛，自古罕有。

曾国藩很重视宣传。在讨伐太平军的檄文中，他善于争取民心，与太平军争夺思想阵地。从某种意义上说，地方团练武装与太平军的斗争是一场捍卫传统道德的问题。曾国藩一方是维护旧文化的地主武装，而太平军受到西式宗教的影响，有外来的性质。曾国藩正是紧紧抓住这一点，把自己塑造成传统文化的守护者，来争取广大民众的支持。

国学名句集锦

得十良马，不若得一伯乐；得十良剑，不若得一欧冶；得地千里，不若得一圣人。

——《吕氏春秋·不苟论·赞能》

　　首先，他抓住"田则天王之田"一说，利用私有观念煽动群众反对太平天国。太平天国《天朝田亩制度》的核心是没收地主土地，平分给无地少地的贫苦农民，但在实施过程中却是"人人不受私，物物归上主"，不分青红皂白地打击了自耕农以上的各个阶层人士，扩大了打击面。曾国藩抓住这一弱点极力挑拨，煽动中农以上中小土地私有者同地主阶级与自己站在一起反对太平军，尽可能将太平军孤立起来。

　　他还利用封建伦理观念反对太平天国的"拜上帝教"。太平天国宣布天下男子皆兄弟，天下女子皆姊妹，军民上下皆以兄弟姊妹相称，这固然含有"人人生而平等"的观念，但对几千年封建礼教却是一个不小的冲击，引起了许多士大夫的反感。先秦墨子讲究"兼爱"，孟子就曾批判"无君无父，是禽兽也"。曾国藩正是利用人们的这种思想基础，宣称太平天国不让人们称自己的父母为父母，而只能称为兄弟姊妹等等，更加深了人们对太平军的误解，达到了在政治上孤立太平军的目的。

　　此外，曾国藩还利用尊孔思想争取封建士人。当时的知识分子绝大多数都是儒教的信徒，即使有些人不满于清王朝的统治，但并不反对儒家思想。这部分人是知识阶层的主体，也是社会的主体，在社会结构中发挥着极其重要的作用。曾国藩抓住这个特点，竭力争取这部分人，吸引他们同自己一道维护清朝的统治。他指责太平天国反对孔孟，而自己则以卫道者自居，便很容易得到了这些人的好感。事实上，曾国藩的湘军以及淮军集团骨干就是这些士人，由于有了他们的鼎力支持，才促成了最后的成功。

　　当时，太平天国独尊上帝，在思想领域里反对孔孟，反对鬼神迷信，甚至连颇受民间崇拜的关羽、岳飞的塑像也往往加以捣毁，这些做法又让其失去了不少的民心。曾国藩抓住这个弱点大加攻击，引起一些人对太平天国的不满，达到孤立太平军的目的。

国学名句集锦

　　天下之政，非贤不理；天下之业，非贤不成。

——唐·陈子昂《答制问事·重任贤科》

"名不正则言不顺"。取得道义的合法性，掌握话语权，规划崇高宏伟的远景，对于吸引人才来说至关重要。曾国藩的理学造诣很深，有一套身体力行的治心修身之道与任事处世之术，严格乃至苛酷的自律、苦行，培育出自身的刚毅倔强之气，所以在他的个性特质影响下，他治下的湘军以"扎硬寨，打死仗"闻名，与太平天国、绿营兵等相比格外凶顽强悍。所以，一个没有内在文化支撑的队伍一定是乌合之众，不可能长久。

我们看到，当前有些地方政府为了引才留才，在物质激励特别是在提高福利待遇上大做文章，但众多地方政府都在主打物质激励这张牌，也就显不出自己的独特优势，仍然会陷入招不到人才和留不住人才的境地。

事实上，真正的人才需要一定的物质激励，但他们更需要的是创业环境，是理想与抱负得到实现的平台。如果没有干事业的平台，即使有再多的物质做保障，也会使有才能的人被埋没，再多的人才也会迟早流失。

中共十八大以来，习近平总书记在不同场合、不同会议上强调了人才的重要性。2014年5月22日在上海召开的外国专家座谈会上，他指出："中华民族历来具有尚贤爱才的优良传统。现在，我们比历史上任何时期都更需要广开进贤之路、广纳天下英才。"他指出，创新是引领发展的第一动力。抓创新就是抓发展，谋创新就是谋未来。适应和引领我国经济发展新常态，创新驱动实质上是人才驱动。

良禽择木而栖。事业感召力是强大的。用人单位应该完善人才激励机制，如了解人才的兴趣所在，发挥各自的特长，让其干自己最喜欢的工作；给人才平等、公平的工作环境，让其工作行为和工作态度不由自主地向"高档次"发展。

国学名句集锦

构大厦者，先择匠而后简材；治国家者，先择佐而后定民。

——唐·马总《意林》

卓异之才，凡眼不识

> 今之世取人也，每务其多学而舍其偏技。非良术也。兵家所利，随其长短而用之也。（宋·许洞《虎铃经·人用》）
>
> 当今之世用人单位取用人才的时候，往往只是追求博学，而忽视了在某一个方面有特长的人才，这不是用人的好办法。兵家所采取的办法是依据人的长处和短处而加以使用。我们要知道，有些杰出人才往往特立独行，与众不同，选才也要打破常规，才能识别这些珍宝。

战国时候，齐国孟尝君善养士，有门客三千。有个叫冯谖的人便来投奔他。孟尝君派人打听这个冯谖有什么爱好，侍从说他没什么爱好；又问有什么才能，侍从说他也没什么才能。孟尝君笑了笑，也没再问就收下他了。

冯谖被人轻视，平日只得到粗茶淡饭。过了不久，冯谖靠着柱子弹他的剑，唱道："长剑啊，回去吧！吃饭没有鱼。"侍从把这情况告诉孟尝

国学名句集锦

操行有常贤，仕宦无常遇。

——东汉·王充《论衡·逢遇》

君，孟尝君说："给他鱼吃，按照门下的食客那样对待。"过了不久，冯谖又弹着他的剑，唱道："长剑啊，回去吧！出门没有车。"侍从都笑话他，并把这情况告诉孟尝君。孟尝君说："给他准备车，按照门下坐车的客人一样对待。"

冯谖放荡不羁，特立独行，却又没表现出什么才能，受到人们的耻笑。但当孟尝君需要一个人去封地薛城收债时，冯谖自告奋勇，孟尝君便让他走一趟。冯谖一去便把债券烧了，免去了薛城百姓的债务，欢呼雀跃的百姓都念孟尝君的好，让这里成了孟尝君的稳固后方。后来，他又为孟尝君办了两件大事，让孟尝君可以一辈子高枕无忧。冯谖的深谋远虑，做事的大手笔，不是一般门客所能企及的。这就是杰出人才，不走寻常路，也不想讨寻常人的喜欢，看起来自然是特立独行的样子。

人们都感叹"人才难得"，其实真正难得的是卓尔不群的杰出人才，普通人才到处都是。杰出人才所以难得，不是因为没有，而是因为凡眼不识、世俗不容。

创造性人才的一个突出特点，就是不轻易认同既成的事实，不拘泥于固定的想法。他们敢于打破常规，挑战权威，不按常理行事，不按规矩出牌，"扰乱"了现有的秩序，因而不易得到社会的认同，常常被现有秩序的维护者认为是危险人物而加以攻击和扼杀。从古至今，那些改革创新人才常常遭受很多误解和冤屈，大多源于此因。

那些杰出的科学家、艺术家具有超凡的天赋和智慧，他们在人类未知的世界中摸索前进，推翻约定俗成的公理，质疑理所当然的结论，揭示人所不知的秘密，提出异想天开的构想，预见未来世界的发展。他们开创的这些新思想、新成果，凭借常人的智慧难以理解，按照已有的标准难以衡量，至于未来的价值更是难以判断，因而常常被视作"异端邪说"，受到

国学名句集锦

鸿鹄固有远志，但燕雀自不知耳。

——《三国志·魏书·董卓传》

压制。比如伽利略发明了望远镜，却被人们骂为魔术骗子，几乎被置于死地。爱因斯坦提出了"相对论"，却被人攻击为"犹太人危害世界的阴谋"。莱特兄弟发明了飞机，开创了人类航空史的新纪元，却也在起初遭到美国科学界和舆论界的封杀，被迫移居法国继续他们的飞行试验。

古人说："有高山者必有深谷，有奇才者必有怪癖。"那些杰出人才常常特立独行，具有鲜明的个性、强烈的独立意识和某种反叛精神。他们桀骜不驯、狂放不羁，常常做出一些惊世骇俗之举。他们自信、自尊、清高、固执，甚至有些古怪，我行我素而不在意别人说什么，他们的逻辑是："走自己的路，让别人去说吧！"一个人越是把聪明智慧集中在某一方面，其他方面就越显得平常甚至笨拙。他们这种不合时宜的举动，常常遭到世俗力量的冷遇、白眼和孤立。

自古以来，那些具有非凡创造力的科学家、发明家、艺术家、思想家、政治家，大多是在逆境中奋斗的，夭折的比存活的要多，被埋没的比被发现的要多，不得志的比得志的要多。不少杰出人才的价值是在其死后才被人发现的。时间越是久远，他们的价值愈加充分地体现出来。

正因为杰出人才难得，因此作为一个高明的领导者，更应当细心地发掘，大胆地起用，加倍地呵护。大规模选拔人才必须依照制度进行，但"制度选人"不能代替"伯乐相马"。现在通行的工业化、标准化的选人方法，只能选出一般性的优秀人才，而那些特殊性的杰出人才则很难被选拔出来，甚至会被当作"不合格产品"加以淘汰。只有领导者独具匠心和慧眼，才能将他们挑选出来。一个开明的社会，不但要为大批常规性优秀人才开辟宽阔的通道，而且要为少数与众不同的特殊人才，如天才、奇才、偏才、怪才留有发展的空间。

国学名句集锦

世上岂无千里马，人中难得九方皋。

——北宋·黄庭坚《过平舆怀李子先时在并州》

得天下之才，而尽用之

驱天下之人而尽用之。仁者使效其仁，勇者使效其勇，智者使效其智，力者使效其力。（宋·苏辙《栾城应诏集·君术》）

驱使天下所有人才各尽其用，仁爱的人就让他献出仁爱，勇敢的人就让他献出勇敢，智慧的人就让他献出智慧，有力的人就让他献出力气。曾国藩的用人正体现了这一点，他的幕府规模恢宏，可称晚清幕府之大端，为国家输送了大批人才。

曾国藩自己虽然在治军用兵，甚至其他方面也没有特别突出的才干，但是他有一个最过人的长处，那就是善于识人和用人。

曾国藩的幕府是他的人才库，许多影响巨大的人才都是从他的幕府中走出去的，因此他的幕府就成了最令人关注的对象。要真正揭开曾国藩之谜，首先就要研究他的幕府。

从咸丰三年（1853）奉旨帮办团练、创立湘军后，曾国藩就陆续延聘

国学名句集锦

修身，则道立。尊贤，则不惑。

——《礼记·中庸》

各类人员到自己的幕府中帮办各种事务。随着湘军的壮大和曾国藩地位的不断升迁，幕府中的人员也不断增加，成为当时规模最大的人才库。

曾国藩吸收人才坚持广收慎用的原则，因此在他的幕府中可以看到各种各样的人物，其中既有思想守旧的封建士大夫，也有眼界开阔的新学俊秀——容闳就是新学人才的佼佼者。容闳是被曾国藩求才的诚意打动留下来负责洋务的，而曾国藩幕府的庞大给他留下了深刻的印象。他在自己所著的《西学东渐记》中说："当时各处军官，聚于曾文正之大营中者，不下二百人，大半皆怀其目的而来。总督幕府中亦有百人左右。幕府外更有候补之官员、怀才之士子，凡法律、算学、天文、机器等等专门家，无不毕集，几于举全国人才之精华，汇集于此。是皆曾文正一人之声望道德，及其所成就之功业，足以吸引之罗致之也。文正对于博学多才之士，尤加敬礼，乐与交游。"曾国藩幕府包括了各方面的人才，这些人才之所以投靠他，也正是看到在这里能找到用武之地。

近代著名思想家薛福成是曾国藩的四大弟子之一，他长期在曾国藩幕府中担任职务，因此对其中情况更加熟悉。曾国藩去世后，薛福成曾写了一篇《叙曾文正公幕府宾僚》，专门记述曾幕人物，他根据自己的回忆，曾幕中的人才按职能可分为四大类，其中著名的就有83人。

著名的太平天国史专家罗尔纲先生估计，当时曾国藩幕府中的幕僚不下100人。

当代著名曾国藩研究专家朱东安先生在《曾国藩幕府研究》一书中确定，曾国藩幕府共有400余人，而根据他的新作《曾国藩集团与晚清政局》的统计，曾国藩集团的骨干分子共有475人，文官按察使以上有125人，武官提督以上58人，督抚和各部堂官67人，这还不包括那些一般幕僚。

国学名句集锦

若乃人尽其才，悉用其力。

——《淮南子·兵略训》

　　所以罗尔纲先生说"曾国藩的幕府简直可以称为晚清人才的渊薮"，的确是极为中肯的。曾国藩的幕府不仅规模恢宏，汇集各种人才，可称晚清幕府之大端，而且输送了一大批治国经邦之才，对晚清政治、军事乃至经济文化的发展都具有影响。

　　曾国藩幕府中的人才，可以分为政治人才、外交人才、科技人才、文化人才四大类。

　　政治人才是曾国藩幕府的主体，他们经过在幕府的锻炼和曾国藩亲身教导，很多人迅速升迁出幕，后来成为朝廷大员、地方督抚或州县官吏，形成了晚清政局中举足轻重的势力集团。在"自强运动"中，曾国藩集团是主体，如李鸿章、左宗棠、沈葆桢、丁日昌、薛福成、冯桂芬等等，构成了洋务运动的中坚力量。而左宗棠、彭玉麟、刘铭传等，在近代中国弘扬了"爱国精神"，是青史流芳的爱国人士。晚清地方大员中，有三分之二的人出身于曾国藩的幕府，甚至还有在清廷中担任大学士、军机大臣的人。这些人才，都是曾国藩通过幕府逐渐培养和提拔起来的。

　　外交、科技人才是一种新的人才，也是曾国藩刻意收罗和培养起来的。在曾国藩之前，清朝政府还没有和外国建立近代意义上的外交关系。从郭嵩焘担任第一任驻英公使开始，近代的外交活动才开始正式出现。在郭之后，曾国藩的长子曾纪泽长期活跃在外交舞台上，先后担任了驻德国公使和驻俄国公使，在维护祖国的尊严和民族利益上做出了巨大贡献。此外，担任过驻英、法、意、比四国大使的薛福成和驻西班牙、德国的参赞黎庶昌，以及出使美国的陈兰彬等，都是曾国藩的幕僚。郭嵩焘是曾国藩青年时期最好的朋友，办湘军的实际主谋人。他在曾国藩幕府中发挥过重大的作用。幕宾或游幕的名人，对加强中西文化的交流，承办晚清的对外交涉，都产生了重要的作用。而薛福成、黎庶昌则是曾国藩真正的嫡传弟子。

国学名句集锦

　　海产明珠，所在为宝；楚虽有才，晋实用之。

——《三国志·吴书·张纮传》

中国近代的落后，很大意义上是科技上的落后。曾国藩清醒地认识到了这个问题，所以从建立幕府开始，他就注意搜罗科技人才。近代中国科技史上有名的几位科学家，都是在曾国藩的幕府中长期担任职务并成长起来的。李善兰是近代中国的数学先驱，他在曾幕任职八年，不但为曾国藩的江南制造局解决了许多实际问题，还翻译了许多西方数学著作，为中国的近代数学发展奠定了基础。另外一位数学家华蘅芳，也在曾国藩幕府中长期任职，与英人傅兰雅等先后合作翻译了《代数术》《三角数理》等，产生了深远的影响。徐寿被称为中国近代化学之父，他和儿子徐建寅在曾国藩幕府中，特别是在办洋务、设立工厂方面，起到了关键作用。

还有一类是文化人才。曾国藩即使是在繁忙的军务政务之中，也没有放弃文学史学的爱好。他真正收的几个弟子（不是像科举考试中的门生），都是古文、史学方面的杰出人才。他的四大弟子薛福成、张裕钊、吴汝纶、黎庶昌，在当时甚至以后的文坛上都独树一帜。而其他如俞樾、吴嘉宾、王闿运、王定安、张文虎、张穆、何秋涛等，也都是晚清文史方面著名的学者。

总而言之，曾国藩的幕府的确不愧是一个巨大的人才库，它几乎囊括了当时能搜罗到的各个方面的杰出人才。正因为有了这些人才，曾国藩才在军事政治上，以及包括文化艺术、经济外交、科学技术等在内的各方面都发挥了深刻的影响，而这绝不是任何一个所谓的人才能做到的。

晚清名臣李鸿章就是在曾国藩的幕府下成长起来的。他成为朝中大员以后，也开始组建自己的幕府。咸丰十一年（1861）底，李鸿章受命招募淮军时就开始筹建幕府，直到他去世，前后延续了整整40年，幕府规模甚至有过于曾国藩的幕府。

李鸿章的淮系可谓人才辈出。淮军将领张树声曾由江苏、贵州两省巡

国学名句集锦

取士之方，必求其实；用人之术，当尽其材。

——北宋·欧阳修《详定贡举条状》

抚升任两广总督，一度署理直隶总督。刘秉璋由江西、浙江两省巡抚升任四川总督。潘鼎新历任云南、湖南、广西三省巡抚。刘铭传先授福建巡抚，后成为台湾第一任巡抚。李鸿章的兄长李瀚章历任湖南巡抚、浙江巡抚、四川总督、湖广总督、两广总督。李鸿章的侄子李经羲历任广西巡抚、云南巡抚、贵州巡抚、云贵总督。

李鸿章的幕僚中，还有十几位担任过晚清朝廷的驻外使节，控制了外交领域。而司、道、府、州、县等各级地方行政官员出身于李鸿章幕府的更加不胜枚举。由此形成的强大政治势力，不但延伸到全国大部分省区，而且在很多方面影响晚清政局长达数十年之久。所以，他的幕府堪称中国当时最大的近代人才库。

国学名句集锦

文武之功，未有不以得人而成者。

——北宋·苏轼《省试策问三首》

君子之交，和而不同

《庄子·山水》中说："君子之交淡如水，小人之交甘如醴。君子淡得以亲，小人亲得以绝，是故亲得以合者，乃得以亲而离。"

小人之交虽然很亲密，但是不会长久，因为他们交往的立足点不是高尚的，而是私利，是见不得人的东西。这种交情当然不会长久了。

北宋时，王安石推行新法，任用了吕惠卿、章惇等投机分子，而排挤了司马光等保守派。司马光写信给王安石说："忠信的人，在您当权时，虽然说话难听，觉得很可恨，但以后您一定会得到他们的帮助；而那些谄媚的人，虽然顺从您，让您觉得很愉快，一旦您失去权势，他们当中一定会有人为了自己的私利出卖您。"

果然，王安石被罢免了相位后，吕惠卿当上了宰相。吕惠卿这人虽有才干，但人品可比司马光差远了。他与王安石交恶，甚至企图将王安石置于死地。这正应验了司马光的话。吕惠卿是王安石养的一条恶犬，现在成

国学名句集锦

得人则安，失人则危。

——三国·魏·曹丕《秋胡行二首》

了气候，要咬自己了。

《庄子·山水》中说："君子之交淡如水，小人之交甘如醴。君子淡得以亲，小人亲得以绝，是故亲得以合者，乃得以亲而离。"小人之交虽然很亲密，但是不会长久，因为他们交往的立足点不是高尚的，而是私利，是见不得人的东西。这种交情当然不会长久了。

中国人传统的交际之道是"君子之交"，即"淡如水"的交际方式。"淡如水"就是相互间保持一定距离，讲原则。这样孰是孰非，善恶曲直，易于评判。有错者改之，无错者勉之，互相监督互相促进，双方是心存敬意的，这样才可能长久。

《论语》则从另一个角度来解释这种"君子之交"，即"君子和而不同，小人同而不和。"从哲学上讲，"和"是和谐，是统一，"同"是相同，是一致；"和"是抽象的，内在的；"同"是具体的，外在的。由此可见，"和而不同"，就是追求内在的和谐统一，而不是表象上的相同和一致。

君子之间虽讲究和睦、调和，但是允许有不同的意见，遇到问题，大家可以开诚布公地各抒己见，展开讨论，即使争得面红耳赤，也是对事不对人的。大家有个共同的目的，就是追求真理，寻求解决问题的办法，办法找到后争论便结束，问题解决了，大家和和气气，皆大欢喜。这样的做法才能保证相互间不猜忌、不虚伪，这样的友情才能经得起时间的考验。

相反，"小人同而不和"，是表面上一团和气，无原则地相互迁就，实际在内心中，大家各打自己的小算盘，离心离德，因此这样的"友谊"不会长久。

《论语》中还有一种说法："君子周而不比，小人比而不周。"君子对人表示真正的友好，但不袒护你的缺点，而小人无原则地偏袒"友人"，对方有错他也不会指出来，这种交情是害不是爱。

国学名句集锦

大贤虎变愚不测，当年颇似寻常人。

——唐·李白《梁父吟》

君子是怎么对待友人的错误呢？孔子告诫说："忠告而善导之，不可则止，毋自辱焉。"即朋友有错，需以诚心来忠告劝导他，如果对方听不进去，就不必再多说了。如果一味地说教，不但会引起对方厌恶，还可能会引起相反的效果。那些对朋友的缺点熟视无睹，或是装作不知道的人，是没有资格与他人交往的。既是朋友，则须尽朋友之道，该有一次的忠告。若一再劝导，就会引起对方反感。所以，听不听你的忠告，完全凭对方的判断力。因此，必须尊重他人的自主性，不可一味地劝说，这就是所谓的"君子之交"。

党员干部要正确履职，不被别有用心的人围猎，就必须树立正确的交友观，牢记"君子之交淡如水"的古训。审视一些落马官员的堕落之路，我们往往发现一些党员干部正是因为交友不当而最终发生违纪违法行为。所以首先我们要明确，这些官员确实有些是被"朋友"带坏了，但同时我们也要明白"一个巴掌拍不响"的道理，如果不是我们党员干部自身存在不足，也就不会让别有用心者有机可乘了。

"君子之交淡如水"，不是说不去交朋友，也不是交"皆为利来，皆为利往"的坏朋友，而是要交作风正派、公私分明的好朋友。修身、齐家、治国、平天下，我们领导干部的修炼过程永无止境。

国学名句集锦

夜光不自献，天骥良难知。

——北宋·苏轼《送程之邵签判赴阙》

第二章　知人用人，辨识有方

　　识人是用人的前提。治国理政是以了解、识别人才为首要任务。识人才既是选人才、用人才的根本，也是人才管理的基础。古人认为帝王之德，莫大于知人。由于人才具有多样性和潜在性，加之客观条件的限制、主观认识的局限，识别真才历来是一个难题。古人研究总结了大量察人识人的方法。其中不乏丰富的用人理论、方法和经验，总结得非常精练，可以提高领导者的察人智慧与知人识人能力。

◎居视其所亲，富视其所与

◎置之非常，观其应对

◎左右皆曰贤，未必可

◎文质彬彬，然后君子

◎知人之性，莫难察焉

◎比较优劣，鉴别短长

◎亲自参与，直接考察

◎全面考察，大处着眼

◎依靠群众，耳聪目明

◎见微知著，小中寓大

◎以貌取人，失之子羽

◎白璧微瑕，良工不弃

◎士别三日，刮目相看

◎一叶障目，不见泰山

◎个人好恶，常有偏失

◎目犹不可信，心犹不足恃

居视其所亲，富视其所与

> 战国时的李克说"识人五要"："居视其所亲，富视其所与，达视其所举，穷视其所不为，贫视其所不取，五者足以定之矣。"（《史记·魏世家》）
>
> 辨别人物的五个要点是：平居时与谁亲近，富裕时与谁共享，显达时举用何人，困苦时何事不为，穷乏时是否苟取。凭这五点足以判断一个人了。

魏文侯因宰相人选感到苦恼，请教宾客李克。李克推让了一番，说我地位低，不敢妄评国家大事。

魏文侯说："请先生不要如此客气，给我一些指点吧。"

"那我就谈点粗浅的看法，请君主自行判断吧。辨析人物的五个要点是：平居时与谁亲近，富裕时与谁共享；显达时举用何人；困苦时何事不为；穷乏时是否苟取。对照这五点来决定人选，又何必问我的意思呢？"

文侯道："我懂了，先生回去吧！寡人知道宰相的人选了。"

"平居时与谁亲近，富裕时与谁共享"，说的其实是看一个人的交际

国学名句集锦

渊深而鱼生之，山深而兽往之。

——《史记·货殖列传》

圈，就可以判断一个人。这一点，在今天看来仍是很有见地的。我们常说，想知道一个人，只需要看他交什么样的朋友。

当下很多落马的官员，毁就毁在交友上，不是这样吗？南京市原市长季建业，因受贿被判处有期徒刑 15 年。据媒体报道，季建业的猝然落马，与他多年经营的"朋友圈"有很大关系，其主要犯罪事实就是发生在有着隐形利益的"朋友圈"中。

官员毁于不良的"朋友圈"，绝不是偶然现象。刘志军、刘铁男等"部委大员"，也都有着相关领域的商人"朋友"；安徽省原副省长倪发科也与一帮老板交往甚密。沈阳市财政局原局长李经芳被判刑之后，后悔地说："总结来总结去，总结出一句话，就是铁哥们儿把铁哥们儿送进了铁笼子。"这句话说出了贪官贪腐过程中具有规律性的现象。

人是环境的产物，领导干部也不是生活在真空中，交朋友很正常，但交友必须慎重，朋友圈必须干净。早在几千年前，孔子就作出"益者三友，损者三友""君子周而不比，小人比而不周"等判断，认为交友之前要"视其所以，观其所由，察其所安"。

那些交友不慎的领导干部以为，朋友多说明自己有本事、有人缘、有人格魅力。其实说穿了，人家大都是冲着你头上那顶"官帽"来的，冲着你手中的权力来的。前车之鉴，后事之师，千万当心啊！

净化"朋友圈"也不可因噎废食，在不违反纪律、规矩的前提下，该交的朋友就得交。并不是说"官"必须对"商"敬而远之，领导干部亲商安商、优化发展环境是职责所在，就得担起责任、坚持原则、广交朋友，结成相敬如宾、公私分明、有道有度的君子之交。

另外，作为领导干部，还要多同群众交朋友，多交"基层朋友"。要通过交朋友践行党的群众路线，密切党群干群关系，进一步转变作风，学

国学名句集锦

积棘之林，无梁柱之质；涓流之水，无洪波之势。

——《三国志·魏书·王修传》

会与群众交流，为基层多办实事，也让自己的"朋友圈"更加丰富多彩。

有些官员认为，与同僚、上级、相关部门搞好关系，有利于本职工作的开展。有不少官员抱怨，工作中不结交关系会被同僚排斥。若是专注于工作，不参与进官场各种朋友圈、工作圈，不仅面临着被孤立、难以升迁的问题，在开展工作时也会遇到诸多障碍。久而久之，原本存在于部分官员身上的违法越权行为，就会逐渐蔓延到整个官场，而洁身自好、清正廉洁的官员也会被这股不良风气裹挟。因此，要深究官场上的各种朋友圈涉及的腐败违纪等问题，治理官场生态，实现官场生态风清气正，实现官员对人脉的正当利用，让所有官员做到居其位，安其职，尽其诚而不逾其度。

随着廉政反腐的力度加大，行政的灰色地带越来越小，权力制约和监督机制日益健全，有助于从根源上遏制官员人脉的不当应用。只有制度完善了，官员朋友圈之间的互动才能回归正常。

───── **国学名句集锦** ─────

时危始识不世才。

——唐·杜甫《寄狄明府博济》

置之非常，观其应对

"知人之道有七焉：一曰，间之以是非而观其志；二曰，穷之以词辩而观其变；三曰，咨之以计谋而观其识；四曰，告之以祸难而观其勇；五曰，醉之以酒而观其性；六曰，临之以利而观其廉；七曰，期之以事而观其信。"（《诸葛亮集》）

这就是说，知人之法有七个方面：一是用是非来考察他，看他意志是否坚；二是用言辞来为难他，看他应变能力是否强；三是拿策略向他咨询，看他识断是否对；四是把灾难告诉他，看他的勇气是否大；五是用酒色来迷醉他，看他是否失常态；六是让他处理财物，看他为政是否廉；七是交任务让他完成，看他信用是否好。如果志向、变通、学识、勇敢、品性、廉洁、信用七个方面兼备且皆优，就可以委以重任了。

诸葛亮的"知人七法"，说的是观察一个人的能力、品性，需要把他

国学名句集锦

饱食终日，无所用心，难矣哉！

——《论语·阳货》

放在各种情境之下，看他的反应，再加以判断。路遥知马力，日久见人心。毛泽东同志曾打趣自己的一名卫士，说"男儿有泪不轻弹，只是未到提级时"。就是说，一个人在平时可能表现得很好，谈吐风度都无懈可击，那是因为还没到严峻考验的时候。

东晋宰相谢安一向有大气魄，年轻时隐居东山，后来由于国家需要才入仕为官。前秦百万大军进攻东晋，兵锋已到了淝水，他安排自己的侄子谢石、谢玄率军对敌，自己和客人在家下围棋。其实这是一场强弱悬殊的战争，胜负难料，事关重大，但他气定神闲，不形于色。当他的侄子谢玄从淝水之战的战场寄来书信报告成果时，谢安看完信后半天不说话。客人问他战争打得怎么样了。谢安淡定地说"小儿辈大破贼"，神态举止跟平常没什么两样。

俄罗斯前总统叶利钦曾应邀到圣彼得堡市郊外打猎。到了中午，随员在草地上摆上桌子，准备午餐。就在这时，一头野猪闯了过来。众人吓得惊慌失措，甚至叶利钦的眼镜都掉到了桌子底下的草丛里。于是，随员们一齐钻到桌子底下，帮叶利钦找眼镜。这时，叶利钦注意到，唯有一个身穿合体迷彩服的人没往桌子底下钻，而是端着猎枪，全神贯注地盯着野猪。两声枪响过后，野猪颓然倒下。这个临危不乱、气宇不凡的人，名叫弗拉基米尔·弗拉基米罗维奇·普京，时任圣彼得堡市副市长。叶利钦回忆说："我的第一印象，这是一个强硬、不妥协而思维敏捷的人，莫斯科需要这样的人。"

考验一个干部，要看他在危急时候的表现，看他在艰苦地方的表现，看他在大是大非问题上的表现。看他有没有担当，是考验干部的试金石。比如，在平常的日子，一个干部是否德才兼备，或许不那么容易显现和评价，而在如抗震救灾这样的危难时刻，一个干部德才如何、能力如何，立

国学名句集锦

天将降大任于斯人也，必先苦其心志，劳其筋骨，饿其体肤，空乏其身，行拂乱其所为，所以动心忍性，曾益其所不能。

——《孟子·告子下》

能高低立见、影响极大。因为在关键时刻，领导干部的一举一动、一言一行，不仅仅代表着个人，更代表着党的形象，影响党的威信，牵动着群众的心，关系到整个抗震救灾的成败。

在改革过程中，有些领导人难免会触动一些人的"奶酪"，讲一些得罪人的话，做一些得罪人的事。如果在难题面前不敢抓，在矛盾面前不敢管，瞻前顾后，缩手缩脚，患得患失，过分爱惜自己的形象，这样的干部只会碌碌无为、一事无成。邓小平同志曾经指出："不讲党性，不讲原则，说话做事看'来头'、看风向，满以为这样不会犯错误。其实随风倒本身就是一个违反共产党员党性的大错误。"

担当就是责任，好干部必须有责任重于泰山的意识，坚持党的原则第一、党的事业第一、人民利益第一，敢于旗帜鲜明，敢于较真碰硬，对工作任劳任怨、尽心竭力、善始善终、善作善成。"疾风识劲草，烈火见真金。"为了党和人民事业，我们的干部要敢想、敢做、敢当，做我们时代的劲草、真金。

国学名句集锦

将有非常之大事，必生希世之异人。

——北宋·苏轼《王安石赠太傅》

左右皆曰贤，未必可

左右皆曰贤，未可也；诸大夫皆曰贤，未可也；国人皆曰贤，然后察之；见贤焉，然后用之。（《孟子·梁惠王下》）

这是孟子对齐宣王说的话。他主张国君选拔人才时，要广泛听取意见。周围的人都说某人是贤才，还不能用他；卿大夫们都说某人是贤才，也还不能用他；举国上下的人都说某人是贤才，然后才可以考察他；考察到他真是一贤良之才，然后才可以提拔他。孟子这种选拔任用人才的观点对我们今天很有借鉴意义。

知人之难，难就难在人的才德往往表里不一，名实不副，常常外拙内秀而寓奇才，貌似精明却又未必有真才实学。即使是众口一词，褒誉有加者，也可能是虚负盛名，其实难副。所以，古人说："德必核其实，然后授其位；能必核其实，然后授其事；功必核其真，然后授其赏；罪必核其真，然后授其刑；行必核其真，然后贵之；言必核其真，然后信之；物必

国学名句集锦

君子不以言举人，不以人废言。

——《论语·卫灵公》

核其事，然后用之；事必核其真，然后修之。"

那么，怎样"核其真，避其惑"呢？可以通过以下五点来做到。

一戒"爱恶之惑"。

在对人的考察中，个人情感经常会影响最终的判断。它一般有下列几种情况：一是情绪效应，即考察者当时有情绪状态可以影响到对考察对象的评价。比如，考察者心情舒畅、愉快，则容易对对方产生良好的印象；反之，则可能对同样的人产生不同的印象，甚至产生不可思议的评价差异。二是投射效应。即在认识他人或对其形成印象时，以为他人也具备与自己相同的情形，亦即"以己度人"，尤其是当对方的某些身份特点，如年龄、职业、籍贯、性别、社会地位与自己相仿时，人们经常看到，富于攻击性的人，通常认为别人也生性好斗；疑心很重的人，觉得别人也不怀好意；而心地善良的人，往往不相信有人要加害于他。这些都是投射效应的表现。三是心理相容效应。即过分肯定个人的本质、事件和行为，常常按照"勿忘友情"的原则办事，轻率地给工作马虎的人作出良好的鉴定。四是需要偏好和迎合效应。即下属根据领导者的好恶，投其所好；根据领导者的需要，送之以礼；根据领导者的偏好，趋之以行，以取得领导者的好感。五是接近吸引。即在通常情况下，大多数人都倾向于喜欢生活在自己周围的人，而不怎么喜欢距离较远的人。其原因就在于"相同刺激的反复接触会导致对对方的极大吸引力"。通俗地说，和某一个东西接触多了，自然就会产生好感。六是移情作用。即他人之爱若与己同，也就是所谓的"爱屋及乌"；他人之爱若与己异，即恶乎人，心存反感。

这种"爱恶之惑"对知人、察人是极其有害的，它不仅可能让人看轻一个人的才德也极容易形成"顺我者昌，逆我者亡"的反常现象，更为那些钻营拍马者造成可乘之机。因此，必须戒除。

国学名句集锦

众恶之，必察焉；众好之，必察焉。

——《论语·卫灵公》

二戒"偏颇之缪"。

察誉偏颇，在日常对人的考察中多有发生。一类是从众效应。即不加调查分析，单纯听取"群众反映"。另一类是人际障碍。这主要表现在两个层次上：一是在群众推荐这个层次上，由于人与人之间是直接的利益关系，群众反映的主观随意性就特别大；二是在组织考察这个层次上，考察者与被考察者之间虽没有直接的利害关系，但由于群众反映所产生的成见效应，以及考察者主体的障碍，使其判断往往具有主观性、盲目性和从属性。三是先入为主。即在与他人的接触中，初次见面所产生的印象，或是在考察中，最初听到的"群众反映"所产生的印象，往往非常深刻，并主导对应的行为。四是传统习惯。即由于考察对象的行为违背历史习惯或地区习惯而得不到群众理解，所以在考察中多受贬责，得到较差的评价。五是宗法观念。中国封建社会有着宗法一体化的独特结构，尤其是在宗法观念较强的地区和单位，族长、家长、大师傅、老领导的观点对群众有着极大的影响作用。在对人的考察中，"群众"反映的情况常受其制约，形成某种"一人评价众人随"的状况。

"知人者，善于以目正耳；不知人者，以耳败目。"为防止"察誉偏颇"，必须根据考察对象所在地区或单位的具体情况，深入实际，调查研究，注重事实。一时实在摘不清的，可稍缓时日，多听多看，再作了解。

三戒"同体之嫌"。

"同体之嫌"是一种在人才考察工作中经常碰到的情况。具体表现为：一是文人相轻。因才学相同，职务相同，境况相同，而在工作中或个人的奋斗中存在着激烈的竞争。一旦有人来考察对方，便乘机贬责对方。尤其是产生过矛盾者，更是乘机攻击，大讲坏话。二是同类相护。因共同的利益，共同的遭遇，共同的爱好或共同对"敌"需要，常在考察中扬善抑

国学名句集锦

听言不可不察，不察则善不善不分。

——《吕氏春秋·听言》

恶，相互吹捧，以达到"一荣俱荣"的目的。三是仁慈效应。因考察对象在同类相争的"两派"中保持中立，因而得到"两派"在攻击对方的同时对"中间人"的赞誉，这种赞誉不是出自对考察对象的内心敬佩，而是出于攻击对方，寻求支持的目的。另外，由于某些同伴长期得不到有效任用，也有出于同情而过分褒扬考察对象品质的情况。

"同体之嫌"不可避免，但需正确对待。尤其是在考察中，必须确实掌握人际间的亲疏关系，结合其矛盾背景，分析评价考察对象的才德。

四戒"申压之诡"。

"申压之诡"在现实考察工作中应予以特别注意，尤其是下述四种情况更应高度重视。一为只见"松柏"，不见"小草"。原因显然，松柏枝叶茂盛，遮天蔽日，阳光和水分尽为其收。而小草"不见天日"，"穷途潦倒"，当然无法生长。人亦同理。二为社会承认危机。名人声赫，片言千金，捧扬者愈多；而许多不知名者，自呈机会难得，即使有所发现，有所创造，也难为社会所承认。再加上商品意识的影响，多有假借名人投机盈利，而不知名者，其名值低，难以称名盈利，更无人问津。三为庸俗势利眼光。由于荣耀备至，趋就者益多；由于权势可用，攀附者争先；由于盛名可借，推崇者比肩。之所以如此，无非借名沾光而已。一旦其身败名裂，附就者便树倒猢狲散。而对于那些不知名者，更是无人一视，任其"自生自灭"，因其实在是无推崇附就的价值。四为社会刻板印象。由于某人较高的社会地位和较高的知名度，而"一好遮百丑"；由于某团体出了一两个知名人物，便"一人得道，鸡犬升天"，而那些地位低下的小人物，便毫无可褒之优，即使有一点小小成就，人们也习惯于归结于其他方方面面的原因，与其本身似乎无多大关系。

上述种种"申压之诡"，是知人识人的重重弊端，它使名人名声更响，使遭受压抑者处境更抑，甚出头之日。所以，对于一个精明的领导者和考察者，更应善于冲破"名人"光圈，从"流沙"中淘出真金，从"污泥"中捧出明珠。

五戒"言无不疑"。

这种"言无不疑"的现象，完全是由于考察者主体自身的因素造成的。具体来说，它取决于考察者三方面的素质：一是品质素质。品质素质是指考核者由于思想品德的原因而造成的对考核结果的多疑。如考核者带有个人好恶或者秉承某些领导的主观意志去考察，凡不符考察者本身看法的反映，或不符某些领导者的主观意志的反映，一概予以怀疑，甚至否定。二是专业素质。专业素质是指由于考核者自身专业能力弱而造成对考察对象专业能力强的怀疑。他们不理解专业工作中发现、发明的艰险，不理解创造性劳动的价值，常常看低或怀疑考察对象的专业水平。三是业务素质。业务素质是指考察者本身的考察工作业务能力。由于考察者对本职工作业务生疏，加之思想水平较差，既无好的考察方法，又无好的分析研究水平，任凭自己的主观想象，怀疑一切考察结果，似乎患了一种"多疑症"。

由此可见，"欲先知人，必先自知"，要取得较为准确的考察结果，首先必须精心选择考察人员，如系领导者自己亲自参与考察，尤其需要自我反顾，评价一下自己的考察业务是否熟悉，考察方法是否正确，思想方法是否端正等。

国学名句集锦

一人之智，不如众人之愚；一目之察，不如众目之明。

——唐·马总《意林》

文质彬彬，然后君子

《论语》有言："质胜文则野，文胜质则史。文质彬彬，然后君子。"

意思是，只重本质不重外表，就会显得粗野；只重外表不重本质，就会显得虚浮。本质与外表并重，才可以成为君子。一个人没有文化修养就会很粗俗，而过于文雅就会显得像个书呆子。所以要"文质彬彬"。这段话反映了孔子倡导的理想人格。

南怀瑾曾说过："有些人有天才，本质很好，可惜学识不够，乃至于写一封信也写不好。在前一辈的朋友当中，我发现很多人了不起。民国建立以后，在政治上、经济上、社会上各方面有许多人都了不起。讲才具也很大，对社会国家蛮有贡献，文字虽然差点，可是也没有关系，他有气魄，有修养。另一些人文章作得好，书读得好，诸如文人、学者之流。我朋友中学者、文人也很多，但我不大敢和他们多讨论。有时候觉得他们不通人情世故，令人啼笑皆非。反不如有些人，学问并不高，文学也不懂，

国学名句集锦

恻隐之心，仁之端也；羞恶之心，义之端也；辞让之心，礼之端也；是非之心，智之端也。

——《孟子·公孙丑上》

但是非常了不起，他们很聪明，一点就透，这是'质'。"

看来，文与质相较，质更重要一些。徒有其表有什么用呢？

明代刘基写过这样一篇寓言，名为《卖柑者言》，讽刺社会上人们只重外表不重本质的现象。他这样写道：

杭州有个卖水果的人，他善于贮藏柑橘，能使柑橘保存一年而不腐烂。卖水果的人把柑橘拿出来，依然是色彩鲜艳的样子，质地像玉一样，色泽金黄。把柑橘放到市场上，价钱高出十倍，人们争相购买。我买了一个，把它剖开，像有股烟尘扑向口鼻，再看看里面，干枯得像破旧的棉絮。我感到奇怪，便责问他说："你的柑橘徒有好看的外表，居然还高价卖给别人，这种欺骗行为真是太过分了！"

卖柑橘的人笑着说："我从事这个职业好多年了。我靠这个生意来养活我自己。我卖它，人们买它，不曾有人说什么，却唯独不能满足您的要求。世上做这种欺骗行为的人不少，难道只有我一个吗？您实在是没有好好思量啊。现在那些佩带虎形兵符、坐蒙着虎皮椅子的人，一副威武的样子，好像是捍卫国家的将才，他们真的精通武略吗？那些戴着高耸帽子，拖着长长的腰带的人，气宇轩昂的样子，好像是朝廷的栋梁之才，他们真的能治理天下吗？盗贼兴起却不知道抵御，百姓陷入贫困却不知道解救，官吏奸猾却不知道禁止，法律败坏却不知道整顿，就只知道白白地消耗国家的俸禄却不知道羞耻。看他们坐在高大的厅堂上，骑着高头大马，喝美酒，吃佳肴的人，哪一个不是外表威风凛凛令人畏惧，显赫过人值得效仿啊？又哪何尝不是外表像金玉、内里像棉絮一样呢？现在你不考察这些，却来指责我的柑橘！"

我一时沉默，无言以对。他说得有道理啊！

如果一个人只有华丽的外表，而内心空洞，有才无德，那是很危险

国学名句集锦

君子者，治之原也。

——《荀子·君道》

的。相比较外表而言，内在修养是更重要的东西。当然，如果能做到孔子所说的内在和外表并重——"文质彬彬"，就更好了。

2014 年 10 月，习近平总书记对云南工作作出重要指示，要求党员干部要"对党忠诚、个人干净、敢于担当"。这三句话是对好干部标准的高度概括和朴素表达，为我们加强新时期干部队伍建设指明了方向。

国学名句集锦

仁不以勇，义不以力。

——《汉书·高帝纪》

知人之性，莫难察焉

> 知人之性，莫难察焉。美恶既殊，情貌不一，有温良而为作者，有外恭而内欺者，有外勇而内怯者，有尽力而不忠者。（三国·蜀·诸葛亮《将苑》）
>
> 了解一个人的品德和才智，是不容易考察的。美和丑虽然在本质上有根本的区别，但外貌和内心的表现形式却不是一致的。有的人看起来淳朴忠厚，实际上却是奸诈的；有的人表面上恭恭敬敬，而背地里却干骗人的勾当；有的人貌似勇敢而实际是个胆小鬼；有的人虽尽力工作，心底却不忠诚。

春秋时，在随晋公子重耳出亡列国的从臣中，介子推是毫不起眼的一位。他身材矮小，沉默寡言，不像狐偃、赵衰般善于智谋，也比不上魏犨、先轸的勇武能战。介子推只是默默地追随重耳，从不刻意表现自己。

有一回重耳一行停歇于荒野之中，仅得野菜充饥。重耳面对野菜委实无法下咽，执意要吃到肉。但荒僻的田野中哪里去找肉呢？属下们只好劝

国学名句集锦

小时了了，大未必佳。

——《世说新语·言语》

重耳暂时忍耐,等到了有人烟的地方再作打算。可是重耳却发起脾气,坚称没有肉吃,就不继续前进。面对主公无理的要求,狐偃和赵衰的智计全然派不上用场,魏犨与先轸的勇力更是丝毫没有助益。百般无奈之下,众人只好不断苦苦劝说。

过了不久,平时不声不响的介子推竟然端来一碗香喷喷的肉汤,放在重耳面前。重耳闻到肉香,顾不得滚烫,三两口就把肉汤吃得一干二净。众从臣面面相觑,不晓得介子推从那里弄来这肉汤。

忽然有人发现介子推的大腿上渗出血水,追问之下,才知道他割了自己大腿的肉,做成肉汤给公子重耳食用。对于介子推的牺牲,众人无不佩服,重耳更是感动得说不出话。介子推却一副没事的样子,只等重耳吃完,请他继续踏上旅程。

经过十九年的流亡,晋公子重耳总算回到晋国,即位为晋文公。看到一起流浪的同伴们开始争权邀功,介子推很不以为然地说:"公子得国,乃上天眷佑,而跟随流亡的人却以为是自己的功绩。偷窃财物已令人不齿,更何况是窃取上天的功劳呢!"

于是他不争功,不言禄,暗自离开了朝廷。众人对介子推都不了解,对其离开也不以为意。久而久之,大家都不提起他的名字,晋文公也就忘了介子推这个人。

介子推则偕老母一同隐居深山,自食其力,过着清苦的生活。数年后,有个认识介子推的人发现了他,特将此事向晋文公禀报。晋文公想起了介子推,想起了他割股事君的忠心和功劳,立刻亲自前往相见,要大大地报答一番。

但晋文公到了介子推隐居的山林,命人围着山大叫介子推的名字,一连三天,介子推都避不见面,不愿出来接受晋文公的封赏。于是晋文公采

国学名句集锦

下下人有上上智。

——《六祖法宝坛经·行由》

用臣下的建议，放火烧山，想要逼出介子推。山林转眼间变成一片火海，却依然不见介子推出现。待大火熄灭之后，晋文公派人找寻，只发现了两具相拥的焦尸。原来介子推和老母坚决不肯出山，竟活活被烧死了！晋文公十分难过，下令厚葬介子推母子，说："希望以此来记录我的过失，同时表旌善人。"并将这座山林命名为"介山"，永世封为介子推的祭田。

也许介子推真的是个不求富贵利禄的人，但也有可能他只是不善于去争取，并不是真的不在乎！以他追随重耳那么久，又割股事君而无悔，他是有资格得到重耳的封赏，也应该得到封赏的！但他却不争取，还把那些争取富贵的人教训了一顿；后来不但拒绝了重耳的封赏，还宁可被大火烧死也不愿出来和重耳见面！这样的态度到底是真的清高，还是根本在赌气呢？

我不愿意说介子推是在赌气，但介子推的例子却也有值得我们反思之处。

一般来看，自卑、内向、含蓄、保守、封闭、缺乏自信的人多会隐藏自己真正的欲望，甚至特立独行，表示自己不同于"流俗"，并且进一步严厉批判别人的价值，呈现出一种极端的人格特质。这种人不为人注意，但在一个团体里，他也不可能一直做个没有价值的人，因此有时也会做出别人不太可能去做的石破天惊的事情，以引起别人的注意，并标示自己的位置及存在。不过由于个性使然，他还是不会利用这石破天惊的动作为自己争取什么。时间一久，就自然而然地被人遗忘忽略。而如果你想起他、注意到他，甚至要对他有所"表示"，他的反应多半是拒绝，因为他若接受，则违背了他表现出来的价值，虽然他心里想的不是这个样子！

这种人不容易和别人心灵互动，要打开他的心灵之窗，需要一点一滴，长期为之；而且动作还不能太大，否则他会像探头出来的地鼠，一感受到地面震动，会立刻在躲回地洞，而一躲回地洞，就再也不出来了！

国学名句集锦

人之才有大小，而志有远近也。

——北宋·王安石《送陈升之序》

比较优劣，鉴别短长

王充在《论衡》中说："两刃相割，利钝乃知；两论相订，是非乃见。"

两个刀刃互相切割，利钝自然就明白了；两种学说、观点放在一起没有比较，是非自然就显现了。意思是对事物要加以比较、鉴别。考察人才也是一样，只有比较，才知道每个人的优劣长短。

比较是人们认识各种事物最基本、最常见的一种方法，是揭示事物差别、认识事物本质的一种重要思维形式和逻辑方法。平时我们也说："不怕不识货，就怕货比货"，"比比看看，异同自辩"等等，都是说明对比的必要性和重要性。

把比较的方法运用到领导者知人用人中，我们把它称为"比较鉴别法"。它是指把两个或两个以上的同类干部放在一起进行考察，鉴别其个体素质的共同点和差异点，加深对考察对象的认识，从而了解和掌握某一个或某一类干部的基本情况。

国学名句集锦

人各有能有不能。

——《左传·成公五年》

比较鉴别法的主要类型有横向比较、纵向比较、正反比较、长短比较和思维比较。所谓横向比较，就是从空间上去看一个人与另一个人的区别，在左右的对比中鉴别优劣。横向比较有两种形式，一种是以某个考察对象为坐标参照系，横向延伸，选择基本情况相似、相同、相近的同类干部为对象进行比较，以便看其优劣程度。比如一位领导推选某人为科长，对他能否胜任心中无数。这时，便可以把这个人与本单位其他几位科长进行综合比较。如果比较的结果不相上下，就可以肯定这个人能够胜任科长；如果比较的结果差距太大，就可以考虑另换他人。另一种形式是确定几个对象进行考察，通过比较，好中选优。这种形式的缺点是，容易出现"矬子里面拔将军"的现象，所以在实践中要与第一种形式结合起来效果才好。所谓纵向比较，就是从时间上去看一个人的变化，在前后的对比中认识优劣。纵向比较法要求领导从一个人的变化看发展。因为任何人都是随着时间的推移在不断发展变化的，这种变化的客观性就决定了知人的客观性，绝不能凭老印象看人，要随着人的发展变化改变对人的看法，这是实事求是的思想路线的体现。人的变化，无非是有这样几种变法：一、从好变坏；二、从坏变好；三、从好到更好；四、从坏到更坏；五、从一般到一般。因此对一个人的看法，要既看过去，又看现在，把过去和现在联系起来观察，但重在现实表现上。例如对待犯过错误的同志，就应该把他的错误和他的全部历史表现联系起来看，不要孤立地只看他的一时一事。他的历史表现一贯比较好，其错误则属偶犯；其历史表现一贯不够好，其错误则属屡犯。对待偶犯和屡犯应该加以区别对待。另外，还应该把他过去犯的错误和他今天的现实表现联系起来，看他是否已经改正。如果已经改正，就不应该影响对他的信任和使用。

所谓长短比较，就是对一个人既要看长处，又要看短处，通过长处与

国学名句集锦

役其所长，则事无废功；避其所短，则世无弃才。

——东晋·葛洪《抱朴子·务正》

短处的比较，看哪是主流，哪是起主导作用的因素。鲁迅先生说："倘要完全的书，天下可读的书怕要绝无，倘要完全的人，天下配活的人也就有限。"优点和缺点是作为一个统一体存在于一个人身上，是相辅相成的。正如陈云同志说的那种"一个人的长处里同时也包括某些缺点，短处里同时也包含着某些优点。"例如有的人很有本事，就可能有些"骄傲"；有的人小心谨慎，就可能有些懦弱无能；有的人办事很果断，就可能有些"主观"；有的人勇于创新，就可能有些不够稳重；有的人喜欢做事务性的工作，就可能不爱学习；有些人善于搞宣传鼓动，就可能不太扎实，等等。优缺点是相互联系、相互依存的。如果他主流是好的，而他的缺点又不妨碍本职专业，就应大胆使用。

所谓正反比较，就是对考察一个人的正面意见和反面意见相比较，在求同存异中鉴别优劣。对一个人看法不一致是经常出现的。不要怕有不同意见，要主动征询和认真听取不同意见。通过不同意见的比较，求得正确的一致看法。一时拿不准的事，如果没有不同意见，最好不要匆忙下定论。

所谓思维比较，就是把一个人与其他人的思维方式进行比较，以便确定其所适合的工作岗位。实践证明，在外部条件基本相同的情况下，一个干部的思维方式如何，对其所担当的工作影响很大。一个研究社会科学的人，如果没有较高的抽象思维能力是不可能胜任社会科学研究工作的；一个爱好文学的人，如果没有一定的形象思维能力是不可能搞好文学创作的；同样，一个公司经理、企业家如果没有敏感的创造性思维，也是不可能搞好经济建设的。所以，在考察干部时，要比较哪个的思维方式科学性强一些，适合这项工作；哪个的思维方式科学性差一些，不适合干这项工作。以便选优汰劣，用准、用好人才。

国学名句集锦

量其当否，参其同异，弃其所短，收其所长。

——北朝·北魏·李谧《明堂制度论》

为了使比较鉴别法在领导工作中发挥更好的作用，我们还必须注意比较的科学性。

其一，切忌单项因素的比较。在比较两种事情的时候，不能从每一件事情中随意抽出一些单项因素做比较后就下结论，而要把有关的因素加在一起做全面综合的比较。比如，两个干部相比较，一个优秀干部也会有缺点，一个较差干部也会有优点，如果看到这两个干部都有某种相同的缺点或相同的优点，就认为这两个干部都一样，甚至说这个优秀干部还不如那个较差干部，那就不对了。

其二，条件不同，基础不同，比较的方法也应不同。条件不同者，应先比条件，而后再比事物自身的情况；基础不同，比的起点也应不同。俗话说：站在梯子上的人，不能同站在地上的人比高低。有些同志简单地拿年轻的同志同干了几十年的老同志比较领导经验，越比较觉得"生姜还是老的辣"，不敢大胆提拔年轻干部。如果把现在的年轻干部同老干部年轻时比，就有可比性了。

其三，非同类项不能相比。算术里的不同名数，不能相加减；质量和重量不能相比。两种事物必须是同类的、同一范畴的、同一标准的，这样才有可比性。不能风马牛不相及，没有任何联系的事物加以比较。总之，我们在运用比较鉴别法时，一定要以科学的方法，科学的态度，比可以比者，比应当比者。

国学名句集锦

不以小恶掩大善，不以众短弃一长。

——南宋·朱熹《与刘共父》

亲自参与，直接考察

> 贤者善人以人，中人以事，不肖者以财。（《吕氏春秋·赞能》）
>
> 贤明的领导识别人看重他的人品；中等的领导识别人看重他能不能办事；下等的领导识别人看重他是否在钱财上对自己有利。人的精神境界、价值取向不同，看人标准也不同。由此我们想到，考察人才最好还是亲自参与，间接获得信息总是不可靠的。

战国时赵将廉颇忠勇为国，后来因奸臣献谗言不得不出走魏国。后来，边境事紧，赵王想重新启用老将廉颇，便派使者去考察一下，看看这位老将身子骨怎么样，还能不能打仗。

不料老将军的一个名叫郭开的仇人，"多与使者金，令毁之"。史载："颇见使者，一饭斗米，肉十斤，披甲上马，以示可用。使者还报曰：'廉将军老，尚善饭，然与臣坐，顷之三遗矢矣。'王遂不召。"一代名将，就因为考察者谎报他不服老，"硬撑着多吃了几碗饭，不一会就上了三次厕

心知道然后可道，可道然后能守道以禁非道。以其可道之心取人，则合于道人而不合于不道之人矣。以其可道之心与道人论非道，治之要也。何患不知！故治之要在于知道。

——《荀子·解蔽》

所"，而失去了报国的最后机会。该使者"毁"技之高超，让人不寒而栗。

《西京杂记》中记载了昭君出塞的故事。说的是汉元帝选美，派画工将"候选女"的标准像画来评选。王昭君洁身自好，不肯向索贿的画工毛延寿奉纳"润笔费"，毛延寿就把她画得丑了一些，致使王昭君这位绝世美女"久居宫中人未识"，后又被迫"外流"——出塞和番。当然，在今天看来，这是为民族团结做贡献，可是当时汉元帝恼得不行，怒杀毛延寿，籍其家产。

无论正史还是野史，反映一般的封建帝王，无非就是英雄、美人。战国赵王遣使去请英雄，而英雄不至；汉家天子派员去求美人，而美人未得。什么原因呢？都是受了二手材料的骗，上了报情不实的当。因此，我想到了领导者知人问题。领导者特别是高级领导者，有时因主客观原因的限制，不能去亲自考察干部，而由人事部门或派员考察，实为难免之事。但是，为了防止郭开、毛延寿之流"二道骗子"从中作梗，对于有争议而把握不定或拟委重任的干部，拍板的领导者能面对面直接考察一下是很有必要的。对于这个步骤，不但现代领导者应当明白和重视，就是封建社会的开明君主也是如此。"状元殿试，独占鳌头"，描绘的就是"新干部"接受皇帝面察的情景。所以，"直接考察法"是善用人的领导者在知人中不可缺少的方略。

直接考察法的形式是多种多样的，其中包括面测法、谈话法和调查法。

一、面测法。面测法也叫直觉法，它是靠经验积累而形成。过去，人们总是在与各种各样人接触，观察对方的为人，由此而形成了识别人的直觉。因此，识别人时，与过去经常打交道的某种类型人接触，过去的经验就会成为重要的参考资料，直觉也就起到了重要作用。这种方法多用于鉴

国学名句集锦

面誉者不忠，饰貌者不情。

——西汉·戴德《大戴礼记·文王官人》

别文艺人才。歌德在谈到表演人才识别方法时说，如果新演员原先已有好声望，那么就让他表演，看他是否能与其他演员合拍，表演作风是否扰乱整体，看他能否弥补缺陷。如果一个青年演员，还没上过台，那么，首先应考察他的风度，看他有没有悦人或吸引人的地方，特别看他有没有控制自己的能力。因为在歌德看来，一个演员如果没有自制力，在旁人面前不能显示自己做得恰到好处，一般说来，就是个庸才。当然，面测法不是单纯的"以貌取人"，而是通过直觉来观察对方潜在的表演才能和素质。

二、谈话法。领导者通过面对面的谈话，鉴别一个人是否有德有才，这是领导活动中常用的方法。谈话法比听取别人的间接汇报要可靠得多。当然，现代领导者需要做的事情很多，不可能事事都要亲自找对方谈话，但是当自己的用人决策与业务部门的调查情况相悖时，切不要吝啬谈话时间，有时几分钟的谈话能够挽救一个人的政治生命和前途。

三、调查法。这种方法可以使领导者掌握第一手材料，为正确的用人决策提供可靠依据。领导者在使用调查法时，要将背靠背调查与向本人通报结合起来。调查干部需要进行背靠背考察，因为这样做有助于人们畅所欲言。但对调查中的某些情况，应向本人通报。比如调查中有人反映被考察者有某种政治问题，而从本人档案及实际表现看，都无此种情况，这时就应向本人通报，允许本人解释申辩。这有利于弄清问题，对同志负责，防止别有用心者的诬陷攻击。

领导在平时工作中，会从各种渠道获得大量信息，在制订用人决策之前，还须进行"去粗取精，去伪存真"的筛选过滤，清除信息中的"水分"和"杂质"。在过滤中，应特别认真对待各种传闻、议论和反映。

一般来说，传闻的可靠性较小，因为在传递过程中，人们常常根据自己的好恶添枝加叶。但是传闻有时又有一定的积极作用，因为它们毕竟同

国学名句集锦

十步之间，必有茂草；十室之邑，必有俊士。

——东汉·王符《潜夫论·实贡》

毫无事实根据的谣言不同，领导者常常可以从中获得一些有价值的信息。比如某人也许真有某方面的严重问题，由于种种原因领导不知道，一旦准备提拔使用，人们对其问题相互传播，以表示心中的不平。领导者听到后，便可进一步调查研究，澄清是非，避免了用人决策的失误。另外，有些埋没在"槽枥"之间的有用之才，也可能通过小道消息传到领导者耳中，领导者及时地赋予"千里"重任。

再说议论。要启用人才，议论是难免的。问题是如何对待议论。议论本身也有两面性，一种是有益的议论。曹操的儿子曹植在给杨德祖的信上说："夫街谈巷议，必有所采，击辕之歌，有应风雅；匹夫之思，未易轻弃也。"意思是不可轻易否定街头巷尾的议论以及赶车人所唱的歌，普通人说的话，它里面有许多有价值的东西可以汲取。所以，有益的议论，能够帮助，领导者了解被启用人的德才学识，不至于偏听偏信。另一种是无谓的议论，结果弄得领导者心神不定，莫衷一是，欲用不能，欲罢不甘。在现实生活中，往往有这样一种现象：当某人没有被考察时，平安无事，不仅没人消极地议论他，甚至在一些场合，还有人绘声绘色地夸赞。一旦准备提拔使用了，有些人就像拨浪鼓一样，摇起头来，叽叽喳喳，说三道四，议论不停，什么陈芝麻、烂谷子的旧事都被抖落出来，不看事实就给扣上一系列空洞的大帽子。什么"骄傲自大，目中无人""性情急躁，不太老练"，甚至业余时间写几篇文章，也给加上"名利思想、不务正业、总想捞外快"的罪状。碰到头脑清醒的领导，"任凭风浪起，稳坐钓鱼船"，不受干扰，照常办事。可有的领导则不然，一听到不同议论，就误认为这个干部"有争议"，往往以"稳一点"为由，决定"放一放再说"。于是，这个干部便被无限期地"挂"起来。应该说，能够引起别人议论的人，一般都是有一定才能的人——正因为他某一方面突出才引起别人的七

国学名句集锦

用人惟其才，故政无不修；考绩必以岁月，故官不失绪。

——北宋·苏辙《王存磨勘改朝散郎》

嘴八舌。现在随着干部制度的不断改进，民主选举、民主推荐干部的方法越来越普遍，议论风生的局面将越来越广泛，不被别人议论的干部是没有的。应该提倡在议论中认识和选拔干部，在议论后使用干部。

再说说反映。反映是领导与下属和群众之间的一种非正式渠道沟通信息行为。它分为两种形式：一种是语言反映，一种是书面反映。语言反映，就是面对面地谈问题。这种形式多用于下属与领导之间。一般来说，语言反映的情况正确，对领导者的用人决策起促进作用，否则就会干扰决策的实施。书面反映就是通过文字形式向领导谈问题，这种形式多用于领导与群众之间，包括告状信、匿名信和小报告等等。书面反映的行使人基于自我的目的和愿望，在不便公开反映情况的特定环境下，会出现两种情形：一是客观提供有价值的信息，促使领导者及时作出正确的决策；二是提供道听途说的信息。

由此可见，书面反映作为一种信息沟通方式，其利弊、好恶不在本身，而在于领导者能否鉴别和正确"过滤"这些信息。领导者不能因人们对告状信、匿名信和小报告的诋过于誉而因噎废食，而是要重视和发挥它如下特有的功能——沟通距离短；时效强，影响小，保密性好；灵活机动，民主监督效果好。当然，如果不善于正确运用，也会产生一些消极因素和副作用。身为领导，应把书面反映作为一种沟通渠道，进一步明确其程序，以及事后处理的方式等，并防止书面反映变成诬陷、中伤的工具。

通过各种途径取得被察者的信息，这是由考察者作为主体进行的。因而，信息过滤如何，这与作为考察者的领导自身的素质有很大关系。只有好的领导者才能做到过滤信息，去粗取精，去伪存真，由表及里地去鉴别人才。

国学名句集锦

察人性，顺人情，然后可趋，其必有谐。

——明·张居正《权谋残卷》

全面考察，大处着眼

宋代陆九渊在《语录》中曾说："铢铢而称之，至石必谬；寸寸而度之，至丈必差。"

铢，是古衡制单位。这句话意思是说，一铢一铢地称东西，这样称出的一石与一次称足的一石必定有出入；一寸一寸地量东西，这样量出的一丈比一次量出的一丈一定会有误差。他用这个简单的例子，告诉人们一个深刻的道理：考察人必须从大处着眼，注意全面地看，只有这样，才能使考察具有科学性。

古代有一个"盲人摸象"的故事：几位盲人摸象，摸到脚的盲人就说象是桶一样的东西；摸到尾巴的盲人说大象像扫帚一样；摸到肚子的盲人说如鼓一样；摸到耳朵的说如笊篱；摸到牙的说象似角一样；摸到鼻子的说像条粗绳索。盲人由于视觉的障碍，看不见大象的立体画面，每人只摸到象的一部分，却把它当做整体，这个故事以我们在领导人事工作中如何知人有很深刻的启示。

国学名句集锦

视其所以，观其所由，察其所安，人焉廋哉？

——《论语·为政》

人的潜意识中隐藏着感情、需要、性格、想法、长处、缺点等许多东西，这许多部分构成了人的整体。反过来说，人的整体如同一个立体一样，是多面的。每个部分就构成了一个人的面。通过面可以判断一个人的本质属性。但并不是所有的面都和这个人的本质属性相一致，人的本质属性是由大多数的面规定的，如果把人的个别面当成大多数的面，把部分当成整体，就会犯了"盲人摸象"的错误。例如把偶然犯错误的同志看成是"屡教不改"，把偶做一两件好事的人当成先进人物。这样的后果必须造成用人决策的失误。要避免"盲人摸象"的错误，就必须借助于"立体透视法"来知人识人。所谓"立体透视法"，就是对一个认识对象要做全面性的综合考察透视，真实反映这个对象的整体以及这个整体和周围事物所构成的立体画面。具体内容有：多角度透视、多态势透视、多层次透视和多侧面透视。

多角度透视。牛顿看到苹果从树上掉下来，他想，为什么苹果往地下掉，而不往天上去呢？他从相反的角度思考问题，发现了地球的吸引力。史丰收创造了快速计算法，比一般电子计算机还要快，能在几秒钟内进行多位的加减乘除、开方等数学计算，获得准确的答案。他在小学二年级时看到教师在黑板上进行数学计算。忽然他产生了一个怪问题，做数学题能不能从左向右，从高位算起呢？他从相反的角度长期思考，终于成功了。领导者考察干部也是一样，既要善于从正面角度去思考问题，也要善于从相反角度去思考问题；既要从历史角度看待干部，更要从现实角度衡量干部；既要考察干部的个体素质，也要考察干部在群体和组织中的行为表现；既要从品德角度、才干角度、行为角度去考察人，也要从气质角度、喜好角度去衡量人。这样才能判断和识别其真实能力。

多态势透视。就是不但要把考察对象放在相对静止的状态下考察，还

国学名句集锦

君子不可小知，而可大受也；小人不可大受，而可小知也。

——《论语·卫灵公》

要放在动态中加以研究。比如汽车是在静止状态下制造出来的，而后必须进行动态检查，还要跑初驶公里，以便在"动"中发现问题。有些同志考察人往往只注意"静态"，而忽视其发展变化，以及周围环境对他的影响，因而，工作中盲目性很大；实质上，多态势透视也就是要用发展的观点去识别人。世上万物都处于无休止的运动、发展、变化中，人也不会一成来变。随着主、客观条件的改变，人的思想、品德、知识、才能也会不断地改变。因此，领导者要知人，必须在发展中看人，在变化中看人，特别要看到人的发展前途，善于从发展变化中发现人才。人才一般有三种状态，即萌芽状态、含苞欲放状态和才华显露大展宏图状态。领导者及时发现处于含苞欲放状态和才华显露状态的人才当然很好，但是，最难能可贵的是如同伯乐相马，当马没有被人发现是千里马，甚至栓在槽头骨瘦如柴无人一顾时，能从马的筋骨等方面发现是千里马一样，能够发现处于萌芽状态、尚未被人认识甚至处于"逆境"中的人才。坚持用发展的观点看人，就要注意不能用孤立的静止的观点把人看死看扁。要知道，一个人的长处、短处、优点、缺点都是相比较而言的。在一定条件下，长处会转化为短处，优点可以变为缺点；反之亦然。例如，工作大胆泼辣是优点，但是，不顾主客观条件的一味大胆，就会变成盲目蛮干；谨小慎微是缺点，但只要注意不在小事上纠缠，这样谨慎一点，就会变为优点。当然每个人的情况不相同，发生转化的客观条件也不尽一样，对此，不仅要坚持具体问题具体分析，而且要有由量到质的基本估计。

多侧面透视。对一个人的考察要全面，既要看他的正面，又要看他的反面；既要看他的现在，又要看他的过去；既要看他的本身，又要看他与周围事物的联系。把"大象"的脚、肚子、耳朵、牙齿和鼻子都摸清后，再作结论。例如古代鲍叔牙推荐管仲为齐国宰相一事，鲍叔牙既知道管仲

国学名句集锦

人有厚德，无问小节；人有大举，无訾小故。

——唐·马总《意林》

的"缺点",又了解他的才能。管、鲍二人曾经在一起做过买卖,分取盈利的时候,管仲总要多取一些;管仲三次作战,三次逃跑。经过多方面考察,鲍叔牙认为管仲的才能出众,施政有方,远胜过他的缺点;再说这些缺点也与其他事物有联系,多取盈利是因为管仲贫穷;作战逃跑是因为他家有八旬老母,需尽孝道。因此,鲍叔牙没有陷入以偏概全的片面性,而是实事求是地作了中肯的分析,最后毅然向齐桓公举荐管仲为相。实践也证明了鲍叔牙荐举是对的,管仲为辅助齐桓公治理齐国做出了卓越贡献。如果鲍叔牙考察管仲一个侧面就下结论,就必然会造成对管仲的考察失误。当然,多侧面透视,并不是不分主次地去观察一个人的所有面。如果对一些反映细节的面观察过多,也会造成识人的片面性。

国学名句集锦

记人之长,忘人之短。

——唐·张九龄《敕渤海王大武艺书》

依靠群众，耳聪目明

> 人君之取士也，不能参听民氓，断之聪明，仅徒信乱臣之说，独用污吏之言，此所谓与仇选使，令囚择吏也。（汉·王符《潜夫论·潜叹》）
>
> 君主选用人才，如果不能听取和检验民众的意见，作出明智的判断，相反只是相信乱臣的说法，片面听从贪官污吏的话，那就等于帮助敌人挑选使者，让罪犯选择官吏。这段话体现了鲜明的民本思想，选用干部要依靠群众发现，听取群众的呼声。

毛泽东曾为我们总结出一整套"从群众中来，到群众中去"的群众路线的工作方法，在革命实践中赢得了群众信任和支持，从而取得了革命事业的伟大胜利。反映到知人选人上来，我们则把依靠群众发现和识别干部称之为"群众路线法"。

应当承认，一些地方或部门在选拔干部工作中，就存在着一种"神秘感"，认为只是"党委和领导的事""业务部门的事"，群众万万不可涉及。

国学名句集锦

临事不信于民者，则不可使任大官。

——《管子·立政》

只有在绝对保密的情况下进行，才能保持群众思想的平稳；只有领导和业务部门掌握方针政策，才能保证选好人才等等。由于"神秘感"的存在，所以识别和选择干部工作往往局限在少数领导和业务部门中，出现不少弊端，看错人的现象屡见不鲜。使用群众路线法知人选才就能较好地克服这些弊端。具体说来，它主要有三个特点：

一、准确性。《孟子·尽心上》中说："有事君人者，事君则为容悦也；有安社稷臣者，以安社稷为悦者也。"也就是说，有的人侍奉君主，是为了邀宠讨好；有的则不为讨好，属于以安定国家为乐的贤臣。现实中也有类似情况：有的人做工作是专为了讨好，专做给领导看；有的人则兢兢业业地实干，不愿故意造作而取悦领导。后一种人虽有德有能，但有的领导却不予注意；前一种人虽无德无能，却常常能得到一些领导者的赏识，从而造成不选人才选庸才的情况。若注意听取群众意见或实行群众选举，就会有助于避免此种失误。因为专事逢迎讨好者可以骗得过一两位领导，但却逃不过广大群众的眼睛。而那些不善迎合却苦干工作的人，群众不仅能看得清清楚楚，而且自会有公正的评价。

二、广泛性。我国长达几千年的封建社会，小生产一直占主导地位。在小生产基础上形成的小生产的思想方式有着浓厚的思想基础和市场。其中也反映到领导用人领域，较为突出的是知人、选人的范围狭窄，形式单一。有权选人的只是少数决定下属命运的领导者，大多数人没有选人权利。在选人的方法上主要采用领导提名任用，且能够进入领导者视野的又往往是身边的几个人。因此，下属的任用在很大程度上带有机遇性和依附性。这样，就会使众多的优秀人才因不能进入领导的视野而被埋没。因此运用群众路线法知人选人就可以扩大视野，广泛地挑选人才。

三、积极性。通过发动群众荐举人才，群众信任谁就投谁的票，不信

国学名句集锦

天下之事，非一人之所能独知也；海水之广，非独仰一川之流也。

——《鹖冠子·道端》

任谁就不投他的票，被选出来的都是群众信任的。因此在心理上容易认同，容易服从领导，容易尽力协作，容易激发起强烈的光荣感和责任感，成为建设"四化"的动力。所以，每个领导者都要认清这些特点，走出办公室，深入下去，坚持群众路线的方法知人选人大有好处。

群众路线法的类型是多种多样的，从领导工作的实践看，主要有民意测验、民主评议和民主推荐。

一、民意测验。民意测验是一种以数学和统计学为理论基础，以口头询问、书面调查、综合计算为主要方法来调查群众对某一问题的意向。体现在领导识人问题上，则是通过民意测验来调查群众对领导用人的意见和希望的。民意测验有较大的准确性。它的目的是，在不受任何压力和干扰的情况下，使群众得以充分自由地反映自己的真实意见，并对这些意见进行综合分析，借以对某问题作出调查结论或作出决策。领导者识人选人中的民意测验既不同于典型调查，也不同于普通调查，采取这种方式要注意：一是要有明确的目的和调查内容，提问不能含糊，回答力求准确；二是挑选调查范围十分重要，调查的时机也要适当，不宜过早过迟；三是必须有一种民主的无拘束的气氛。总之，事先要有精心的计划和良好的组织工作，才能取得效果。

二、民主评议。目前主要用于评议各级领导干部。它是由下属对领导者一个时期的决策能力、工作态度、工作成绩以及其他表现等进行心理测评，让称职者继续担任领导工作，将不称职者免职或调换其他工作岗位。从广义上来说，民主评议还包括群众自我评价和群众与群众之间互相评议。如评选优秀党员和评选优秀工作者等。通过评优、评先，领导者可以进一步认识人、了解人，为领导者用好人提供心理依据。这种方法，现在已经被越来越多的单位所采用，实践证明是行之有效的。

国学名句集锦

用百人之所能，则得百人之力；举千人之所爱，则得千人之心。

——《淮南子·缪称训》

三、民主推荐。这种方法是由群众推荐适合从事单位所需要的工作或岗位的人员。发动群众推荐人才是一种很细致的工作，不能简单从事，要加强组织领导工作。一要做好思想准备。就是对群众搞好思想动员，讲清推荐人才的目的意义，提高思想认识，消除思想顾虑，让群众怀着强烈的责任感进行民主推荐，不是"奉命"推荐；解释德才标准，提出掌握德才标准应注意的政策问题，使群众掌握推荐的武器；根据本单位的实际情况和推荐的人选问题，交待注意事项，提出具体要求。二要做好组织准备。领导和业务部门要通盘考虑与计划人才的进出，需要退下来的事先做好工作，做好安排。以腾出位子来。同时，还要按照人才群体结构的要求，对所需人才研究出一个方案。三要做好业务准备。就是业务部门为发动群众民主推荐提供必要的准备，如提出初步计划方案，查阅有关档案，设计民主推荐表，拟定民主推荐方法、步骤等。

应当注意的是，群众路线法的一个最大特点是"民主"，所以不管用哪种方式识人选人，都要求实行"三公开"：一是名额公开；二是实绩公开；三是结果公开。

国学名句集锦

谋贵众，断贵独。

——南宋·辛弃疾《美芹十论·自治第四》

见微知著，小中寓大

　　苏洵《辨奸论》："事有必至，理有固然，惟天下之静者，乃能见微而知著。月晕而风，础润而雨，人人知之。"

　　事情的发展有其必然性，遵循着一定的规律。天下只有冷静的人，才能从细微之处预知将来的显著变化。天上出现月晕预示着将要刮风，地上的石板返潮预示着将要下雨，这是人人皆知的事。这段话是说，要善于以小见大，从蛛丝马迹中发现必然性。在观察一个人时，注意一些感性的细节，还是很有必要的。

　　不知道如何识别人，就肯定不知道如何使用人。而识别人的最好方法，就是看他在不经意所表现出的诸多细节。

　　我们来看几个细节：

　　燕王朱棣发动"靖难之役"，率兵进逼南京，建文帝的大臣王艮准备以身殉国，不愿向朱棣屈服。他对妻儿表示："食人之禄，死人之事，我不能再活了。"当时朝中大臣解缙、吴溥、胡靖与王艮一家为邻，在南京

国学名句集锦

巧者善度，知者善豫。

——《淮南子·说山训》

城被燕军攻陷的前一天晚上，几个人相约来到吴溥家。谈到目前的危险和个人的出路时，解缙慷慨激昂，胡靖直拍胸脯，都决心死节，只有王艮不说话，一个劲儿地流泪。当解缙、胡靖、王艮离开吴溥家后，吴溥年幼的儿子吴与弼感慨地说："胡叔能为国死节。"

吴溥说："你看走眼了，我看只有王叔能死节。"

话音未落，就听隔壁胡靖在家里大喊："外边很乱，要看好家里的猪，别让它跑了。"

吴溥冷笑道："你听见没有，胡靖连一头猪都舍不得，难道他能为国殉身吗？"

过了一会儿，吴溥听到王艮家里有哭声，原来王艮誓死不降朱棣，已饮毒酒死了。

再一个故事是关于洪承畴的。洪承畴系明末重臣，在松山战斗中为清军所败，被俘。皇太极想收服洪承畴为己用，命范文程劝降。起初，洪承畴还坚决不降，并骂不绝口，范文程仍善言安抚，并与他谈论古今事。恰巧房梁有积尘落到洪承畴的襟袖上，范文程发现他几次轻轻将尘拂去。

范文程回来报告皇太极说："承畴不会死的，他如此爱惜衣服，更何况对自己的生命呢？"于是，皇太极亲自劝降，洪承畴果然归顺清朝。

还有一个故事是关于列宁识人的。有一次，列宁发现人民委员会一个工作人员的上衣口袋上掉了一颗纽扣。列宁看到了，没有出声，走了过去。碰巧第二天列宁又遇见了这位同志。一看，他上衣口袋上还是没有纽扣。到第三天也还是没有。到了第四天才看到纽扣缝上了。"总算缝上了。"列宁很高兴。

后来，委员会推荐那个掉纽扣的人负责粮食征集工作。列宁有些犹豫不决。人们对列宁说："他是一个能干的人""是个有功之人""是个勤勉

国学名句集锦

明者远见于未萌，而智者避危于无形。

——西汉·司马相如《上书谏猎》

可靠的人"……列宁想要提纽扣的事，但没有出声。那位工作人员带了粮食征集队出发了。

过了一段时间，列宁接到报告。说那位工作人员不胜任工作，粮食征集工作一团糟。人们说："失误本来是可以避免的，可他没有预先提防，漫不经心。"也有人庇护这位同志，说："列宁同志，这是偶然事故。"

列宁默不作声，只是一直在一张纸上画着什么东西。别人颇感兴趣：列宁在那里画什么？往纸上一看，只见纸上画着一颗纽扣。

在不经意间表现出来的，才是最本质的。以小见大，或许失之偏颇。但观察一个人时，注意一些感性的细节，还是很必要的。

领导者在知人中能够做到"见微而知著"，实质上这是一种较高观察力和预见力的显示。要达到这种程度，就需要我们掌握见微知著的具体方法。概括许多领导者的实践经验，见微知著的具体方法主要有生活细节法、工作探微法、观友相人法和看书知人法。

一、生活细节法。生活上有些司空见惯的细节往往很少引起人们的注意和思考，牛顿却能敏锐地从苹果坠地发现了万有引力，瓦特却能从开水壶冒汽的现象及原理而制造出蒸汽机。在领导活动中也是如此，高明的领导者可以从对方的一个动作、一种习性中窥视人的本质，识辨人才。从生活细节上识别人需要敏锐的眼力，发现别人不容易发现的特点，能在转眼即逝的言行中发现某个人的隐蔽特征。只要你注意锻炼自己观察细节的能力，就不难发现每个人的奥秘。

二、工作探微法。工作探微法是指在实际工作的细小事情上和不经意的场合、情境中识别人。英国曼彻斯特市有位医生想在他学生中找一名具有敏感观察力的人当助力。一次在临床带学生时，当众用指头蘸了一下糖尿病人的尿液，然后用舌头嗜其"甜"味，接着要求所有的学生跟着做。

国学名句集锦

得人之道，在于知人；知人之法，在于责实。

——北宋·苏轼《议学校贡举状》

大多数学生都愁眉苦脸地用同样的方法嗜尿液，只有一个女学生发现自己的老师用来蘸尿的是一个指头，舔的却是另一个指头，她也如此仿效。这位医生认为这个女学生具有敏感的观察力，然后让他当了自己的助手。

三、观友相人法。孟子说："一乡之善士斯友一乡之善士，一国之善士斯友一国之善士，天下之善士斯友天下之善士……是尚友也。"通过观察他的朋友来了解他的为人，是一种便捷而可靠的观察人的方法。管仲在《管子·权修》中说："审其所好恶，则其长短可知也；观其交游，则其贤不肖可察也。二者不失，则民能可得而官也。"察其兴趣、爱好，可知其长；察其厌恶不感兴趣的方面，可知其短。通过观察其所交朋友的类型，就可知其人是否贤明了。生活中人们也常说："告诉我你的朋友是谁，我就知道你是什么样的人。"所有这些都尽以说明观友在知人中所起的作用。俗话说"物以类聚，人以群分"，朋友与朋友之间一般都有着某种共同的兴趣、追求，或者其脾气相投，或者其目标一致，或者其工作性质相同，这些共同点使他们有条件凝聚在一起。这一现象实质上就是人才科学上讲的"共生效应"，所以通过其朋友识别人的品质能力是比较科学的方法。

四、看书知人法。看一个人经常读什么书，就可以判断他的志趣爱好和思想境界。有些传记文学作家为已故的名人作传时，总要把这个人的藏书大致翻检一遍，以廓清这位故人生活道路的理脉，找到描写他揭示他的思想素材。领导者在领导活动中，通过了解对方喜爱读什么书，可以丰富对这个人的认识。据说国外有公司招聘员工时，主试者会突然要求应试人随手写下自己喜爱的几本书的书名，通过此途来判断这个人以决定取舍。但是，看书知人要注意分析的全面性，要把对方看的书与他的行为结合起来考察，不能过于绝对。

由于见微知著法是领导者透过主观的判断来看人，因此这种方法不可

国学名句集锦

尽小者大，慎微者著。

——《资治通鉴》

避免地带有一定的局限性，导致对人才的偏见。所以，领导者在知人的实践中，应该特别防止投射效应的影响，也就是当人们在掌握信息不完全的条件下，为了认识一个人，将自己的某些特性归到被了解对象身上，从而歪曲了被了解对象的某些特征。人们常说的"以己度人"就有这个意思。产生这种效应，往往主体本身有这种特性，当被了解对象在自己的职业、环境、条件、任务相仿的时候，认识主体很容易"设身处地"地扮演角色，把自己的特性投射到被了解对象身上，使被了解对象更接近自己想象中的形象。

国学名句集锦

凡事皆能谨于几微，则不至于差之大矣。

——明·薛瑄《读书录》

以貌取人，失之子羽

以言取人，失之宰予；以貌取人，失之子羽。（《史记·仲尼弟子列传》）

孔子说过这样的话：我只凭言辞判断人品，结果对宰予的判断就错了；我只凭相貌判断人品，结果对子羽的判断就错了。意思是只凭言辞、外表判断人，是远远不够的。

孔子的诸多弟子中有一个名叫宰予的，能说会道，利口善辩。他开始给孔子的印象不错，但后来渐渐让人看到了他本来的样子——不仅毫无仁德可言还非常懒惰，大白天不读书听讲而只喜欢躺在床上睡大觉，所以被孔子骂作"朽木不可雕"。他还有点儿爱较真，对"三年之丧"颇有微辞，让孔子对他变得失望。（当然，在今天看来，宰予只是有点叛逆精神，算不上朽木。）

而孔子的另一个弟子，叫澹台灭明，字子羽，是鲁国人，他的体态和相貌很丑陋。孔子一开始认为他资质低下，但他从师学习后，回去就致力

国学名句集锦

凡人心险于山川，难于知天；天犹有春秋冬夏旦暮之期，人者厚貌深情。

——《庄子·列御寇》

于修身实践，处事光明正大，不走邪路；不是为了公事，从不去会见公卿大夫。后来，子羽游历到长江，跟随他的弟子有三百人，声誉很高，四方诸侯都传诵他的名字。孔子听说了这件事，感慨地说："以言取人，失之宰予；以貌取人，失之子羽。"

谈吐和风度是一个人综合素质的重要表现，即我们所说的"第一印象"，这在社交场所很重要，但考察干部不能过分注重其外在，而是要正确处理察"言"与观"行"的关系。

所谓人才，是由德、识、才、学、体等基本要素组成的有机统一体。

德，是指人才表现出来的意志、兴趣、情感、性格和专注力等品德。优良的心理品德应表现为高度的事业心、吃苦耐劳的精神、坚韧不拔的毅力、百折不挠的意志以及高尚的情操。

识，指的是人才的见识，即观察问题、分析问题和解决问题的能力与见解，表现出与众不同的见识能力。具有见识能力的人能够入木三分地把握和认识事物的本质；能一针见血地抓住事物的发展关键环节；能得心应手地驾驭各种环境和条件；能在关键时刻坚定果断地拍板；能冲破习俗观念的束缚，大胆地另辟蹊径。

才，是指一个人认识客观和改造客观的能力，包括记忆能力、观察能力、实际操作能力，组织管理能力、表达能力和想象力。

学，即学问、知识，包括直接知识、间接知识、理论知识、经验知识等。人才的知识结构主要有两种：一种是由基础知识、专业知识和前沿知识组成的塔式结构；另一种是以专业知识为基点和骨干，以其他与之相邻相近的知识作补充交织而成的网络式结构。

体，指身体素质。身体是事业之本，历史上许多成功的人才都是得助于健康的体魄。

国学名句集锦

举贤而不用，是有举贤之名，而不得真贤之实也。

——西汉·刘向《说苑·君道》

人才的德、识、才、学、体，五位一体，密不可分，互相制约，相辅相成。其中，德居首位，是人才的灵魂，是其他四者之根本；识具有决定性作用；才是必备条件；学是智能方面的基础要素；体是人才成长的物质基础。识别人才须兼而顾之。如果仅仅以貌取人，以外表的俊美与丑陋来识别人才，而放弃对人的德、识、才、学、体的全面分析与观察，只能使领导者步入识才的误区。法国大作家雨果笔下的《巴黎圣母院》中有两个典型人物形象：一个是圣母院撞钟人加西莫多，虽奇丑无比，却心地善；另一个是圣母院副主教克罗德·佛罗洛，虽相貌堂堂，内心却十分肮脏。这说明在识才时，千万不可被相貌所迷惑。

一向慧眼识珠的曹操，也有以貌取人的错举。益州张松过目不忘，乃天下奇才，只是生得额镂头尖，鼻偃齿露，身短不满五尺。当张松暗携西川四十一州地图，千里迢迢来到许昌打算进献给曹操时，曹操见张松"人物猥琐"，从而产生厌烦之感。加之张松言词激烈，揭了曹操的短处，便将张松赶出国门。刘备乘机而入，争取到了张松，从而取得了进取西川军事上的优势。如果曹操不是以貌取人，而是礼待张松，充分发挥其才识，那样恐怕会是另一种结果。

过分重视干部个人的谈吐和风度，容易被一些表面现象所迷惑，影响对干部个人深层次的观察和认识。实践中，有些干部存在言行不一和表里不一的情况。对上是一套，对下是一套，在人面前是一套，背后又是一套；有的本来胸无点墨，却装出很有学问的样子；有的人品十分不好，却把自己伪装得十分正派。有的干部虽然品质上不存在问题，但"说功"远远大于"做功"，眼高手低，做不成一件实在事。中国历史上"赵括用兵"，就很能说明这个问题。还有个别心术不正、善于伪装的人，如果只注意其言谈和举止，很有可能会上当受骗，最终"挥泪斩马谡"。

国学名句集锦

其择人宜精，其任人宜久。

——北宋·苏轼《策别第九》

考察干部，必须想方设法了解干部的真实水平和人格品质，必须真正把"德"放在首位。把干部履职情况的"量化考评"与"实地考察"结合起来；把"不定向查访"延伸到社区和"八小时之外"，邀请群众座谈，让群众给干部"画像"，对考察对象的婚姻、赡养父母、邻里关系、社会公德、诚信、生活作风、参加社区公益活动等"八小时"外表现情况进行书面鉴定；设置"问题菜单"方便访谈群众"挑刺"，避免访谈对象"说不准"和"不方便说"的情况。只要考察者认真负责，"狐狸最终会露出尾巴"。

"世人百相"，各有招数。在干部考察中，我们必须"道高一丈"，善于识透人心，而要做到这一点，就必须把"观行"放在突出的位置，认真加以考察和识别，不能被一些人的表面现象所迷惑。

国学名句集锦

因材任人，国之大柄；考绩进秩，吏之常法。

——北宋·苏辙《梁焘转朝奉大夫》

白璧微瑕，良工不弃

圣人之官人，犹匠之用木也，取其所长，弃其所短；故杞梓连抱而有数尺之朽，良工不弃。(《资治通鉴·周纪一》)

圣明的君主选用人才，就像木匠选用木材一样，用他的长处，不用他的短处；因此几搂粗的良材大木，只有几尺腐朽的地方，好木工是不会抛弃它的。

识人要全，知人要细，为的是识人所长。识人的目的是用人，因此，着眼点就应放在一个人的长处上，注意力应集中在一个人的优点上。正如管理专家杜拉克先生所说："一个聪明的经理审查候选人决不会首选看他的缺点。至关紧要的是，要看他完成特定任务的能力。"

清代思想家魏源指出："不知人之短，不知人之长，不知人长中之短，不知人短中之长，则不可以用人。不可以教人。"

事实上，人各有所长，亦各有所短，只要能扬长避短，天下便无不可用之人。从这个意义上讲，领导者的识人、用人之道，关键在于先看其

国学名句集锦

论大功者不录小过，举大善者不疵细瑕。

——《汉书·陈汤传》

长，后看其短。唐代柳宗元曾讲过这样一件事：一个木匠出身的人，连自己的床坏了都不能修，足见他锛凿锯刨的技能是很差的。可他却自称能造房，柳宗元对此将信将疑。后来，柳宗元在一个大的造屋工地上又看到了这位木匠。只见他发号施令，操持若定，众多工匠在他的指挥下各自奋力做事，有条不紊，秩序井然。柳宗元大为惊叹。对这人应当怎么看？如果先看他不是一位好的工匠就弃之不用，那无疑是埋没了一位出色的工程组织者。这一先一后，看似无所谓，其实十分重要。从这个故事中是否可以悟出一个道理——若先看一个人的长处，就能使其充分施展才能，实现他的价值；若先看一个人的短处，长处和优势就容易被掩盖和忽视。因此，看人应首先看他能胜任什么工作，而不应千方百计挑其毛病。

同时，在用人所长的同时，要能容其所短。短处包括两个方面：一是人本身素质中的不擅长之处；二是人所犯的某些过失。一方面，越有才能的人，其缺陷也往往暴露得越明显。例如，有才干的人往往恃才自傲，有魄力的人容易不拘常规，谦和的人多又胆小怕事等等。另一方面，错误和过失是人所难免的。因此，如果对贤才所犯的小错误也不能宽恕，就会埋没贤才，世间就几乎没有贤才可用了。"水至清则无鱼，人至察则无徒。"水太清，鱼就养不活；对人过于苛求，则不可能有朋友。用人识才也是如此。

战国时期有一个故事很能说明这个问题。孔子的孙子子思向卫国君主卫慎公推荐一个叫苟变的人，说他是个能攻善战的将才，可以统兵五百乘。卫慎公说："他为官收税时，曾吃过百姓家的两个鸡蛋，不够清廉，所以不可重用。"子思听后，对卫慎公说："明君识才如同匠人用木，取其长弃其短，不能因短而无视长。几抱粗的杞梓木材，虽然有几尺腐朽，但好的木匠不是整个弃之不理，而是剔其朽用其良。用人亦是，不能因苟变

国学名句集锦

璧由识者显，龙因庆云翔。

——西晋·卢谌《重赠刘琨诗》

曾吃了别人的两个鸡蛋，就弃其统率兵卒的将才而不用。"卫慎公听子思的议论言之有理，恭敬地接受了子思中肯的劝告。

其实，任何人才，有其长必有其短，识别人才重要的一点就是不可以以短掩长。倘若识人，只注意某一个侧面，而这一侧面又正好是人才的缺点或短处，于是就武断地下结论，那么，这种识才的方式是非常危险的，大批人才将被抛弃和扼杀。孔雀开屏是非常漂亮的，倘若一个人不看孔雀那美丽的羽毛，只看到孔雀开屏露出的屁股，就武断地认为孔雀是丑陋的，那就实在是有失公允了。

联系到今天的现实，观察我们身边某些领导者在识别干部的问题上，总是先把这个人的缺点摆在重要位置上，总是这也不行，那也不能让人放心，结果埋没了许多人才。有的领导到基层了解某干部的任职情况，总喜欢让下属谈谈这名干部的缺点，让别人说三道四。即使人家干出点成绩，也总是拿他身上的毛病来压人，这种事例在现实社会中几乎处处可见，原因就是这些管理者长期固有的主观臆断在作祟。可是，这些领导者想过没有，对人求全责备，就会因其小过而忘其大美，就会失天下之士，既误人又误事；而识大体赦小过，才是每一位管理者所应具备的素质。

国学名句集锦

用人不求其备，嘉善而矜不能。

——北宋·苏轼《湖州谢上表》

士别三日，刮目相看

士别三日，即更刮目相待。（《三国志·吕蒙传》）

这句话是东吴名将吕蒙说的。刮目相待，也作"刮目相看"。意思是说，人是在不断变化的，切不可以静止的眼光看人。所以用人不能把人看"死"了。只有以发展的眼光看人，才能真正做到知人善任。

任何一个人的思想境界、性格作风、学识水平、专业能力等，都在不断发展变化。有的越变越好，小才可以变大才，歪才可以变正才；有的则有好变差，或由风华正茂变为江郎才尽。

东吴名将吕蒙，少年时家境贫困，没有条件读书。但他作战英勇，屡立战功。孙权继位后，吕蒙又作先锋，平定了黄祖，升为横野中郎将。

但吕蒙自小识字不多，这给他带来极大的不便。他带兵镇守一方，每向孙权报告军情时只能口传，不能书写，很不方便。一天，孙权对吕蒙和蒋钦说："你们从十五六岁开始，一年到头打仗，没有时间读书，现在做了将军，就得多读些书呀。"吕蒙说："忙啊！"孙权说："再忙，有我忙

国学名句集锦

鸷鸟累百，不如一鹗。

——《三国志·吴书·吕蒙传》

吗？我不是要你做个寻章摘句的老学究，只要你粗略地多看看书，多了解一些以前的事情。"说着给他列出详细的书单，包括《孙子兵法》《六韬》《左传》《国语》《史记》《汉书》等。

在孙权的启发和鼓励下，吕蒙开始发愤读书，后来竟达到了博览群书的地步。

鲁肃做都督的时候，仍然以老眼光来看待吕蒙，以为吕蒙只是一个文化水平不高的武将。有一次，鲁肃路过吕蒙的驻防地，同吕蒙谈话。吕蒙问鲁肃："您肩负重任，对于相邻的守将关羽，您做了哪些防止突然袭击的部署？"鲁肃说："这个，我还没考虑过！"吕蒙就向鲁肃陈述了吴、蜀的形势，提了五点建议。鲁肃听了非常佩服，赞扬吕蒙见识非凡，认为吕蒙已是一个文武双全的人才。鲁肃走到吕蒙跟前，拍拍吕蒙的后背说："真是聪明一世，糊涂一时，吕兄进展如斯，我还蒙在鼓里，先前总以为你只有勇武，不想听君一席话，茅塞顿开，原来吕兄也是满腹经纶之人，可笑愚弟走了眼。"

吕蒙一笑说："士别三日，理当另眼相看，况且你我之别，远非三日，如何知我有多大变化，今日一叙，老弟你可不能再用老眼光来看我了。"

打那以后，鲁肃与吕蒙成了好朋友。

吕蒙转型很快，从一介武夫，脱胎换骨为见多识广的将才，靠的就是读书，不断地充实自己。

物有盛衰，时有推移。变化是万事万物永恒的法则，儒家的经典著作《周易》就是关于变化的书，"生生之谓易"，产生了又产生，就叫变易。对做人而言，就是要使自己常生常新。在商汤洗脸盛水的盘子上有这样的铭文："苟日新，日日新，又日新。"如果每天清新自己，每天每天清新自己，又每天清新自己，那人自然就会常清常新。另一部儒家经典《大学》

国学名句集锦

林深则鸟栖，水广则鱼游，仁义积则物自归之。

——《贞观政要·仁义》

中也说："大学之道，在明明德，在亲民，在止于至善。"这个"亲民"依照朱子的解释就是"新民"，与《尚书·康诰》中的"作新民"是一个意思，也就是做一个崭新的人。

从吕蒙的例子可以清楚地看出，用静止、孤立的观点看待人，会把活人看成"死人"，而只有以发展的眼光看人，才能真正做到知人善任。

反观今天的某些管理者，平时总是嘴上说自己观察人是多么仔细、多么准确，并且总是能够首先看到人家的发展方向，这些话让手下人不免为之心动。可在实际工作中，他们却往往总是一提到某人，就先从这个人以往的某几件事情上大肆议论，历数他过去的种种过失，然后就轻易地下结论说，这个人似乎也就这样了，以后难有作为。这种用静止的眼光识人的做法，是在毁灭人才。

人是在发展变化中走向成熟的，总是在不断总结经验教训中增长才干，发挥才能，善于用发展的眼光来识别人才，才是唯物主义的科学态度。因此他不仅仅是在识察人的潜能，也是在培养和锻炼人的能力。

如果总拿一个人过去的失误来判断他的未来发展，从而否定其潜在的能力，这等于是用其以往的经历以主观臆断来压制他的潜能的发挥，打击他的积极性，同样也是在打击他的自信心、进取心，当然也就更谈不上培养和造就人才了。其实，作为领导者，真正以发展的眼光识别人才，也正是他自身素质不断提高的过程。

国学名句集锦

十年磨一剑，霜刃未曾试。

——唐·贾岛《剑客》

一叶障目，不见泰山

> 苟大意得，不以小缺为伤。（《管子·宙合》）
>
> 假如总的方面还不错，就不要把小的缺点算作毛病。也就是说，看人要看主流，以他的全部历史中的全部表现为衡量依据，绝不可单凭一时一事而以偏概全。

看人要看主流，绝不可单凭一时一事而以偏概全。具体地说，识人才既不能一俊遮百丑，也不能只见不足、不见长处。

看人不要以点代面，而要综合地、立体地看。不能一叶障目，不见泰山；只顾一点，忘记其余。盲人摸象的寓言当引以为戒。

现代管理学认为，人的素质可以从五个方面来衡量，即德、识、才、学、体。但人的这五个方面的素质不可能平衡地发展，有其突出者，就必然有其欠缺者。因此，识别人才就应全面观察，综合衡量。

东汉末年的吕布武艺超群，但为人反复无常，"有奶便是娘"，人称"三姓家奴"。他早年投奔丁原，因武艺很受丁原器重，却忽视了他的德行。结果，董卓用小恩小惠将吕布收买过去。吕布利欲熏心，反手杀害了

国学名句集锦

南山栋梁蜀得其龙，吴得其虎，魏得其狗。

——《世说新语·品藻》

丁原。同样，王允因为了解吕布贪恋美色，将貂婵许配给他，用反间计挑拨吕布与董卓二人的关系。董卓犯了同丁原一样的错误，不识吕布的品德。结果，吕布在美色的逼诱下又亲手杀了器重他的干爹董卓。丁原与董卓在识人方面算是吃了大亏。

所以说，对人的评价要客观、公正、全面。人都有缺点，不可能十全十美。因此，在考察人时就要将其优点和缺点分开。尤其应当注意的是，不能由于有一些鸡毛蒜皮的毛病，就大惊小怪，全盘否定。西施不是没有可挑剔之处，但其美貌为主流，因而不失其为美人。

各类人才并非没有缺点，但不可无限夸大。三国时的张飞，其性格中有快人快语、勇猛粗鲁的一面，但也有粗中带细的一面。他曾几次出奇谋，以巧制敌。诸葛亮对张飞的了解就很全面。在张飞攻打宕渠山时，魏国守将张颌坚守不出，张飞便每日饮酒，饮至大醉后坐于山前辱骂。刘备得知这个消息后大惊，而诸葛亮却会心地笑了。他还派魏延从成都押运好酒五十瓮送给张飞。原来张飞饮酒是计，为的是引诱张颌下山。张颌到底上当，丢失了宕渠山。倘若诸葛亮犯了以点带面的误识，岂不毁失、埋没了人才？

领导者不可以一事之成败论英雄。办成功一件事，就言其才干非凡，一件事没办好，失败了就言其无能，这样未免过于片面，有失偏颇。在多数情况下，一次成败并不足以概括全貌。

那么，如何才能避免以一时一事之成败论英雄呢？答案是看一个人的全部历史和全部工作。从历史的角度识才，最容易发现一个人的特长或短处。这是因为一个人的思想、作风和行为有连续性和一贯性，其特长或短处都会自觉不自觉地表现出来，尤其在历史的关键时刻，会表现得更加明显。看一个人的过去，可以预测他的未来。一个人的现在是由过去发展而来的，而未来又是现在的延伸。因此，考察一个人的历史，可以预测这个人有无发展前途。

体操尖子李月久当年差点被教练"淘汰"，原因是他长得比较矮胖，

国学名句集锦

益稀少，爱材养育谁复论？

——唐·柳宗元《行路难》

体形不美，教练认为他不是练体操的"料"。他的老师向教练介绍了他的超人毅力和刻苦精神，才打动了教练，教练抱着试试看的态度留下了他。后来，他顽强拼搏的精神证实了这一点，教练确认他很有培养前途，对他加以精心指导，终于使他成了世界体坛名将。假若教练当时只看眼前，不看他一贯的刻苦作风，恐怕就不会有这颗体操明星了。

如何全面地历史地识人，战国时期魏国的谋士李克在回答魏文侯的问话时，谈到从五个方面去识别人才。

第一，居视其所亲。当一个人怀才不遇时，就看他跟什么样的人亲密来往。如果他是跟一些同样不得志的人亲密相处，发牢骚，鸣不平，他就是个心胸浅薄的小人物。

第二，富视其所与。当一个人非常富有的时候，要看他把钱往什么地方用。如果他专走后门，贿赂有权势的人，或只会送礼给比自己地位高的人，这个人肯定不怎么样；如果他把钱慷慨地用在培养穷但有才干的人身上，或是仗义疏财于慈善事业，这样的人就值得提拔。

第三，达视其所举。当一个人仕途通达、大权在握时，就要看他举荐拔擢的都是些什么人。如果举荐的是无才无能的人，表示他有私心，不为国家着想；如果举荐的全是睿智、廉洁的人，表示他绝无私心，一心为社稷着想，这种人是值得赋予重任的。

第四，穷视其所不为。如果一个人求取功名不得而仍保持名节，不走歪门邪道，不奴颜卑膝，不投机钻营，表示他是个可以担大任的人。

第五，贫视其所不取。当一个人穷得难以度日，就看他是不是贪婪如饿鬼。若一味拍马求好处，就是不可用的小人物；若是穷不丧志，对有钱人仍然不卑不亢，就是一个非同寻常的人物。

李克在几千年前所说的识人原则，主张对人进行全面观察，不以一时一事论人，是完全正确的。这对今天的领导者识才，是很有借鉴意义的。

国学名句集锦

通才之人，或见赘于时；高世之士，或见排于俗。

——北宋·王安石《取材》

个人好恶，常有偏失

> 上虽好之，其人不肖，则当弹而去之；上虽恶之，其人贤，则当举而申之。（宋·欧阳修《上杜中丞论举官书》）
>
> 皇上虽然喜欢他，但这个人缺德寡才，就应该检举揭发并清除他；皇上虽然讨厌他，但这个人德才兼备，就应该荐举他褒扬他。这段话是说，识人选人要坚持原则，出以公心，不唯上，只唯实。

北宋宰相赵普，性情耿直，言语直率，因为当年同宋太祖赵匡胤一同打天下，相知甚深，因此对皇帝并不唯唯诺诺，经常坚持自己的意见。

有一次，有许多官员到了该提拔的年限，赵普把奏章报到赵匡胤那里。赵匡胤一看，准备提拔的官员中有一个人平素就让他很讨厌，便打算忽略他。赵普听说后，认为这个人应该得到提升，便坚持请求赵匡胤提升这个人。赵匡胤见赵普固执己见，便赌气似的说："朕决心已定，就是不给他升官，你能怎么样！"赵普说："刑罚是用来惩办作奸犯科的人，封赏

国学名句集锦

国家将亡，必用奸人。

——《国语·楚语下》

是用来酬劳有功绩的人，自古以来都是这个道理。而且刑赏是天下的刑赏，岂能以陛下个人的喜怒好恶来决定？"赵匡胤闻听此言，心中大怒，站起身来，拂袖而去。赵普见赵匡胤怒气冲冲地起身离去，便跟在赵匡胤的后面。赵匡胤进了后宫，赵普就伴立在宫门外，久久不肯离去。后来，赵匡胤怒气消了之后，觉得赵普的话有道理，同时也为赵普的一片忠心所感动，便同意了赵普的请求，给这个人升了官。

以感情亲疏和个人好恶来判断人，这是人之常情，领导也不是圣贤，难免会犯这样的错误。赵普能坚持原则，帮助皇帝纠正这一错误，避免人性的弱点，是很难得的。这也说明赵匡胤算是个明君。在今天的社会，我们自然有科学的用人制度来约束领导者，能在很大程度上避免用人的随意性。

人的兴趣、爱好、性格各有所异，不能只凭自己的爱好，以己之见来断定某人是否为贤。有的领导干部和组工干部，往往以感情用事，看到某人的脾气和志趣与己相投，便不再注意这个人的其他方面，就把他当成了人才。这样往往会出现只有情投意合才被重用，搞自己的"人才小圈子"，而埋没了很多为领导者所"不了解"的人才。

谁能没有爱好呢？有的领导爱好字画，有的领导爱玩高尔夫，这些个人好恶一旦显露在外，某些别有用心的人就能趁隙而入，投其所好，用送字画、古玩等方式暗售其奸。所以说，在一个法制健全的社会里，选拔干部必须按照既定的、全面的、客观的标准进行，要尽量避免以"一把手"的个人好恶作为用人的依据。

当然，我们不是说领导干部不能有自己的好恶和兴趣爱好，而是说作为执掌公权者，在履行公务中尤其是在决定干部命运等敏感问题上，严格控制个人意志和感情喜好，适当牺牲自己的偏好，不唯自己的价值标准为是，避免在用人当中出现人治倾向。

国学名句集锦

所用非所养，所养非所用。

——北宋·苏轼《乞擢用林豫札子》

目犹不可信，心犹不足恃

世有雷同之誉而未必贤也，俗有欢哗之毁而未必恶也。（晋代葛洪《抱朴子·广譬》）

受到众人称赞的人不一定是贤人，受到世俗起哄而遭诽谤的人不一定是坏人。说明对待社会上的毁誉之言应当认真鉴别，不可轻信。只有善于透过表象才能洞察事物实质。

求贤才，用人才，首先必须识人、知贤。知人在前，善用在后，这其中突显了用人之道的逻辑内涵。复杂的现实要求领导者对人须仔细观察、认真辨析，不为表象所迷惑。

有一次，孔子和弟子们在陈国和蔡国之间陷入了困境。一连七天都没有吃到粮食，只能以吃野菜度日。

颜回几经周折才讨到了一些米。回来时，看见孔子正在屋里睡觉，颜回没敢惊动老师，就直接烧火做饭。

饭快熟了的时候，孔子醒了，突然发现颜回在锅里抓了一把饭吃。孔

国学名句集锦

不以一眚掩大德。

——《左传·僖公三十三年》

子没有当场点破，而是装着没看见，起了床静静地坐着。

过了一会儿，饭熟了。颜回拜见孔子并献上孔子饭食。孔子起身说："我今天梦见了先君，你先用饭食祭祀一下先君吧。"

颜回回答说："不行。刚才锅里掉了一些烟尘，而要扔掉沾着烟尘的食物不吉利，于是被我抓出来吃掉了。不能用不干净的饭祭祀先君！"

孔子这才知道，颜回刚才不是偷吃，自己差点被自己的眼睛欺骗。于是孔子叹曰："所信者目也，而目犹不可信；所恃者心也，而心犹不足恃。弟子记之，知人固不易矣。"意思是，眼见都未必为实，看来要了解一个人真的不容易啊。

这个故事告诉人们，仅从表面现象来判断人很容易失误。有些表象能反映人的真实面目，而有些表象则纯属假象。

领导者如果被类似的假象所迷惑，就容易看错人、用错人，"草萤为火，荷露为珠"，而遗弃和伤害了真正的贤能之人。识人之难，就难在不辨假象上面。正如三国时代的人才学家刘劭在《人物志》中指出的那样：人才不被重用，不是因为其无才，只为用才者被诸多表面现象所迷惑，而不识不用。

王安石曾著书说明人才难识的现实。指出：贪婪的人，常给人以清廉的样子；淫邪之人，也作洁己纯情之举；奸佞之人，有时却以正直面目出现。

那么，怎样才能辨别真伪贤才呢？识人难，有识人者与被识人者两方面的原因。作为识人者，往往受浮光掠影、情绪判断、感情用事、固执己见诸多因素的影响。而被识人者又往往有复杂而多变的心态组成，会给辨别人才带来困难。尽管如此，识别人才的真伪并不是无章可循的。

一是要不露声色地旁观。俗话说的"旁观者清"，这句话有两方面的

国学名句集锦

家贫则思良妻，国乱则思良相。

——《史记·魏世家》

涵义：其一是说识人才者须站在旁观者的立场上，可以平心静气，比较客观，比较准确，能超脱地对人才进行多角度、全方位的观察。其二是说被观察者只有在缺少戒备心理，很少以取悦的心态进行"乔装打扮"时，呈现出来的才是比较淳朴的"真容"。一个投机者，对上和对下，其所作为肯定是大相径庭、判若两人。任何一个人，包括那些最伪诈者，他们只能骗人一时，不可骗人一世；只能欺骗一部分人，不可欺骗所有人，以旁观者的身份对一个人进行客观公正的观察时，其耳朵不会被堵塞，眼睛不会被蒙蔽，就会收集到有关这个人的真实信息。

春秋时的管仲曾总结出观人的四条原则：

第一，嫉妒心强的人不可用。嫉妒心人人都有，但若过于强烈，就是严重的性格缺陷了。这种人，一不能用公平的眼光看待别人；二不能实事求是地对待自己。

第二，只知追求眼前之功，不管计策可行不可行的人不可用。只追求眼前的蝇头小利，不顾长远的大利益，这是严重的短期行为。

第三，把任何事情都看得过于简单的人不可用。这种人大多志大才疏，办事情的态度极不认真、严肃，往往把简单的事情弄得一团糟。

第四，轻诺说大话的人不可用。这种人接受任务时大包大揽，真正做起来却一拖再拖，且能寻找种种借口，任何时候都有理由。

管仲所主张的观人原则，虽然都重在识德，且是几千年前的经验总结，但对今天仍有借鉴意义。

二是要面对面地直观。旁观法识人主要是在旁观，而面对面地直察却要做正面接触，通过直接"交锋"而获取对一个人的认识。

诸葛亮是三国时期的政治家，他总结出许多识人的方法。他从"地无常形，人无常性"的观点出发，主张从稳定的情境中考察别人，让其干

国学名句集锦

传闻之事，恒多失实。

——《后汉书·臧宫传》

事，考察他人。他提出"识人之道"的七条方法，即：对人才提出问题，让其分辨是非曲直，以考察他的立场、观点和志向；提出尖锐问题使其理屈辞穷，以考察他分析问题的逻辑性、应变能力和敏感力；就某些重大问题，让其出谋划策，看他有无远见卓识和雄才大略；交与其最艰巨的任务，讲明困难与危害，看他的胆识和勇气；与其开怀畅饮，看他的自我控制力及其品性；让其干有利可图的事，看他是否保持清廉本色；委托其办事，看他能否如期完成，信守诺言。

诸葛亮的识人方法，实质上是通过观和行两方面来考察了解，达到知人、识人的目的。识人的目的不是只在于把握表面的一种现象，而是要把握深潜的本性或特征。识人不是一朝一夕之事，它受到识人者、被识人者以及环境关系的复杂影响，是一个需要长期不断进行信息反馈、修正的系统工程。知人不易，就在于它需要时间和精力，以及客观条件、主观因素的多次叠合、印证、再现才能达到目的。

领导者除了可借鉴古人的识人方法之外，还要注意以下问题：

第一，要注意保密性。要让被考察者在无拘无束、自由自在中淋漓尽致地表现自己，真正做到"我就是我"。

第二，考察的目的要明确。识察人才要有明确的目的，不能随心所欲，想到什么就观察什么。只有针对性强，才能识出所需的人才。比如，对公关人员和营销人员，就要着重考察其社交能力和表达能力，而对财会人员则着重于考察其廉洁与否等。只有这样，领导者才不会被表象和一时之象所迷惑。

国学名句集锦

非才而据，咎悔必至。

——《三国志·吴书·严畯传》

第三章 德才兼备，以德为先

在选人用人的标准上，古人主张既重才又重德，提出要"考其德行，察其道艺。"（《周礼·地官司徒》）但德和才相比较，德是第一位的。有德无才，难当大任；但有才无德，更加危险。正所谓"大德不至仁，不可以授国柄"。自古以来，国之乱臣，家之败子，才有余而德不足，以至于颠覆者多矣！"德"的内涵很丰富，但很重要的一条是忠诚。没有这一条，即使有再大的才能也不会被重用。

◎其身正，不令而行

◎忠诚可靠，表里如一

◎尚能重德，用贤弃奸

◎上下相知，同心戮力

◎个人恩怨，不入公门

◎君子之争，唯义而已

◎官乃公器，非箧中物

◎用一小人，则小人竞进

其身正，不令而行

子曰："其身正，不令而行；其身不正，虽令不从。"

这句话意思是告诫领导者必须端正自身态度，谨慎处事，以身示范。领导者的所作所为必定会成为大家关注的焦点，效仿的对象，因此更要常照镜子，反观自身，检视不足。

有一次，鲁国权臣季康子向孔子请教如何为政。孔子的回答很简单，他说"政者，正也"，你自己带头走上正道，谁敢不走上正道呢？季康子当时很年轻，就已世袭了爵位，担任鲁国的正卿，孔子告诉他上行下效的道理，为政就是给万民作表率。

当时鲁国盗贼猖獗，季康子又问他该怎么办。孔子说："你自己不贪财货的话，就算给人奖赏，别人也不会当强盗、当小偷，为什么？因为你自己太贪心了。"

又有一次，季康子请教孔子，他说："我把那些坏人都杀掉，我去亲近好人，您觉得这样做怎么样？"孔子认为不妥，感觉这样太残酷了。一

国学名句集锦

道之以政，齐之以刑，民免而无耻。道之以德，齐之以礼，有耻且格。

——《论语·为政》

个人大权在握，动不动就把坏人杀了。但他忽略了一点，坏人是怎么来的。没有人生下来是坏人，当然也没有人生下来是好人。人走上邪路，与社会环境和教育有关，不去解决外部的问题，而是出了坏人就杀掉，那是治标不治本，儒家是不提倡的。

商鞅、吴起等法家认为人性是恶的，人都有趋利避害的本能，让人不犯法的办法只有一个，就是严刑峻法，让他们害怕；人们不犯法，不是因为他高尚，而是他不敢。人的出发点是卑贱的，而不是高尚的。商鞅、吴起这些人下场都不好，也不是没有原因。

儒家的基本观念就是人性向善，要通过教育引导人们走正路。所以在上位的人行善，老百姓跟着你行善。如果在上位的人为恶，搞不正之风，那你苦口婆心地教育老百姓向善，也是没有说服力的。

上有所好，下必甚焉。在上位的人喜欢什么，底下的人就会变本加厉，你喜欢什么，我就提供什么，我甚至比你做得还要更过头，以博取你领导者的欢心和肯定。古代有个寓言叫"楚王好细腰，宫人多饿死"，说的就是这个道理。

在一些地方和部门，"投其所好"是一股不可小视的歪风。比如有领导爱打扑克，身边涌现出一大批牌友；有领导爱打乒乓球，机关里就兴起乒乓热；领导爱养花，颇有一些下属研究起养花经。换了新领导趣味不同，原来的一帮人也就散了。其实，这些爱好都算正常，本不必大惊小怪，陪着领导玩玩儿，愉悦身心、强健体魄的同时，又与领导加强了沟通、增进了感情，何乐而不为？很多人为此苦练技艺，真实目的是为了能跟领导走得近。但是，这种圈子，助长了阿谀奉承之风。善于逢迎的人想方设法往里钻，以达到自己的目的；而作风正派、清高自守的人不屑为之，久而久之，便被边缘化。这是一个劣币驱逐良币的过程，领导同志可

国学名句集锦

鞭扑之子，不从父之教。

——西汉·刘向《说苑·杂言》

不慎乎？

习近平同志多次强调，领导干部务必时时、处处用党的纯洁性要求对照自己、检点自己、修正自己、提高自己。"君子检身，常若有过。"（《之江新语·做人与做官》）意思是说，君子检点自身，随时反省，就像常有过失一样。领导干部由于地位的特殊性和职责的重要性，更要时常照镜子，反观自身，检视不足。

居上位者作表率。须知，在一个组织内，好领导能带出一群好干部，坏领导能带出一群坏干部。

国学名句集锦

君子直道而行，知必屈辱而不避也。

——西汉·陆贾《新语·辨惑》

忠诚可靠，表里如一

> 君善用其臣，臣善纳其忠也。信以继信，善以传善。是以四海之内，可得而治。（《管子·君臣上》）
>
> 君主善于使用臣下，臣下善于贡献出他的忠诚。信诚导致信诚，良善传播良善，所以四海之内都可以治理好。

李勣本名徐世勣，曹州人，家境富裕。隋末农民起义，李勣参加了瓦岗军，因为足智多谋而且作战英勇，很快脱颖而出，成为瓦岗军最主要的将领。瓦岗军同隋军主力决战，两败俱伤，统帅李密不得已投靠唐军，李勣也因此归顺唐朝。

李勣的归降对于唐朝的价值太大了，因为他控制着东部的大片土地，他的地盘有多大呢？西起河南平顶山，东至大海，北面到河北邯郸，南面到长江，好大一片，足抵古代好几个国家。这是给唐朝最好的见面礼，足以让李勣取得高官厚禄。但是，李勣没这么做，他对部下说，这片土地是李密派我驻守的，所以不能由我献给唐朝，而应该交给李密，让他取得这功劳。李勣把辖地的地图、户籍和兵员名册编制成册，派使者前往唐朝交

国学名句集锦

居之无倦，行之以忠。

——《论语·颜渊》

给李密。唐高祖李渊听说李勣投降的使者来了，却没有见到降表，只有给李密的密函，觉得非常奇怪，派人打探，才知道是这么回事，大为赞赏，把功德全都让给统帅，真是一个纯粹的人。唐朝给了李勣最高的礼遇，授予他皇帝的姓氏，故史书上都称他为"李勣"。

不久，心高气傲的李密不甘愿屈居人下，叛唐出走，被唐朝杀死。唐朝很快把这件事通知了李勣，这对李勣是一个考验，检验他的品格和内心真实的想法。李勣会怎么做呢？他马上向朝廷请求让他来礼葬李密，毕竟是自己多年的领袖，李勣不能看着李密暴尸野外，这是他对于李密个人的恩义。但是，他不赞同李密政治上的反复。在人心思定，国家走向统一的时候，既然选择归顺了唐朝，就应该忠于唐朝，不能因为个人的利益而违背历史潮流，这是他的政治道义。唐朝领导人再次看清了李勣的人品和政治立场，很有气度地允许李勣以礼收葬李密。

从此李勣在李世民的麾下南征北战，平窦建德，降王世充，破刘黑闼，斩辅公祏，荡平河北江南，长驱深入漠北，攻灭突厥，战功赫赫。唐太宗对他信任有加，让他镇守并州（今太原）长达十六年，非常罕见。唐太宗说道："隋炀帝不懂得选用良将戍守边疆，只晓得修筑长城，见识之低，到了这等地步。我用李勣一人，威震突厥，北疆安宁，岂不胜于修筑长城？"战争最伟大的力量在于人，天下从来不缺乏人才，缺的是知人善任。

唐太宗晚年发生更换太子的政治变故，太子李治性格温和，唐太宗十分担心，亲自选定一批忠诚可靠的老臣来辅佐太子，其中就有李勣。唐太宗对李勣说道："朕将托孤于你。当年你不曾辜负李密，现在你也一定不会辜负朕。"由此可知，唐太宗看人，非常重视信义，也就是从根本之处考察一个人。一个有品格，重信义的人，才靠得住。

国学名句集锦

荐贤贤于贤。

——西汉·韩婴《韩诗外传》

干部使用是导向、是旗帜，不仅事关干部的行为取舍，而且事关党和人民事业的兴衰成败。在干部选拔任用上，我们党始终坚持德才兼备、以德为先的原则，其中对党和人民的忠诚度是重要的取舍标准。只有忠于党、忠于国家、忠于人民的人，才能在大是大非面前旗帜鲜明、立场坚定，才能在关键时刻和危难关头豁得出来、冲得上去，才能对党的性质、宗旨、纲领和路线有坚定信念和政治定力，才能成为经得起各种风险考验的好干部、好公仆、好同志。

古人云："忠诚之心，人之大德"。忠诚是我国传统文化所推崇的基本道德范畴，也是衡量人品的基本标准之一，反映一个人的第一素质、第一品德。在群众眼里，一个人如果偏离了忠诚，就没有资格谈道德、情操、气节、教养，忠诚历来是人们安身立命的基本准则。作为一名干部，更要始终保持和自觉践行对党和人民的绝对忠诚，不搞上有政策、下有对策，不搞有令不行、有禁不止，不搞表里不一、言行不一，不搞当面一套、背后一套。

不可否认，面对体制转轨、社会转型、思想多样、利益多元的新形势，一些人的忠诚受到了新的考验，成为随波逐流、人云亦云的"推拉门""墙头草"。有的甚至向往西方社会制度和价值观念，对中国特色社会主义心存怀疑，信心不足，产生道路还能走多久的疑问；有的热衷于阳奉阴违，培植个人亲信，搞团团伙伙、人身依附，拉帮结派、结党营私，形成山头主义、圈子文化；有的理想信念动摇、宗旨意识淡薄、贪图安逸享受、革命意志衰退，甚至以权谋私，贪污腐败；有的是非观念淡薄、原则性不强、正义感退化，糊里糊涂当官，浑浑噩噩过日子。在这些情况下，如果不能始终如一地做到旗帜鲜明、立场坚定，就会迷失方向、偏离航向。

国学名句集锦

云中白鹤，非燕雀之网所能罗也。

——《世说新语·赏誉》

毛泽东同志曾强调："掌握思想领导是掌握一切领导的第一位，办事要靠人，人要靠得住"。习近平总书记指出："一个人能否廉洁自律，最大的诱惑是自己，最难战胜的敌人也是自己"，"贪如火，不遏则燎原；欲如水，不遏则滔天"。党员干部贪污腐化，就是对党和人民事业的背叛。个人干净是领导干部立身之本。只有把忠诚可靠的人选上来、用起来，我们的事业发展才有坚实的保障，才能任凭风浪起、稳坐钓鱼船。

为政之要，惟在得人。如果选拔任用对党不够忠诚的干部，其能力越强危害越重，职务越高危害越大。各级党组织要把对党是否忠诚作为一条"硬杠杠"，严格把关，公道正派，真正重视和关心忠诚可靠、踏实肯干、言行一致、表里如一的干部，让他们有舞台、有作为、受重用，从而为全面建成小康社会提供坚强的组织保证。

国学名句集锦

志大而量小，才有余而识不足。

——北宋·苏轼《贾谊论》

尚能重德，用贤弃奸

> 取士之道，当以德行为先，其次经术，其次政事，其次艺能。（宋·司马光《上仁宗乞举孝廉及更立明经格式》）
>
> 选用人才的原则，应当把德行的考核放在首位，其次是经学知识，再次是政事能力，最后是才艺技能。德和才相比较，德是第一位的。有德无才，难当大任；但有才无德，更加危险。

宋太祖赵匡胤是我国历史上著名的政治家、军事家。作为开国皇帝，他基本上结束了藩镇割据、长年混战的历史局面，为大宋三百二十年江山打下了坚实基础。可以说，能建立这一伟业，是和他善于用人分不开的。

赵匡胤在用人上能够做到用贤德之人，不用奸佞之人，这非常难能可贵。

曹彬，比赵匡胤小四岁。后周郭威时，曹彬的姐姐为皇妃，因而贵为皇亲国戚。后周世宗时，曹彬任供奉官，掌管世宗皇帝饮食茶酒之用。当

贵德而尊士，贤者在位，能者在职。

——《孟子·公孙丑上》

时赵匡胤为后周大将，喜欢喝酒，便常去曹彬那里要酒喝，而且常能得到。后来才知道他所要的那些酒，全是曹彬自掏腰包到街市上沽来的。于是问曹彬："正因为你掌管酒，所以我才来向你要酒喝，你怎么去到街市为我沽酒呢？"曹彬说道："我掌管的是官酒，怎么能私自动用呢？"对于这件事，赵匡胤印象很深。登基以后，在与臣僚说起后周世宗旧臣时，他深有感触地称赞道："不敢负其主者，独尊彬耳。"曹彬一边为公，一边为人义，贤德如此，自然得到了赵匡胤的大加赞赏，后为赵匡胤所倚重。

当年，赵匡胤攻下滁州的时候，后周世宗命窦仪登记府库所藏的金帛。几天以后，赵匡胤命亲吏来取藏绢。窦仪说："将军攻克州城之初，即使把它全部取走，谁敢说什么？如今既然登记在册，就是官物，不是你想取就可以得到的。"这件事使赵匡胤终身难忘。他即位之后，便对窦仪委以重任。

对于贤德之人，宋太祖是重用有加，而对那些奸佞小人，他却是明察事理，不徇私情，弃之不用。当年，赵匡胤在陈桥驿黄袍加身后返京，在众大臣的拥戴下，将举行禅让大礼。因为事发仓促，后周恭帝柴宗训的禅位诏书尚未起草，而这禅位诏书是万不能少的。在这紧迫的关键时刻，翰林学士陶谷却不慌不忙地从衣袖里拿出了早已准备好的禅位诏书，进献给赵匡胤说："诏书已经写好了。"非但如此，其禅位诏书更是引经据典，妙笔生花，把逼宫篡位述说成了周恭帝畏天命、顺大意、识大贤、法尧舜的竭诚之举。其中，对赵匡胤的歌功颂德，可谓极尽阿谀之能事，让人肉麻。于是，赵匡胤随即被人扶上宝座，正式即皇帝位。

按理说，陶谷在赵匡胤开创帝业的道路上建立了一件奇功，理应有功封赏，但赵匡胤却未因私情而重用陶谷。因为通过这件事，他认清了陶谷善于溜须拍马、见风使舵、阿谀逢迎、谄媚取宠的小人本质。

国学名句集锦

采玉者破石拔玉，选士者弃恶取善。

——东汉·王充《论衡·累害》

德是立身做人之本，也是为官从政之基，是党员干部所应遵守的思想道德准则和行为规范。中华民族历来就有重视德行的传统，古人很早就把修身作为齐家、治国、平天下的前提，强调慎独自修、重德修行、以德服众。在现实生活中，许多事例反复告诫我们，一个没有官德的人，就难以有政德，也就难以行政、执政。一个人虽然有才干，如果官德不好，为政就难正，执政非败政不可。

早在先秦时期，对德的要求与评鉴就成为勘人的重要标准，并在实践中将之与道和才合而为一，共同构成贤能之人的必备条件与基本标准。《论语》有云："志于道，据于德，依于仁，游于艺。"其中道是本，德是用，道要通过德来落实。而仁和艺，则是德和才的集中体现。近来，又有一批中高级领导干部因为腐败问题而落马。在这些领导干部中，不乏才华突出、政绩骄人者。他们之所以落马，主要是在德上出了问题，没有经受住金钱和美色的诱惑。这一事实再次提醒我们：在用人问题上，应切实贯彻我们党德才兼备、以德为先的标准，更加突出"德"的权重。而这个"德"从根本上讲就是社会主义核心价值体系和核心价值观。让党员中干部发挥引领带动作用，就要把践行核心价值观的情况，作为考核评价、选拔任用干部的重要依据，真正把"德"的要求落到实处。对那些信念坚定、为民服务、勤政务实、敢于担当、清正廉洁的好干部，要及时提拔任用到合适岗位上来，形成鲜明的以德为先的用人导向。

党和国家培养一名领导干部尤其是中高级领导干部很不容易。领导干部因为在德上出问题而落马，不仅毁了个人前途，而且浪费了大量财力物力，使党和国家事业蒙受严重损失，非常可惜，令人痛心！因此，突出用人中"德"的权重非常必要，也非常紧迫。只有落实好这样的用人导向，才能切实转变重才轻德的不良倾向，真正把德才兼备者选拔到领导岗位上来，进一步营造风清气正的选人用人环境与政治生态。

国学名句集锦

国以用贤使能而兴，弃贤专己而衰。

——北宋·王安石《兴贤》

上下相知，同心戮力

> 天时不如地利，地利不如人和。（《孟子·公孙丑下》）
>
> 得天时不如得地利，得地利不如得人和。意谓天时、地利、人和都是事情成功的必要条件，而以人和为最重要。中国还有句俗话：人心齐，泰山移。只要人们心向一处，共同努力，就能发挥出移动高山的巨大力量，克服任何困难。领导者主要不是靠自己干事情，而是团结大家合作干事情。

秦朝末年，群雄并起。本来项羽的实力远在刘邦之上，可为什么刘邦当了皇帝而项羽兵败乌江呢？原因很多。我想，刘邦更善于用人，他的核心领导班子更团结，是一个重要原因。

天下诸侯相约，先入咸阳者为王，刘邦的军队抢了头功，先入咸阳，而强大的项羽驻扎在鸿门。项羽听说刘邦有称王的野心，大为恼火，谋士范增劝项羽把刘邦除掉，以免后患。项羽同意了，通知刘邦来鸿门见面。

鸿门宴上，其紧张激烈程度不下于血肉横飞的战场。在宴会上，刘邦

国学名句集锦

受任于败军之际，奉命于危难之间。

——三国·蜀·诸葛亮《前出师表》

集团和项羽集团的表现可谓截然不同。先来看项羽集团，首领项羽，优柔寡断，三心二意；谋士范增，谋略过人，能看准时机；壮士项庄，勇猛过人。按说，这样的组合，有勇有谋，应该可以成就大事吧。谁知里面还有一个吃里扒外的项伯，不仅先泄漏机密给敌人，还在关键时候捣乱，使一个绝妙的计划功败垂成。反观刘邦集团，首领刘邦，英明果断，知人善用；谋士张良，算无遗策；壮士樊哙，更是怒目金刚，望而生畏。而且刘邦集团一心一意，配合默契，文官出谋，武将出力。两相对比之下，项羽最后落败也就在情理之中了。

领导班子不团结，劲不往一处使，什么事情也不可能干好。

在天时、地利、人和这三个成功要素中，人和是第一位的，天时和地利都要通过人和才能发挥作用。

领导者主要不是靠自己干事情，而是团结大家合作干事情，是推动别人干事情，是将自己的想法通过他人去实现。因此，善于团结、乐于合作、易于交往，是领导者的基本功。一个不愿交往、不能团结、不会合作的人，基本上不适合当领导。纵然你有天大的本事，如果周围的同事对你没有好感，根本不想与你共事，他们才不在乎你有没有本事呢！人们宁愿与一个讨人喜欢的愚笨者共事，也不愿与一个令人讨厌的精明人为伍。

团结就是力量。团结出凝聚力，出生产力，出战斗力。只有在团结的氛围中，人们才能充分发挥自身的积极性、主动性、创造性，大家心往一处想，劲往一处使，从而形成最大合力和整体优势。而一旦不团结，人们的智慧和干劲在相互的摩擦和争斗中冲销了，不但没有什么整体优势可言，而且优势也会转化为劣势。

领导干部在维护班子团结上，必须做到"三要"。一要严格要求自己，率先垂范，以身作则。这样才能月自身的人格力量感召人，凝聚人，带动

国学名句集锦

孤之有孔明，犹鱼之有水也。

——《三国志·蜀书·诸葛亮传》

人。二要发挥"主心骨"作用，敢于拍板、正确拍板，引导班子成员增强协作意识、理解意识、尊重意识，模范地带动大家心往一处想，劲往一处使，有效地减少摩擦。三要发挥"润滑剂"作用。机器在运转的过程中，需要润滑；领导班子也一样，矛盾和摩擦在所难免，这就要求领导干部在这个过程中起到"润滑剂"的作用，敢于直面矛盾和问题，及早介入，找准症结，加强沟通，理顺情绪，将这些矛盾和摩擦及时化解。

如何有效避免班子"内耗"呢？在配置领导班子时要注意四个方面：一是年龄要有梯次，老中青搭配；二是性格气质要相容，具有互补性；三是知识、技能要各有侧重，如果知识结构太相似，容易造成竞争；四是角色要有差别，明白自己在班子中的角色位置。

当然，最重要的还是加强党性锻炼，提高个人修养。善于团结合作是一个领导者最重要的本事，而不能团结合作，说明你没有本事。不断提高自身素质是每一个领导干部终生必修课程，也是搞好班子团结的必备条件。

国学名句集锦

贤君择人为佐，贤臣亦择主而辅。

明·冯梦龙《东周列国志》

个人恩怨，不入公门

天下者，非一人之天下，乃天下之天下也。（《六韬·发启》）

天下不是一个人私有的天下，而是天下人共有的天下。胸中要有正气，要能为大局着想，不要把私人恩怨摆在公家的桌面上。这是做人做事的准则。

19世纪末，著名的中日甲午海战，李鸿章惨淡经营近20年的北洋水师，惨遭败绩。三十艘战舰沉没的沉没，被缴的被缴。李鸿章不得不与日本签订《马关条约》，割让了台湾、澎湖，还赔了2亿两银子。翰林院上表弹劾，国人唾骂不止，李鸿章有口难辩、有苦难言，只好受窝囊气。

并不是北洋水师贪生怕死，而是由于北洋水师的装备不如人，船速慢、弹药奇缺。与日舰战斗时，炮弹缺乏的程度令人吃惊。许多炮艇上，巨炮炮弹仅有一发。发完之后就无以为继。小炮炮弹也不充足，轰了几下，也就成了摆设。致远、经远两舰，如果弹药充足，何至于动与敌人同归于尽的念头？而且我们两舰还没靠前，就被人家用鱼雷击沉了。

国学名句集锦

授有德而国安。

——《管子·牧民》

人们一般认为，北洋水师的军费被慈禧挪用修颐和园了。但据《剑桥中国晚清史》记载，19世纪90年代，清朝政府预算支出北洋水师的军费是每年500万两。慈禧建颐和园又能用得了多少呢？假如按人们常说的挪用款项150万两，4年后，李鸿章仍有1850万两军费可用。如果这些钱用来购置军舰，可以再增加两支原来规模的北洋舰队。

那么，是谁那么大胆子，敢不按预算拨款呢？据考证，是光绪皇帝的老师翁同龢。他当时是军机大臣，主管户部，财政工作归他管。

原来，李鸿章与翁同龢有一段很深的积怨。翁同龢的哥哥翁同书，曾在安徽当巡抚，太平军围困时，他弃城逃跑，被李参了一本。皇帝宣判翁同龢的哥哥斩刑。当时翁同龢的父亲是皇帝的老师，听说要处死儿子，当时气死。后来，将翁同龢的哥哥由处死改为充军新疆。父死兄徙，全因李鸿章那支如刀之笔，翁同龢岂能善罢甘休。

甲午战前，翁同龢力主开战。他的一个学生劝阻说，我们实力不如人，哪里有胜利的希望呢？翁同龢回答说，我正想让他到战场上试一试，看他到底是骡子还是马，将来就有整顿他的余地了。这里这个他，就是李鸿章。还没等开战，就有人要看他的笑话了。

任何事件背后，都有不为人知的细节；任何一段历史，都有让人琢磨不透的地方。这里面，有的让人啼笑皆非，有的让人不寒而栗。历史常常由于偶然的因素发生转折，这偶然的因素往往就决定了一些人的兴衰成败、生死荣辱。

大战将临，本该共御外侮，却不承想，翁大人竟然置国家安危于不顾，而想借敌人之手，以报私仇。秉持国政的人，竟然如此谋国，李鸿章安能不败？清朝安能不败？

后来，敌人打进来了，慈禧怒令翁同龢向李鸿章问策。翁同龢一见李鸿章就问，你北洋的军舰在哪里？李鸿章气得半天说不出话。后来李鸿章

国学名句集锦

贤者举而尚之，不肖者抑而废之。

——《墨子·尚贤中》

转过头去说："你是总理度支，管钱的，平时请你拨款，你没一回不给驳了。现在出事了，你来问兵舰了，兵舰果然可以依靠吗？"翁同龢说："唉，过去的事情嘛，我们当臣子的，以节约用钱为尽职尽责啊！"

不知就里的人听了这话，还以为他为了国家精打细算，哪知道这番冠冕堂皇的说辞背后，有那么卑鄙的用心。看来，假公济私是小人们的拿手好戏。而公报私仇则是小人们的惯用伎俩。

人世间，人与人相处，都难免会有冲突、过节。如果领导者因为与下属闹了点儿别扭，或是说了不同意见，就视这样的下属为自己的"仇人"，并寻机打击报仇，给他小鞋穿，或者要好好收拾他，那么这样的领导就不是一位好领导。如果能够做到豁达包容，多看对方优点，则能带来意想不到的收获和效益，创造出令人称颂的丰功伟绩来。

齐桓公正是重用了管仲才得以建立霸业，而管仲曾经是他的仇人，曾在君位继承问题上站在对立的一方，还射了他一箭。齐桓公即位以后，本来要杀他，后来听鲍叔牙说，管仲是个不可多得的人才，是最好的相国人选。经过几次劝说，齐桓公终于捐弃前嫌，任用管仲，使齐国很快强盛起来，成为"春秋五霸"之一。

武则天曾问狄仁杰："有人在背后说你的坏话，你想知道是谁吗？"他说："陛下以为臣有过，指出来臣加以改正。如果您认为我无过，那是我的荣幸，但我不愿知道告我的是谁。"武则天听后赞许良久。

胸中要有正气，要能为大局着想，不要把私人恩怨摆在公家的桌面上。

记得 20 世纪 70 年代西沙之战时，东海舰队听从毛泽东调遣，走台湾海峡，保卫西沙。台湾将领发现后向蒋介石请示，蒋介石沉默一会儿，说了句，西沙战事紧。那位将领心领神会，让东海舰队顺利通过台湾海峡。

血浓于水，两个打了几十年的对手，在这时不也取得了默契吗？

国学名句集锦

君人者，以天下为公，无私于物。

——《贞观政要·公平》

君子之争，唯义而已

子曰："君子无所争，必也射乎！揖让而升，下而饮，其争也君子。"（《论语·八佾》）

这句话的意思是，君子都是谦虚的，不与人相争，就算争，那也是在比射箭的时候。比赛时互相谦让着上场，赛后能在一起喝酒。这是君子之争。真正的君子，有异议也是当面锣对面鼓，不在背后搞小动作，不干那些为人所不齿的小人勾当。

北宋时，王安石变法牵动朝野，有人支持，有人反对，而反对变法最激烈的是司马光和苏东坡。双方尽管争得不可开交，但有一点是可以肯定的，那就是为公不为私，他们是原则之争，君子之争。

司马光比王安石长两岁，他们都满腹才学且相互仰慕。神宗继位后对两人都非常赏识，然而也就在这个时候，两人的政见表现出显著差异，关系出现裂痕，竟至分道扬镳。宋朝因边境不太平，连年用兵，国家财政入不敷出；机构臃肿，效率低下，国家已到了非改革不可的地步。年轻的神

国学名句集锦

非其义也，非其道也，一介不以与人，一介不以取诸人。

—— 《孟子·万章上》

宗一继位，便大胆起用在地方上已有丰富施政经验的王安石为参知政事，让他实行新政。王安石一上任，立即显出了他非凡的行政才能和魄力，对旧有制度进行大刀阔斧的改革，出台了"青苗法"，规定在每年青黄不接之时由政府贷款或谷物给农民，待秋后收获再行偿还。现在看来，王安石的青苗法就是一种国家信贷，反映了王安石超前的金融思想。可是这些制度一出台，立即受到以司马光、文彦博等为代表的一大批官员的强烈反对。司马光坚持祖宗之法不可变，指出新法实施过程中存在很多问题，比如地方官府会急功近利，强行要求农民借贷，造成强行摊派；新法会给地方官吏带来更大的腐败空间，他们可以借机不断提高贷款利息，致使实际上农民的负担并未减轻，反而更重了。新法的出发点是好的，但必须承认，由于王安石用人上的不当，导致真的出现了司马光所说的状况。

不过，神宗顶住巨大压力，坚决支持王安石。司马光只好选择退让，回家埋头著书，编写《资治通鉴》。在不得志的时候，不是使用种种卑劣的手段给政敌泼污水，而是给自己的才志寻找正常的路向，给自己的情绪寻找释放的空间，通过正常的渠道坚持自己的主张，这就是君子。

一向支持王安石的神宗皇帝在继续施行了近十年的新法之后驾崩，年幼的哲宗即位，由高太后垂帘。高太后信赖老臣司马光，拜司马光为宰相，开始恢复旧制。然而尽管其在政治上全盘否定了王安石，可在生活上，在王安石死后，他仍然吩咐下属要妥善处理王安石的安葬事宜，由此可见君子的坦荡胸怀。在《资治通鉴》中，司马光对社会强加给王安石的偏颇之言进行了反驳，他说世人都说王安石奸诈，其实这对王安石来讲实在太过分了。

王安石死后不久，司马光也因积劳成疾，长眠于黄土之下。这一对伟大的君子，从好友到政敌，不管有多么大的纷争和不平，最终双双成为世

国学名句集锦

从道不从君，从义不从父。

——《荀子·子道》

人的楷模。

作为后起之秀，苏轼一开始便成为颇受赏识的人物。早在嘉祐六年（1061），二十六岁的东坡参加制举，王安石以知制诰的身份出任考官。苏轼在制策中全面阐述自己的政治理想，许多观点正好与王安石两年前向仁宗所上的万言书截然相反。众考官都欣赏苏轼文章的气势磅礴，判为高等，王安石却斥责苏轼之文"全类战国文章"，意思是高谈阔论，不切实际。后来神宗赏识苏轼，想提拔他，王安石又说，苏轼虽有才智和名望，但只能当个通判，不可大用。在王安石这种实干家眼里，苏轼就是一个文学之士，文章写得漂亮，可执政是另外一回事。总之他一句话便断送了苏轼升迁的机会，此后多年，苏轼一直在杭州、密州、徐州、湖州转悠。

按理说，这样势不两立的人，一定会斗得你死我活吧？然而错了。当苏轼遭遇乌台诗案后，王安石从江宁上书神宗说："安有圣世而杀才士乎？"这对苏轼得以免死起了很大作用。尽管他们是水火不容的政敌，可是他们"敌"的是政见，而不是人格和才华，最主要的，他们都是君子。他们是儒家文化产生出来的一流人物，是孔子所说的君子儒，而不是小人儒。

元丰七年（1084），神宗下令苏轼离开黄州，改授汝州（今河南汝南）团练副使。路过金陵（今江苏南京）时，遇到已被罢官的王安石。经历了宦海沉浮的两位君子一见面，真是感慨万千。苏轼向王安石作揖："苏轼今日敢以野服参见大丞相。"王安石笑道说："繁文缛节岂是为你我之辈设的？"二人开诚布公地交换了意见，同游山水，细论诗文。王安石向人称赞说："真不知再过几百年才能再出如此人物。"

苏轼回朝后，看到司马光大刀阔斧全面废除新法，而有些颇有成效的新法也未能保留，这又矫枉过正了。他当面对司马光表示反对，司马光不

国学名句集锦

能上尽言于主，下致力于民，而足以修义从令者，忠臣也。

——《管子·君臣上》

以为然，二人争论起来，气得苏轼回家后大骂司马光。

三个人都挺犟，在他们认定的原则问题上，谁也不让步。可他们都是当面锣对面鼓地干，不在背后搞小动作，不干那些为人所不齿的小人行径。在人格上不互相诋毁，甚至在内心互相佩服。因而，苏轼入狱王安石能全力营救，王安石死后司马光能让他得到应有的荣誉。三个人都是君子，都在历史上留下了好名声。

北宋的三位君子让我们看到了古代士大夫可以达到的人格高度。今天，我们的科技水平、经济总量可以说远远超过了古代，但道德水准却是一种特殊的东西，我们很难说今天的道德水准比古代高出多少。就像今人写古体诗，未必能超过唐诗宋词一样，古代一流人物的人格还是值得我们品读和追慕的。

国学名句集锦

与求生而害义，宁抗节以埋魂。

——唐·高适《还京次睢阳祭张巡许远文》

官乃公器，非箧中物

天下之贤，与天下用之，何必出于己。（明·张居正《答总宪张峿崃公用舍》）

天下的贤才，应当与天下共同使用，何必出于自己门下。意思是，领导用人，要心怀国家，为国举才，不要拘于门户。为国举才是吏治大事，出于公心则野无遗贤，人才辈出，带来的必然是"海晏河清"的政治局面；出自私心，公器私授，轻则导致用人不公、人才流失，重则导致拉帮结派、结党营私，甚至会导致国家灭亡。

"生我者父母，知我者鲍叔也。"这是管仲对鲍叔牙的评价，足见管、鲍二人情深谊长。当年，齐桓公为报一箭之仇，欲杀管仲，鲍叔牙极力举荐，管仲因祸得福，被重用为宰相。然而，后来管仲病危，齐桓公征求他对继任者人选的意见，甚至直言"鲍叔牙可"时，管仲却未推荐亲同手足的鲍叔牙，而是推荐了隰朋。

是管仲忘恩负义，不讲交情，还是嫉贤妒能，压制人才？都不是。管

钓名之人，无贤士焉。

——《管子·法法》

仲给出的理由是，鲍叔牙不屑与不如自己的人为伍，"一闻人之过，终身不忘"，偶尔闻人过失，终生不忘，胸怀褊狭，不适合当宰相。而隰朋为人宽厚，礼贤下士，居家不忘公事，勤政不怠，是当宰相的最佳人选。可见管仲在荐举上的大公无私。

《宋史》中记载着这样一件事，北宋仁宗时，有位宰相叫陈执中。一次，他的女婿找到他要谋求个一官半职的，面对前来求官的女婿，他说："这可使不得，官职是国家的，非卧房笼箧之物，婿安得有？"陈执中是朝中重臣，位高权重，为女婿谋个一官半职的，那简直易如反掌，只是一句话的事。但他却说，官职是国家的，不是自己家的小物件，不能随便送人。

陈执中能很好地摆正国与家的位置，在"一人得道，鸡犬升天"的封建社会，确实非常难得。

同样是北宋仁宗时期的王曾，在选人用人问题上，也是这样一位大公无私的宰相。据《宋史·王曾传》记载，他任相时，为朝廷推荐了很多人才，但"进退士人，莫有知者"，从来不说谁是自己推荐提拔的，以至于范仲淹埋怨他说："明扬士类，宰相之任也。公之盛德，独少此耳。"为国举才是宰相的职责，但你盛德虽广，却独独没有做到这一点。王曾回答说："夫执政者，恩欲归己，怨使谁归？"是啊，作为手握生杀予夺重权的宰相，如果恩德归己，那么怨尤归谁呢？这让范仲淹对王曾的德行极为叹服。

范仲淹确实误会了王曾。荐举是宰相职责，也是公事。如果总是标榜谁是我荐举的，那就是市私恩，而这恰恰是王曾所深恶痛绝的。王曾为官三十余年，做事讲规矩、讲法度，公事公办，"尤抑奔竞"，"人莫敢干以私"，特别反对拉关系、走后门，谁都不敢拿私事求他。

国学名句集锦

国之废兴，在于政事；政事得失，由乎辅佐。

——《后汉书·桓谭传》

北宋田况《儒林公议》中记载,王曾初任宰相时,推荐苏惟甫可堪大任,苏惟甫浑然不知。苏惟甫赋闲在京,等待朝廷选拔,多次到王曾府上登门拜访,但惧于王曾"抑奔竞"的性格,不敢轻言私事。在京日久,盘缠将尽,他十分焦急,某日又去拜见王曾,鼓起勇气,说起了自己的窘况,王曾却"顾左右而言他"。当苏惟甫怀着绝望的心情回到住处时,却发现朝廷重用他为"江淮都大发运使"的任命书已在那静候着他,而且是王曾亲自签署的,而王曾之前只字未提。为此,苏惟甫"惭歉久之"。王曾这种秉公办事、不市私恩的特点,既是一种态度,更是一种品质,十分可贵。

北宋像王曾这样举才唯公的,大有人在。李昉任相,凡是前来套近乎、求举荐的,即便其才可取,也必正色拒绝,然后按正常程序推荐提拔。子弟们问其故,李昉说:"用贤,人主之事;若受其请,是市私恩也,故峻绝之。"陈执中任相,女婿向他谋求官职,陈执中一口回绝说:"官职是国家的,非卧房笼箧之物,婿安得有之?"

为国举才是吏治大事,出于公心则野无遗贤,人才辈出,带来的必然是"海晏河清"的政治局面;出自私心,公器私授,轻则导致用人不公、人才流失,重则导致拉帮结派、结党营私,甚至会导致国家灭亡。北宋末年,蔡京、王黼、童贯、朱勔等人权倾一时,他们大量培植党羽,纷纷荐举自己的亲属、门人。有人在弹劾蔡京时说:"内而执政侍从,外而师臣监司,无非其门人亲戚。"而"门人亲戚"绝大多数都是些只会溜须拍马的无能之辈,结果金人挥师南下之时,满朝大臣面面相觑、束手无策,金军陷燕京、破太原、围开封,文臣武将望风而逃,金军如入无人之境,轻轻松松就灭掉了北宋这个绵延一百六十余年的王朝。

国学名句集锦

成也萧何,败也萧何。

——南宋·洪迈《容斋随笔续笔》

用一小人，则小人竞进

亲贤臣，远小人，此先汉之所以兴隆也；亲小人，远贤臣，此后汉之所以倾颓也。（三国·诸葛亮《出师表》）

亲近贤臣，疏远小人，这是前汉兴盛的原因；亲近小人，疏远贤臣，这是后汉衰败的原因。选拔干部，关键是抓住两头：一头是掌握上线，选贤任能；一头是守住底线，提防小人。既要知道什么人适合当干部，又要知道什么人不能当干部。

很多英雄人物，一生叱咤风云，到老却栽了。因为每个人身上都有人性的弱点。

春秋时候的齐桓公九合诸侯，一匡天下，成就了不朽功业。到老年时却宠爱竖刁、易牙、卫公子开方这几个品行不端的小人。相国管仲得了重病，将不久于人世时，齐桓公去看望他，问管仲这几个人能不能重用。

桓公问："竖刁为了服侍我，不惜自宫成为宦官，这等忠臣，应该可以重用吧？"

国学名句集锦

同天下之利者则得天下，擅天下之利者则失天下。

——《六韬·文韬》

管仲说："自宫以事君，大违人之常情，此人居心叵测，切不可用。"

桓公再问："易牙为了进献美味给我，不惜杀了亲生儿子，做成羹汤，这样忠心耿耿，应该可以重用吧？"

管仲说："不爱自己的儿子，难道会真心忠爱国君？此人有豺狼之性，切不可用。"

桓公继续问："公子开方本是卫国公子，但弃其太子之位，以臣礼事齐国，父母亡故，也不回去奔丧，可说是为齐国尽忠到底，这样的人应该可以重用了吧？"

管仲说："以王储之尊，抛人君之位不顾，背父母之国而不回，可见此人别有所图，所以也绝不可用。"

齐桓公对管仲的话颇不以为然，问说："既然如此，相国何不早除三人，反而让他们留在朝中呢？"

管仲叹了一口气说："或许这是我的失策。鲍叔牙屡次要求我驱逐他们，我都不肯，因为我知道这三人善于服侍逢迎，能使国君欢心。如此一来，则可免国君喜怒无常，使臣下不致难测天威，并能将政事委任朝臣办理，不会过分干预。而且在我的防范下，他们还不敢乱来。可是我若不在，恐怕祸端就会萌生。所以无论如何，请国君万万不可任用这三人。"管仲的意思是，这些近臣陪国君玩玩还行，让他们参与政治那可就糟了。

尽管内心并不以为然，但齐桓公口头上还是答应了管仲。

过了不久，管仲病逝，鲍叔牙等贤臣也相继过世，齐桓公渐渐将管仲死前的叮嘱忘得一干二净，宠任竖刁、易牙和卫公子开方三个小人，后来果然引发了齐国的内乱，堂堂一代霸主，最后竟不得善终。

管仲当年曾为齐桓公兄弟竞逐君位而刺杀齐桓公未成，齐桓公不但没把管仲杀了，还任管仲为相，可见齐桓公在用人方面有一定的气度与见

──────── 国学名句集锦 ────────

言无常信，行无常贞，惟利所在，无所不倾，若是则可谓小人矣。

——《荀子·不苟》

识，难怪他能成为春秋霸主。可惜的是，伟人也是人，也和常人一样喜欢逢迎服侍，喜欢被拍马屁。人到老年，更容易放松对自己的要求，因为"干了一辈子革命工作，也该歇歇啦"。由此可见，盛与衰只是一步之遥。

汉武帝也是这样。他喜欢高谈以儒治国，尽管骨子里是个法家。当时的官僚，如虚伪的宰相公孙弘、有名的酷吏张汤，都喜欢迎合他对儒学的嗜好，所以升官格外的快。

当时有位正直的大臣叫汲黯，曾经当面批评汉武帝"内多欲而外施仁义"，可谓一针见血，让汉武帝很下不来台。汉武帝敬畏他，称他是社稷之臣。由史书中记载的一些轶事，便可知汉武帝对汲黯的态度。如汉武帝可以在厕所里接见卫青，但听说汲黯觐见，必须整好衣冠，不敢随意。这说明一个什么问题呢？领导平时处理公事，天天要端着架子，内心是很累的，而那些"心腹"呢，可以给他找些乐子，使他脱下面具，像常人一样轻松。

这是人之常情，却也是领导的软肋。一些小人经常以这点能耐得到重用，而汲黯式的干部常受冷落，提拔得也慢。难怪汲黯向汉武帝抱怨："陛下用人，就像堆柴禾，后来者居上啊！"

选拔干部，关键是抓住两头：一头是掌握上线，选贤任能；一头是守住底线，提防小人。既要知道什么人适合当干部，又要知道什么人不能当干部。

所谓"君子"和"小人"，是一种道德区分而不是法律裁定，是一种舆论评价而不是组织结论。走"正道"即为君子，违"正道"即为小人。

这个世界上有君子就有小人，这也是一种对立统一。究竟是君子多还是小人多，很难定论。对一个人而言，身上既有君子的成分，也有小人的成分，百分之百的君子或者说百分之百的小人是不多见的。究竟是君子因

国学名句集锦

小知不可使谋事，小忠不可使主法。

——《韩非子·饰邪》

素主导还是小人因素主导，同社会环境、用人导向有着极大的关系。如果社会风清气正，就会造就君子；如果风教凋敝，则会产生小人。"用一君子，则君子皆至；用一小人，则小人竞进矣"，说的就是这个道理。

清朝重臣孙嘉淦曾向乾隆递交过一份著名奏折——《三习一弊疏》，深刻地揭示了在盛世名主时期容易发生的不良社会风气，以及在选才用人上可能发生的偏误。奏折中说，在盛世明主时期，容易产生以下三种不良风气：

一是"出一言而盈廷称圣，发一令而四海讴歌"。长此以往，皇帝听惯了歌功颂德之声，必然"喜谀而恶直"，不爱听真话、实话、直话了。

二是"上愈智而下愈愚，上愈能而下愈畏"。皇帝自以为是，唯我独尊，下面的人就会唯唯诺诺，温良驯服，习惯了这种状况，皇帝必然会"喜柔而恶刚"。

三是当政通人和、国运昌隆时，皇帝就会"高己而卑人"，把一切功劳都归于自己的英明。不尊重人才，人才见之多而以为无奇也。不体谅下层官员的艰辛，认为底下的人做事都是很容易的。结果就会是下面的人只敢报喜不敢报忧，故意粉饰太平，久而久之，皇帝必然"喜从而恶违"。

一旦"喜谀而恶直，喜柔而恶刚，喜从而恶违"这三种不良风气形成后，必然造成一种流弊——君王喜小人厌君子也。

奏折进一步描述了小人采取的各种手段：

如在语言奏对上，君子笨嘴拙舌，而小人巧言令色，曲意奉承。

如在公共关系上，君子实实在在，而小人八面玲珑，奔走朝廷。

如在上级考绩时，君子耻于言功，而小人工于显勤，善于吹嘘。

如君子和小人各有自己的才干，君子把才干用于工作，埋头苦干，而小人则挟其所长，投人所好。

国学名句集锦

治天下者，当用天下之心为心，不得自专快意而已也。

——《汉书·王贡两龚鲍传》

长此以往，皇帝心中的天平就会向小人倾斜，认为"其言入耳，其貌悦目，其才称心"，于是小人便得志升天了。

孙嘉淦的奏折内容基本上概括了君子与小人之间的差别，对于现今官场中的某些人群，也有一定的相似度，这就为领导干部提供了鉴别的标准和范本。在实现中华民族伟大复兴和全面建成小康社会的关键时刻，只有多任用"君子"，少任用"小人"；将人们的干劲引导到经济和社会建设上去，而不是集中于官场利益上，就能尽可能地关闭"小人"们的上升通道，给实干家创造更多施展才能的机会和空间，为实现我们党的既定目标而努力奋斗。

国学名句集锦

君子扬人之善，小人讦人之恶。闻恶必信，则小人之道长矣。闻善或疑，则君子之道消矣。

——《贞观政要·公平》

第四章　不拘一格，广纳贤才

　　不拘一格，不拘常例，是历代一条重要的用人原则。金代皇帝金世宗提出"用人之道，当自其壮年心力精强时用之"，要注意掌握人才发挥作用的最佳时机而及时任用。而龚自珍"我劝天公重抖擞，不拘一格降人才"的名句，更是对先贤用人观念的高度总结和提炼。

◎邦之兴，由得人也

◎任人唯贤，不避亲仇

◎不拘一格，唯才是举

◎但问功能，不拘资格

◎非常之功，必待非常之人

◎不论出身，不依年齿

◎好好先生，德之蟊贼

◎结交良友，群而不党

◎后继有人，基业常青

邦之兴，由得人也

邦之兴，由得人也；邦之亡，由失人也。得其人，失其人，非一朝一夕之故，其所由来者渐矣。（唐·白居易《策林》）

国家兴盛，在于拥有人才；国家灭亡，则是因为丧失人才。得人也好，失人也好，都不是一朝一夕所致，而是长期发展变化的结果。习近平同志曾引用这句古语说明用人上不正之风的危害，他还引用了一个鲁迅关于雷峰塔的论述：雷峰塔是怎么倒掉的？就是因为去捡砖的人太多，今天你拿一块，明天他拿一块，最后塔就轰然倒掉了。

为政之要，莫先于用人。知人善任是领导者最重要的职责，用人导向是最重要的导向。

干部选任，尽管有组织人事部门专门去做，制定了许多规章制度和程序，但"一把手"往往决定着干部的命运。现行干部制度的根本弊端是权力过分集中，规定的民主程序常常是走过场，最终还是"一把手"说了

国学名句集锦

归国宝，不若献贤而进士。

——《墨子·亲士》

算。在世上一切事物中，人是最难捉摸的。因为思想无形、智慧无状、变化无常，正所谓"知人知面不知心"。简单地以貌取人，或以辞取人，或以行取人，或以功取人，都是不合适的。如果"一把手"对人知之甚少，知之甚浅，仅凭着一两次工作汇报，或是道听途说留下的印象，便决定干部的选任、去留、调配、升降，那是非常危险的。

"德才兼备，注重实绩，群众公认"，这是选拔干部应当遵循的基本原则。

德才兼备原则。以德才兼备的标准选人用人，是坚持正确用人导向的首要原则，也是我们党干部路线的优良传统。在革命、建设、改革的不同历史时期，我们党始终坚持任人唯贤的用人路线和德才兼备的标准。在新形势下，什么是干部德才兼备的标准呢？胡锦涛同志明确指出：我们所说的德，既包括在政治方向、政治立场上的表现，也包括思想道德品质上的状况；我们所说的才，既是指理论素养、科学文化素养和专业知识，也是指胜任岗位职责的领导才能。德才兼备，首要的是德。古人说"德者，本也""君子不患位之不尊，而患德之不崇""是故君子先慎乎德"。当然，在讲德时也绝不能否定才。"德"是基础，"才"是条件，"德"与"才"应该是统一的。作为一名领导干部，不仅要有为党和人民事业无私奉献的优秀品德，还要有"为人民服务"的本领和能力。因此，必须选拔那些德才兼备的干部，也就是政治上靠得住、工作上有本事、作风上过得硬、人民群众信得过的高素质我党干部。

注重实绩原则。干部的基本职责是干事，是为人民谋利益。因此，选人用人必须注重实绩。然而长期以来，我党在选人用人问题上也形成了一些思维定势，主要表现为论资排辈、平衡照顾，不重能力重学历、不重实绩重资历等。要比较准确地选出优秀干部，就要努力破除以上思维定势，

国学名句集锦

贤人不爱其谋，能人不遗其力。

——《三国志·魏书·武帝纪》

打破各种框框，树立"凭本事用干部，以政绩定升迁"的选人用人思想。应把拟选拔的干部放到时代的大背景下，注重考察其科学判断形势、驾驭市场经济、应对复杂局面、依法执政、总揽全局的能力，特别是贯彻落实"四个全面"的战略布局的能力。对实绩的考察，应既看经济建设的情况，又看社会发展的情况；既看经济增长的数量，又看经济发展的质量；既看客观条件，又看主观努力；既看干部目前取得的成绩，又看其对长远发展作出的贡献、打下的基础。

群众公认原则。群众的眼睛是雪亮的，一个人的德才如何、表现怎样，群众自有公论。投机钻营者，也许可能蒙骗一时，但不大可能蒙骗一世；可能蒙骗个别人，但不大可能蒙骗广大人民群众。埋头苦干者，即使他自己不去宣扬，人民群众也会看在眼里、记在心里。因此，要想选准人、用好人，就必须注意群众公论，善于借助群众的慧眼来选人用人。坚持群众公认的原则，就是要把群众拥护不拥护、满意不满意、赞成不赞成作为重要标准，在选人用人的各个环节坚持走好群众路线，充分征求各个层面群众的意见，落实群众的知情权、参与权、选择权和监督权。

国学名句集锦

黄金累千，不如一贤。

——唐·马总《意林》

任人唯贤，不避亲仇

> 外举不弃仇，内举不失亲。（《左传·襄公二十一年》）
>
> 荐举外人时不摒弃仇人，推荐自己人时不遗漏亲属。
>
> 意谓在选才用人时要唯才是举，不避亲仇。

晋平公在位时，一次，南阳县缺少个县令。于是，平公问大夫祁黄羊，谁担任这个职务合适。祁黄羊回答说："解狐可以。"

平公听了很惊讶，说："解狐不正是你的仇人吗？你怎么推荐仇人呢？"

祁黄羊答道："您是问我谁担任县令这一职务合适，并没有问我谁是我的仇人。"

于是，平公派解狐去任职。果然不出祁黄羊所料，解狐任职后为民众做了许多实事、好事，受到南阳民众的拥护。

又有一回，朝廷需要增加一位尉官，于是平公又请祁黄羊推荐。祁黄羊说："祁午合适。"

平公不禁问道："祁午是你的儿子，难道你就不怕别人说闲话吗？"

祁黄羊坦然答道："您是要我推荐尉官的合适人选，而没有问我儿子是谁。"

国学名句集锦

称其仇，不为谄；立其子，不为比。

——《左传·襄公三年》

平公接受了这个建议，派祁午担任尉官的职务。结果祁午不负所望，干得也非常出色。

孔子听了以后，感慨道："太好了！祁黄羊推荐人才，外举不避仇，内举不避子，真是大公无私啊！"

在选拔人才问题上，是唯才是举，还是唯亲是举，历来是事业兴旺与衰落的重要标志。毛泽东说过："在这个使用干部的问题上，我们民族历史中从来就有两个对立的路线：一个是任人唯贤的路线，一个是任人唯亲的路线，前者是正派的路线，后者是不正派的路线。"

一个国家治理的好坏，一个地方治理的好坏，与领导干部的任用有直接的关系。然而，感情是人类的本性，在认识事物和处理问题的时候，感情上的亲疏远近，与对事物的认识正误与深浅之间存在着很大的关系。因此，任人唯亲的现象总是或多或少地存在着。

《韩非子》中有一个寓言故事，形象地说明了感情对人的判断的影响。富人家的墙被雨淋坏了，他儿子和邻居家的一位老人都劝他修墙防盗，结果，富人家丢了东西后，他怀疑是邻居家老人偷的，而认为自己的儿子聪明。很简单，儿子与他有血缘关系，由于对儿子的深爱，他认为儿子料事如神，怀疑邻居老人是贼。由此可见，他判断事物不是依据事物的本身，而是根据感情的亲疏。重感情而没有理性思考，是导致他对事物认识出现偏差的根本原因。

如今，我们党在干部的任用问题上，就出现了寓言中"富人"的想法与做法，存在"任人唯亲"的弊端，一些领导在任用下属时，不是视其是否有才能，而是看其与自己远近，使一些无德无能的人混入干部队伍，正所谓"一人得道，鸡犬升天"。而真正有志有才之士被拒之门外。

当然，也不可否认一些"官二代"由于受到了良好的教育，思维开阔，

国学名句集锦

苟得其人，虽雠必举；苟非其人，虽亲不授。

——《三国志·蜀书·许靖传》

秉承了前辈们的某些先进的方面，理论能力强，干劲足，作为年轻干部能破格提拔，是毋庸置疑的。但是若恰恰相反，这些破格提拔的年轻干部不能胜任，只是某些人的"任人唯亲"之举，那么这个问题就值得深思了。

新颁布的《党政领导干部选拔任用工作条例》将"五湖四海、任人唯贤"列为选拔任用党政领导干部必须坚持的七大原则之一。坚持"五湖四海、任人唯贤"的干部选拔任用原则，能造就一大批德才兼备的干部队伍，对于加强党的执政能力建设具有重大意义。

但是，坚持"五湖四海、任人唯贤"的干部选拔任用原则，做好选人用人工作，必须做到以下几个方面：

一、不以关系亲疏选拔人。古语云："君子群而不党，小人党而不群。"领导干部选拔任用搞"小圈子"，培养"自己人"、搞"近亲繁殖"，拉山头、搞小团体、结小帮派，会让监管和问责制度失效，带来严重的腐败问题，严重影响党风和政风建设。因此，必须坚决防止领导干部搞选拔任用上搞"小圈子"。

二、不以个人好恶衡量人。"任天下之大，立心不可不公。"在选人用人上，要进一步解放思想，更新观念，破除平衡照顾、推磨转圈等陈规陋习，防止和克服凭个人印象、好恶和恩怨得失取人，启用那些与自己意见不同甚至曾经反对过自己的人。"国以人兴，政以才治"，唯有"以宽广的视野、广开进贤之路"，使党的队伍群英荟萃，党的事业才会兴旺。

事实反复证明，坚持"五湖四海、任人唯贤"，是调动广大干部积极性，营造心齐气顺风正劲足的良好氛围，有效防止选人用人的不正之风，不断增强党的凝聚力、创造力、战斗力的重要保证。

国学名句集锦

选贤之义，无私为本。

——唐·李世民《答房玄龄请解仆射诏》

不拘一格，唯才是举

国家用人，但当论其贤否，不当限从出身。……自古来名臣良辅，不从科甲出身者甚多，而科甲出身之人，亦屡有荡检逾闲者。（清·雍正《上喻内阁》）

国家采用人才，只应当考察其人是否贤能，不应当以出身来限制。自古以来不是科举出身的名臣良将很多，而科举出身的人也屡屡有放荡不羁、不守礼法的现象。这是雍正皇帝对内阁官员说的话，意思是推举贤才没有特定方法，不要设定条条框框。

孔子周游列国时，他的马跑脱吃了庄稼，庄稼的主人很生气，扣留了马。孔子弟子子贡能言善辩，自愿前去说情，可是他费尽了口舌，马也未能要回来，因为他的话不对庄稼汉的路子。听了子贡的汇报，孔子说："你净说些大道理，人家哪听得懂？我看还是让我的马夫去试试吧。"

于是马夫前往，对庄稼人说："你不在东海种地，我不往西海旅行，我的马哪能一点也不碰你的庄稼呢？我们还要赶路，把牲口还给我们，行

国学名句集锦

不以求备取人，不以己长格物。

——《贞观政要·任贤》

吗?"庄稼人见马夫这么说话,便接上了茬,两人谈开了,高高兴兴地把马还给了他。

孔子不愧是圣人,通晓人情,人尽其用,即使是马夫也可以做到别人难以做到的事。

平民天子刘邦有一个很大的优点,就是他不拘一格地使用人才,所以刘邦的队伍里面什么人都有,张良是贵族,陈平是游士,萧何是县吏,樊哙是屠夫,灌婴是布贩,娄敬是车夫,彭越是强盗,周勃是吹鼓手,韩信是无业之士。可以说是什么样的人都有。刘邦把他们组合起来,各就其位,毫不在乎人家说他是一个杂牌军,只求能让所有的人才都最大限度地发挥作用。历史证明,刘邦的用人策略是对的。

汉唐这样的盛世,往往都是人才辈出,人才选拔机制也非常灵活,不论出身贵贱,都有机会脱颖而出。而历史车轮行至明清时期,中华文明的创造力开始衰退,"八股取士"给士人套上了精神枷锁,市民生活也循规蹈矩,等级分明。清代的龚自珍用"万马齐喑"形容中国明清之际的社会,真是再贴切不过了。他还说,今日中国,朝廷中见不到有才华的官员,街头见不到有才华的小偷,民间连有才华的强盗都没有(左无才相,右无才史,阃无才将,庠序无才士,陇无才民,廛无才工,衢无才商,抑巷无才偷,市无才驵,薮泽无才盗)。说明我们的社会出了问题,影响到人才选拔机制;而人才选拔机制的僵化,又会进一步破坏影响我们社会的活力。

为政之要,首在用人。选人用人,需要有不拘世俗、唯才是举的大气度。只有具备了不拘一格选人用人的气度,才可能构建起人才集聚的局面;只有构建起人才集聚的局面,才可能不断开创事业的新高度。人才资源是第一资源,人才兴盛,能成就百年大业;人才匮乏,耽搁的不仅仅是

国学名句集锦

择才不求备,任物不过涯。

——唐·元稹《遣兴》

事业。龚自珍的"不拘一格降人才"，突出一个"降"字，对于今天来说，则不是"降"的问题，而是"用"的问题。因为人才已"降"，关键在于用。《国家中长期人才发展规划纲要（2010－2020）》明确指出："以用为本，把充分发挥各类人才的作用作为人才工作的根本任务……坚持以用为本的根本要求是用好用活人才，不拘一格选拔人才。"用人之法，丰富多彩，而"不拘一格"则是其中的亮点。

不拘一格用人才，要敢于"不落窠臼"，突破常规，摒弃千篇一律的用人模式，不囿于资历学历，敢选拔年轻有为的人才。《干部任用条例》规定了提拔担任党政领导职务应当具备的资格，同时也规定，特别优秀的年轻干部可以破格提拔。重视年轻干部的培养、锻炼是我党的一贯传统，对于符合培养条件的、有好的实绩表现、有发展潜力的年轻干部，看准了就要不拘一格，大胆培养使用。

不拘一格用人才，需要有公开透明、严格规范的人才选拔机制。不拘一格，突破的是单一守旧的人才衡量标准，是"破格"而非"出格"。选人用人机制应该突出扩大民主，民众最希望看到的是权力真正在阳光下运行。公开选拔作为干部选拔任用的重要方式，提高了民众在干部任用中的话语权，契合了当下的政治社会环境。而提高选人用人的"透明度"，将选拔过程置于阳光下，接受社会和媒体的监督，则有利于杜绝选人用人环节的暗箱操作，避免权钱交易和选人用人上的腐败。只有资格条件公开，程序透明公正，对那些真正的人才而言，才会有真正的公平。

不拘一格用人才，不应该只是干部选用的一句口号，更应该有具体的用人措施。著名画家陈丹青 2000 年被清华大学美术学院聘为教授、博导，可他连续几年都招不到满意的研究生，入围的几名最有绘画天分的学生，都因英语不过关而落榜。有位投考陈丹青研究室的女考生，绘画成绩位居

国学名句集锦

有贤豪之士，不须限于下位；有智略之才，不必试以弓马；有山林之杰，不可薄其贫贱。

——北宋·欧阳修《准诏言事上书》

第一，但因外语差一分，最终无奈落榜。与千万艺术考生一样，她在京租房，啃外语，翌年再次赴考，外语依然不及格——由于外语关卡，陈丹青长达四年招不进一名硕士生。

而 37 年前，陈丹青远比今日千万名青年学子"幸运"：当他投考中央美院第一届油画研究生时，以外语零分、专业高分被录取。1929 年，清华大学外语系招生时爆出一条新闻，一位数学只考了 15 分，可英文、国文却是特优，英文还是满分的考生被破格录取，这个人就是钱钟书。

由此可见，不拘一格选择人才绝对不能只停留在口头上，而是要落在实实在在的行动上，还应勇敢破除一切僵化的制度条框，从而让真正有才能的人能被发现，能够成长为真正对中华文化大复兴的有用人才，而不是成为僵化制度的牺牲品。

国学名句集锦

治天下者，用人非止一端，故取士不以一路。

——北宋·欧阳修《乞补馆职札子》

但问功能，不拘资格

　　张居正曾上书明神宗，说："今后用人，但问功能，不可拘资格。"（清·谷应泰《明史纪事本末》）

　　意思是说，用人只需要看他有没有实际能力，不要被资历、功名所约束。所谓的资格，是对一般人才而言的，对待能力卓异的人，该破格就要破格。

　　明万历年间，首辅张居正是一位大改革家，在他的努力下，江河日下的明朝呈现出中兴之象，而这与他善用人才是分不开的。他启用李成梁镇守辽东，戚继光镇守蓟门，巩固了北部边防；又任用潘季驯治理黄河，一举解决了多年难治的水患。政绩是非常了不起的。他曾上书明神宗，说："今后用人，但问功能，不可拘资格。"他用人确实是不拘小节，注重实用主义，不拘门户之见。

　　在激烈的市场竞争大潮中，人才的选拔是现代管理的一项非常重要的课题。究竟以什么样的原则作为选才的标准，却又成了一个见仁见智的问题。在现实的经济社会，你会惊奇地发现，许多单位对选拔人才，都要用

国学名句集锦

他山之石，可以攻玉。

——《诗经·小雅·鹤鸣》

文凭来衡量。

很多用人单位在招聘时，首先看的不是人的能力，而是人的学历——是211，还是985？如果不是，对不起，你根本没有入围的资格。既然没有入围的资格，再多证书又有谁会在意？这些证书抵不过一纸学历、学位证书。对于应聘者来说，学校和学历是他们的敲门砖，当他们连敲门的资格都没有时，他们如何证明自己、表现自己？这样的名校崇拜、学历崇拜，在社会中太普遍了。

人们不禁要问：为什么在选拔人才问题上文凭会有如此魔力？问题的关键就在于企业中的某些领导，在认识的观念上片面地强调"学历等于能力"，误认为高学历就一定具备很强的工作能力，学历与能力成正比，甚至把学历文凭的高低当作选才用人的唯一尺度，并用它去决定员工的晋升与奖金的发放。显然，这种选才的认识与做法是片面的，也是错误的。

作为领导者，首先应该弄明白文凭与学历的含义。实质上，文凭只是表明一个人所受教育的程度。固然，受教育程度越高，理论知识就越系统，眼界就越开阔，整体素质就越高。而高素质又是一个人成功的基础。一个受过高等教育的人，其成功的机遇要远远高于未曾受过大学教育的人，发展的机会也要多于只受过普通教育的人。企业中的领导者之所以愿意使用受过高等教育的员工，是因为他们掌握系统的专业知识，分析问题、解决问题的能力较强，政策水平较高，对于领导者能起相当大的辅助作用。当困难问题出现时，一个训练有素的大学毕业生可以运用其所学的专业知识对问题进行系统分析，并妥善地处理。但未经过专门训练和不曾受过大学教育的人，他们也能凭借丰富的实践经验和自学成才的悟性，去解决一些工作中的难题。这二者之间，绝不是谁拥有文凭，谁的能力就一定高出许多的关系。

国学名句集锦

贤能不待次而举，罢不能不待须而废，元恶不待教而诛，中庸民不待政而化。

——《荀子·王制》

平心而论，有很多人由于种种原因没能接受大学教育，但是他们经过不懈的努力，在实际工作中艰难探索，自学成才，积累了丰富的经验，其实际能力有的远比受过高等教育的人强得多。比如，日本"经营之神"松下电气公司的创始人松下幸之助，从 12 岁起就在脚踏车店里当学徒；被台湾称为"经营之神"、台塑集团的董事长王永庆，只念了几年小学，而后就到一家米店当小工。他们都没有接受过正规的高等学历教育，却通过自己的实践经验与自学动力，为社会做出了贡献，成为杰出的人才。

用人单位看重学历背后的原因，一个是用人门槛的攀比。用人门槛在一定程度上反映着用人单位的地位和水平。既然，各个单位都争相聘用更高学历、更知名院校的大学生，自己为何要自降身价，降低人才招聘的资格和门槛？

另一个原因是，学校本来就被分为了三六九等。在本科阶段，学校不仅有一本、二本、三本的说法，还有 211 和 985 之分。这些未经自由竞争形成的身份，直接决定着高校的招生批次和财政投入状况。在这种格局下，好的学校必然越来越好——他们可以招到更高考分的考生，可以聘用更知名的教师，可以获得更多的课题和项目，可以拥有更充裕的办学资金和条件。而那些没有挂上名的学校，难免在与这些名校的竞争中全面败下阵来，它们在办学的硬件和软件上被甩出了很远。这种差距客观存在，这种差距也必然影响着人们的判断。对于招聘单位来说，它们也会看到这样的差距，它们当然愿意选择名校高学历的毕业生。

既然学校已经被分出了高下，不同学校的行政级别和财政投入都是不同的，社会在看待这些学校时，又如何能够一视同仁？结果只能是，招聘方总是一再说自己没有歧视，其实眼中全是条条框框。

国学名句集锦

举将而限以资品，则英豪之士在下位者不可得矣。

——北宋·欧阳修《准诏言事上书》

非常之功，必待非常之人

> 盖有非常之功，必待非常之人。（《武帝求茂才异等诏》）
>
> 这句话出自元封五年（前106），汉武帝命令州郡举荐贤才的诏书。也就是说要建立不寻常的功业，必须依靠不寻常的人才。普通的人才并不难得，但是在特殊时代，迫切需要特殊人才来打开局面。

普通的人才并不难得，但是在特定的时代，能够解决实际问题的人才则凤毛麟角，得到了这样的人才，就能很快解决问题，打开局面，获得主动。曾国藩在治军从政过程中发现培养了数以千计的人才，但是这些人才大多是普通意义上的，也就是说，他们中个别人的有无并不影响大局，但也有很多杰出的人，确也做出了不平凡的事业。

容闳是第一位中国留学生，毕业于耶鲁大学，系统地接受了西方科学文化知识，是改变中国现状所急需的新型人才。容闳学成回国后，四处奔走，寻觅报国门径。恰在此时，曾国藩为了兴办洋务，正在广泛招聘人才，

国学名句集锦

待士不敬，举士不信，则善士不往焉。

——《尸子》

于是向容闳发出了邀请。1863年9月，容闳应邀到安庆，入曾国藩幕府。

后来，曾国藩又网罗了许多科技人才，使安庆成为当时最能代表中国先进生产力的地方。徐寿、华蘅芳、李善兰、张斯桂、龚芸棠、吴嘉廉、徐建寅、丁杰等全国第一流科学家、工程技术人员，均荟萃于安庆，潜心合力研制船炮。当时的中国，刚刚开启大门，懂西学的人很少，曾国藩能将这些零散而稀少的人才网罗到幕府，组成一个强大的人才阵营，这件事本身就说明曾国藩对于人才的重视。而曾国藩则按照平等协商的原则，放手使用。他和徐寿、华蘅芳、李善兰、张斯桂四位专家共同商量，设立了一个西式机器厂，并给了容闳一笔经费，派他出国购买机器，由此拉开了"洋务运动"的帷幕。

容闳便于同治二年（1862）年底，领银六万八千两，前往美国选购机器。容闳充分利用其丰富的社会交往，最终与马萨诸塞州的普特南机器厂签订制造工作母机的合同。同治四年（1865）春，订单完成并启运回国，"所购机器一百数十种均交上海制造局收存备用"。曾国藩对此极为嘉许，并专折请奖，奏折中说："容某为留学西学之中国学生，精通英文。此行历途万里，为时经年，备历艰辛，不负委托……拟请特授以候补同知，指省江苏，尽先补用。"就这样，中国第一个近代化的机械生产厂——造局宣告成立了。

同治六年（1867），曾国藩视察江南制造局，容闳"导其历观由美购回各物并试验自行运动之机，明示应用之法"。曾国藩见到各种新式机器运转及产品生产的场面，非常高兴，容闳"遂乘此机会，复劝其于厂旁立一兵工学校，招中学生肄业其中，授以机器工程上之理论与实验，以期将来不必需用外国机械及外国工程师"。他的话说得很清楚，其办学目的之一为独立自主地实现中国工业化，逐步达到人才、机器全部自给，不仰外

国学名句集锦

若夫有道之士，必礼必知，然后其智能可尽。

——《吕氏春秋·谨听》

国；招生对象为中国青年，教学内容为机械制造、工程理论及实验等学科。教学内容的近代化、教学方法又能重视理论联系实际，符合科学造就人才的基本要求。曾国藩极为赞许，不久就付诸实行，开创了近代中国的职业教育。

容闳在曾国藩的幕府中服务了几年后，认为时机已经成熟，便正式向曾国藩提出派第一批官费留学生。容闳把这个"教育计划"视为"最大事业，亦报国之惟一政策"。他要通过培养人才，把西方先进的科学文化传到中国，以实现近代化，这是他回国报效的最终目的。

同治九年（1870）六月，曾国藩奉命赴天津办教案，丁日昌等协办，容闳在即将结束时奉调为译员。随着洋务运动的发展，国际交往频增，中国缺乏受过近代教育的科技和外交人才的弊端开始显现。天津教案的处理，也因中方缺少称职译员，有时不得不依靠洋员而徒增不少困难。这也给容闳推动朝廷公费派遣留学生创造了条件。

李鸿章从担任南洋大臣开始，主要从事和外国人的交往活动，更是深刻认识到新式人才的重要性，在此之前，他已经在上海开设广方言馆，选文童学习外国文字，甚至让自己的儿子和侄子入馆学习，可见他对此事的重视。经过容闳的多次提议，曾国藩终于决定由自己领衔与李鸿章合奏，支持容闳的"教育计划"。

这年冬天，朝廷批准了曾国藩和李鸿章的建议。容闳得此消息，高兴地说："至此，予之教育计划方成为确有之事实，将于中国二千年历史中特开新纪元矣。"

同治十一年（1872），在曾国藩去世不久，近代中国第一批官费留学生 30 人，在容闳的带领下渡太平洋赴美，开始了中国历史新的一页。

曾国藩选用人才，不预设框框，量才录用，开拓了新的局面。在他的

国学名句集锦

覆巢竭渊，龙凤逝而不至。

——《后汉书·逸民列传》

启发下，李鸿章不但重用容闳，让他负责办理对外交往事务，还大胆地使用了外国人做自己的幕僚，更是开风气之先。

同治八年（1869）五月，曾国藩给李鸿章写信，让他注意选用人才，尤其是有助于开拓局面，有利于洋务的人才："东南新造之区，事事别开生面，百战将士尚不乏有用人才，饷项足以济之，制器造船各事皆已办有端绪，自强之策，应以东南为主。阁下虽不处海滨，尚可就近董率。购办器械，选择人才，本皆前所手创，仍宜引为己任，不必以越俎为嫌。鄙人则年老气衰，自问不堪为世用矣。"信中明确地表示，自己年纪已老，选人才办洋务的事情，李鸿章应当义无反顾地接过来。李鸿章当仁不让，他继承了老师幕府的全部班底，同时大胆开拓，尽最大可能网罗人才。

李鸿章对外国人才非常重视，而这是当时一般人不能想象的。他在设立幕府之初，主要是为了延揽国内的人才。随着洋务运动的全面展开与逐步深入，许多涉及西方近代科技领域，但是国内却无人能够承担，李鸿章不得不将目光投向国外，从马格里、毕乃耳到金达、汉纳根、琅威理，为了兴办近代工业、开设新式学堂、修筑铁路、建造船坞和军港、训练北洋海军，李鸿章陆续聘用了一大批各具专长的外国人。不论这些洋人来华的目的是什么，他们在客观上都对中国社会的近代化产生过或多或少的促进作用。李鸿章聘用的洋人不止在数量上相当可观，甚至连前任美国国务卿科士达这样的重量级人物，也一度被网罗到他的幕府中。"中西合璧"，可以说是李鸿章的一大创举。这些外国人的加入，为当时的清政府带来了新的技术和思想，对李鸿章的洋务运动起到了非常重要的作用。

人是生产力中最活跃的因素，也是科技创新最关键的因素。习近平同志在中国科学院第十七次院士大会、中国工程院第十二次院士大会上，引用过"盖有非常之功，必待非常之人"这句古语，表达他对科技人才的高

国学名句集锦

待士之意周，取人之道广。

——北宋·欧阳修《颁贡举条制敕》

度重视。当前，我国拥有世界上规模最大的科技队伍，从"天宫"与"神八"浪漫的"太空之吻"，到"玉兔"在月球表面闲庭信步，我国科技人才爆发出巨大的创新活力。然而，世界级科技大师缺乏，领军人才、尖子人才不足，仍然制约着我国的科技创新，阻碍着我国向人力资源强国的迈进步伐。

正因此，习近平总书记反复强调"把人才资源开发放在科技创新最优先的位置"。这就需要完善改进人才培养机制，避免急功近利、拔苗助长；这就需要在全社会积极营造鼓励创新、勇于创新、包容创新的良好氛围，既要重视成功，也有宽容试错；这就需要培养大批创新型青年人才，为拔尖创新人才脱颖而出铺路搭桥。知识就是力量，人才就是未来，十三亿多人大脑中蕴藏的智慧资源一旦被激发出来，将会创造一个更好的中国。

国学名句集锦

德不广不能使人来，量不宏不能使人安。

——明·刘基《郁离子·德量》

不论出身，不依年齿

> 既谓人才，则不宜以阶级限，不应以年齿齐。（《宋书·周朗传》）
>
> 既然说的是选拔人才，那就不应该受阶级出身的限制，不应该以年龄作依据。以资历、级别、门第论人，则难于知人，如此用人必然多用庸才，将会失去人才。

如何用人，用何种人，关系到一个国家的价值取向和社会风尚，更决定着一个政权存续的生命力及合理性。有什么样的用人导向，就有什么样的政治局面。组织部门肩负着选贤任能的重要使命，必须始终站在党执政兴国的高度来选人用人，以好的用人导向带出好的政风，以好的政风带出好的民风。但在实际的用人过程中，需要避免以下三个方面的问题。

一、叶公好龙。

有些人口头上讲爱才、重才，一旦人才脱颖而出，他们又百般阻挠，必欲去之而心安，其实是"叶公好龙"的心态在作怪。优秀人才带来了新鲜空气，打破了旧有的机关文化，让领导的威信受到了挑战。于是，作领

国学名句集锦

选士用能，不拘长幼。

——《三国志·蜀书·秦宓传》

导的便想方设法打击排挤。人才总是有缺点的，如"骄傲自满、目无领导、爱提意见、群众关系不好"等，都是现成的借口，随便一个都可以拿来直接用。杨修才高，祢衡放旷，曹操这样有胸襟的人尚且不能容，何况普通人？如果大家都说皇帝的"新装"漂亮，而一个"不识相"的人偏要说丑陋，那就是明显的不合群，是在"脱离"组织的领导，所以就不适合在这个规划里玩，只好走路了。所以，就会出现"木秀于林，风必摧之；行高于人，众必非之"的情况。道德品质高的人，往往会受到嫉贤妒能者的非议或诽谤，所以清代的康有为才以"高峰突出诸山妒"对嫉贤妒能的现象形象地加以勾画。

二、论资排辈。

从历史上看，越是远古时代越是看重资历、门第。先秦时期，贵族是世袭的，出身就决定了命运。后来实行科举，普通人才有上升的可能。但是，社会上一直是存在两种力量的，处在上层的人希望把阶层固定下来，世代高贵，王侯有种；处在下层的人希望机会平等，渴望革命。这就好比挤公交车，没挤上的希望车不要开走，好不容易挤上的希望赶紧关门。所以，论资排辈的思想是很难杜绝的。

战国时魏惠王正是这样看不起商鞅，即使有大才也不用，将他输送到敌国——秦国。秦孝公纳而用之，结果是秦国日强，魏国日弱。商鞅的改革，一个重要内容就是打破阶层固化，不以门第选官；普通人只要有军功，也可以做官。这样一来，秦国成了当时最有活力的国家，很多能人都来秦国施展抱负，成为朝中的"客卿"。耐人寻味的是，商鞅的死也是因为得罪了贵族。由此可见，人类社会两种力量的斗争是多么激烈啊，只要有人类社会，这种力量斗争就不会消除啊。

国学名句集锦

其言可信，不以其人不宜用。

——唐·韩愈《唐故相权公墓碑》

三、选才方法偏颇。

在现实生活中，常常会听到有些领导感叹自己单位无人才，似乎只有外来的和尚会念经。须知"天涯何处无芳草，江山代有人才出"。关键是要慧眼识英雄，选才有道。孔子说，不忧虑别人不了解自己，就怕自己不了解别人。如果说伯乐是善于选才之人，那么"千里马"缺少了"伯乐"式的人物，也只能辱没在没有眼光的庸人手里。唐代文学家韩愈认为善于选拔人才的"伯乐"太少，才使得"千里马"大量流失。实际上选拔人、分辨人有很大的困难。人的外在表现与内在本质常有很大的背离，自然就给选拔人才带来了难题。特别是人是多重属性、多重欲望、多重技能的矛盾集合体，因此对人的测定、选拔与评估，就需要长期的、多方面的判定。

不仅人才难选，还有的则是把美玉当顽石，将沙砾作黄金，造成良莠不分、忠奸不辨，古今中外都不乏这样的人。选拔人才确实不像挑选产品那样有具体的规格标准可依，但出色的管理者在选拔、网罗人才上确有一套办法，称得上是选才有道。

第一，观察不能时间太短，而要以长期实践为基础。听言观行，是选拔人才的常用方法。但是，听言观行往往是较短时间内所获取的一般印象、感觉和看法。在选择、评价一个人时，如果仅凭短时间内的观察，是很难鉴别一个人的特点的。俗话说："路遥知马力，日久见人心。"领导者切不可凭短期的实践对人才作出判断，而应以长期的实践为基础。

第二，考试选拔人才，笔试与面试二者不可偏废。考试是一种公开平等的竞争，通过考试择优录用人才，是一种选拔人才的好方式。它的最大好处，是选才标准统一明确，选才方式公正无私、一视同仁。考试是平等竞争，体现优胜劣汰原则，既能选出有真才实学的人才，又能杜绝选人唯亲、唯派、唯私的不正之风。

────────────── **国学名句集锦** ──────────────

限以资例，则取人之路狭；不限资例，则取人之路广。

——北宋·欧阳修《再论台官不可限资考札子》

好好先生，德之蟊贼

> 子曰：乡愿，德之贼也。（《论语·阳货》）
>
> 所谓"乡愿"，特指当时社会上那种不分是非，同于流俗，言行不一，伪善欺世，处处讨好，谁也不得罪的"老好人"。孔子尖锐地指出：这种"乡愿"，言行不符，实际上是似德非德而乱乎德的人，乃德之"贼"。所以，世人不可不加以辨别并区别对待。

《菜根谭》说："交友须带三分侠气做人要存一点素心。"侠气，就是心中要有正义感，在是非面前不含糊，见到不义之人、不义之事，哪怕没有能力制止，总要想想自己能不能做点什么。见到有人危难，也要想办法帮一下。见到不平事，无所作为，没心没肝，就是一种罪，半夜醒来，良心能安吗？

孔子说："乡愿，德之贼也。"意思是说，那些看似忠厚实际没有一点道德原则的人，是好好先生、伪君子，是道德的大敌。

宋朝时候，担任开封府尹的范仲淹直言敢谏，不畏权贵，遭到宰相吕

国学名句集锦

有贤而不知，一不祥；知而不用，二不祥；用而不任，三不祥。

——《晏子春秋》

夷简的打击，被仁宗贬到饶州当太守，还下旨追查他的所谓"朋党"。一时之间，士大夫闻"朋党"而色变，个个噤若寒蝉。

这一天，范仲淹出开封南门，往饶州赴任。南门外竟无同僚送别，让他顿感世态炎凉。

正在范仲淹怅然若失时，忽听背后有人连声呼唤："范公留步！范公留步！"范仲淹回过头来，循声望去，见来者乃是待制官王质。王质衣冠不整，脸色苍白，幸亏有子弟们扶持，才跌跌撞撞地赶上来。范仲淹赶忙迎上去，紧握着王质的手说："王待制是老前辈，远来送行，晚辈怎敢当！"王质略喘一口气说："范公此行，长路漫漫，务请珍重。他日归来，老夫一定到十里长亭外相迎！"说罢，急命子弟们摆酒饯行，并亲自把盏，频频为范仲淹祝酒。饯行完毕，王质不顾病体衰颓，一直把他送到十里长亭，才依依惜别。

此事轰动了京城。有些大臣对王质说："待制与范仲淹并无深交，独自一人去南门外送他，难道不怕被人指责为'朋党'吗？"王质斩钉截铁地说："范公是当今贤人，下官难望其项背，如能成为范公的党人，那将是下官莫大之幸，又何惧之有？"

这样的话，显示出王质心中的几分侠气。可惜这样的人太少，而明哲保身的人太多，这也正是社会上屡屡出现"正不压邪"可悲现象的原因。

"好好先生"古即有之，今仍不绝，他们常常热衷于"你好、我好、大家好"。为什么会出现这种现象？产生"好好先生"的原因又是什么呢？

由于"好好先生"精于世故，处事圆滑，善于讨好卖乖，因而在人情社会风气浓郁的今天颇能吃得开，这种思想在一定程度上扭曲了党风、政风和社会风气。"千里之堤，溃于蚁穴"，一个领导干部不坚持原则，不安排，不落实，不但会贻误机关部门工作开展，还会败坏单位干部队伍的风

行小忠，则大忠之贼也。

——《韩非子·十过》

气。如果任由"好好先生"泛滥，必将会影响地方经济社会发展，还会对广大人民群众造成严重的危害。

那么，如何才能杜绝领导干部沦为"好好先生"呢？首先，要广泛开展干部教育，使他们认识到当"好好先生"并不光彩也没有前途，注定要被人民抛弃。其次，要建立科学的选人用人机制。在选人用人上，要坚持德才兼备、以德为先原则，让那些老老实实做人、扎扎实实做事的优秀干部能够进入组织选拔的视野，确保老实人得到正确的评价；再次，必须严肃纪律，强化责任追究力度，对该管不管、该负责不负责，造成危害、损失的必须严肃查处，断绝"好好先生"的退路。

如今，一些地方的干部因履责不力、不作为而被追责的新闻越来越多。这传递出什么信号？领导干部做"好好先生"是行不通了，不然后果很严重。党的领导干部就应该手底下见真章，该得罪的人就要得罪，该打的"板子"就要打下去！

践行为民服务宗旨需要更多不计得失、默默无闻的"老黄牛"，更需要那种开拓创新、敢做敢为的"千里马"。而那些唯唯诺诺、没有主见、不负责任、不讲原则、不辨是非的"好好先生"，是坚决不可用的。因此，我们领导干部要敢打破陈规，敢闯敢冒搞改革，创造性地做好本职工作，切勿做"好好先生"。

国学名句集锦

药来贼境灵何用，米出胡奴死不炊。

——南宋·陆游《感兴》

结交良友，群而不党

孔子曰："益者三友，损者三友。友直，友谅，友多闻，益矣。友便辟，友善柔，友便佞，损矣。"（《论语·季氏》）

意思是，有益的朋友有三种，有害的朋友有三种。朋友正直、诚信、知识广博，就是有益的朋友；朋友阿谀奉承、口蜜腹剑、夸夸其谈，就是有害的朋友。与人交往，择友是非常重要的一个环节。朋友好，你将会在朋友那里获得好的熏陶，自然是受益无穷；朋友不好，你将会在朋友那里受到意想不到的牵连和伤害，甚至一失足成千古恨。所以，官员应谨慎择友，从善交友。

晋国大夫中行文子流亡在外时，经过一个县城。随从说："此县有您一个朋友，何不在他的舍下休息片刻，顺便等待后面的车辆呢？"文子说："我曾喜欢音乐，此人给我送来鸣琴；我爱好佩玉，此人给我送来玉环。他这样迎合我的爱好，是为了取悦于我。现在我风光不再了，我恐怕他也

国学名句集锦

贤不肖不杂，则英杰至。

——《荀子·王制》

会出卖我以取悦别人啊。"于是他没有停留，匆匆离去。果然，随后到来的两辆车马到那个人的府舍去找中行文子时，被那个人扣下，把它们献给了自己的国君。

所以，交友要谨慎。古人说"与邪佞人交，如雪入墨池，虽融为水，其色愈污；与端方人处，如炭入熏炉，虽化为灰，其香不灭"，便充分说明了交友的重要性。明代苏浚在《鸡鸣偶记》中曾把朋友分为四类："道义相砥，过失相规，畏友也；缓急可共，死生可托，密友也；甘言如饴，游戏征逐，昵友也；利则相攘，患则相倾，贼友也。"苏浚这句话的要义是，交友要有原则，切忌良莠不分。对领导干部而言，应当结交那些志同道合的朋友，警惕那些以利相交的"贼友"。贼友貌似肝胆相照、休戚与共，实际上是拖人下水、谋利自肥。因此，领导干部要时刻提防个别人的"感情投资"和不同形式的公关，真正做到谨慎择友，从善交友。

曾国藩在求学时，很留心结交良友，与倭仁、吴廷栋、何桂珍、何绍基、梅曾亮、汉学家邵懿辰、刘传莹等人交往最为密切。当时这些人在学问上已有名声，能互相激励、互相促进。曾国藩后来办大事，这些人给予了极其重要的帮助。

曾国藩的师友中，以当时的名儒唐鉴地位最高，对曾国藩的影响也最大。唐鉴曾经教导曾国藩治学方法，告诫他读书要专一，要先进入门径，并指导他精读《朱子全集》，给曾国藩的理学思想打下了坚实的基础。因此曾国藩虽然没有正式拜师，但一直对他以师礼相待。后来唐鉴去世，曾国藩不仅为他向朝廷请求赠谥号，还给他写了铭文。

在这些师友之中，理学大师倭仁对曾国藩也产生了很大的影响。和唐鉴不同，他的影响主要表现在修身方法上。曾国藩原来也有写日记的习惯，但主要记的都是生活琐事，经过倭仁的教导，他开始记录自己在一天

国学名句集锦

得万人之兵，不如闻一言之当；得隋侯之珠，不若得事之所由；得禹氏之璧，不若得事之所适。

——《淮南子·说山训》

的得失，时刻反省自己，强化对自己的要求。正是从这时开始，曾国藩的人格发生了巨大变化。

这些朋友有一个共同的特点，那就是专心学问，不尚空言，每个人各有专长，而且都是心怀大志、不甘堕落之辈。朋友们经常往来，互相鼓励，互相针砭。这些人后来都有一定的成就，也为曾国藩的事业奠定了基础。曾国藩择交，强调的是志同道合，对那些甘于平庸或者大言欺人的人，他向来是敬而远之的。

常言道"人以类聚，物以群分"，兴趣相同的人自然容易走到一起，也容易形成各种各样的圈子。但对于领导干部来说，圈子则有好坏之分。习近平同志曾语重心长地指出，党员干部要坚决远离各种"小圈子""小兄弟"，坚决杜绝低俗的投桃报李的行为。古语有言"以利相交，利尽则散"。党员干部不是不能有社会交往，但应该交益友、诤友。结志同道合之友，做为国为民之事，并时常同"身边人"算算政治账，同"家里人"算算幸福账，同"圈里人"算算规矩账，讲党纪国法、政治规矩、组织原则，打造"清白如水"的有益"朋友圈"。

━━━━━━━━━ **国学名句集锦** ━━━━━━━━━

龙欲升天须浮云，人之仕进待中人。

——三国·魏·曹植《当墙欲高行》

后继有人，基业常青

> 从一人之耳目，受天下之贤愚，错乱遗忘，明者弗免。（清·王夫之《读通鉴论》）
>
> 依靠一个人的耳朵和眼睛，接受任用和考核天下的贤明与愚昧的任务，必定产生错乱遗忘，即使是聪明人也不能避免。说明不能仅靠个人的才能智慧选人用人，必须依靠众人和制度。

  诸葛亮智慧过人，但为什么失败了？这固然有当时复杂的政治、经济和军事等方面的因素，但他本人培养人才不力也是主要原因之一。

  在他用兵点将的时候，我们一般很难看到核心团队成员的决策参与，更多是诸葛亮个人智慧的专断，这种习惯导致了后来蜀汉政权内部对诸葛亮的绝对依赖，广大谋臣及将领缺乏决策的实际锻炼。后来他身居丞相高位，工作多亲力亲为，没有着手为蜀汉政权造就和培养后续人才，以致造成后来"蜀中无大将，廖化充先锋"的局面。他最后选定姜维做接班人，也主要还是让姜维任事，对姜维如何定战略、如何处理内政，尤其是处理

国学名句集锦

后生可畏，焉知来者之不如今也？

——《论语·子罕》

与成都朝廷集团的关系等方面，缺乏悉心培养指导。

他这种做法，连他的对手司马懿也看出了问题，说诸葛亮"食少事烦，其能久乎！"每次吃得那么少，事务繁杂又事必躬亲，肯定活不长了。果然不久，诸葛亮就积劳成疾，过早离开了人世。

对于决策者来说，除了需要敏锐的洞察力和战略的判断力外，培养人才，选好接替自己的人，恐怕是最重要的任务了。

选接班人还要注意很多问题。比如，人才也有保鲜期，他年富力强的时候，急于大显身手，在上位者不宜让他等得太久。如果接班人等得太久，发挥才能的最佳年龄已过，就要小心他由期待变成怨愤了。

南宋孝宗年间，赵惇被立为太子，他对孝宗毕恭毕敬，其实内心并非真的谦恭，不过是为了保住储君之位而被迫做表面文章。这样的表面文章做得久了，难免会有所厌烦。过了四十岁以后，赵惇已经当了十几年的太子，便开始有意无意地暗示宋孝宗早日传位。有一天，赵惇故意对宋孝宗说："我的胡须已经开始白了，有人特地给我送来了染胡须的药，不过我没有用。"弦外之音就是你儿子都已经一把白胡子了，该过过当皇帝的瘾了。孝宗自然明白儿子的心意，却故作不明白，严肃地回答道："白胡须有什么不好？刚好可以向天下显示你的老成。"

赵惇碰了钉子后，不敢再公然试探，转而讨好太皇太后吴氏（宋高宗皇后），想靠太皇太后的力量来取得皇位。吴太后也明白赵惇的心意，曾经向宋孝宗暗示过，但孝宗却说太子还需要历练。这一系列的事件，在赵惇心中留下重重的阴影，充满对父亲的怨恨。

一直到淳熙十六年（1189），宋孝宗因为要为宋高宗服丧，才主动禅位给太子赵惇。四十三岁的赵惇终于盼到了朝思暮想的皇位。但成功来得太迟，满足感就大打折扣了。

国学名句集锦

用人之际，革去旧制而惟材是择。

——北宋·欧阳修《论契丹侵地界状》

人都是眷恋权位的，谁不想永远风光？有的当权者，不愿看到接班人上台后自己门前冷落的场面，便在选择接班人上下尽功夫。比如，故意不选有能力的，只选听话的。这样的结果就是武大郎开店——高者不用，大好局面只能越来越萎缩。

1989年，邓小平同志曾找到李鹏等中央领导同志长谈，核心内容之一就是选什么样的人进中央领导班子。他讲了五条标准：

选改革者。改革大业不半途而废，改革巨轮顺利航行，必须选坚定的改革者。

选开放者。放眼世界搞改革，打开国门搞建设，选开放者同样决定中国命运。只有开放才能走向世界、走向现代化、走向民族复兴。

选实干者。实干兴邦，威信来自干实事、干成实事。

选公认者。他强调："使党内信得过，人民信得过。"他提出四条原则：一要在改革开放方面做出实绩。二要在四项基本原则方面坚定不移。三要在反腐败方面动真格的。四要在团结方面不搞小圈子。

选人"三要"。一是"要抛弃一切成见，寻找人民相信是坚持改革路线的人"。二是"要抛弃个人恩怨来选人，反对过自己的人也要用"。三是"考虑人的角度也要深化，这也是一种改革，是思想上的改革，思想上的解放"。邓小平讲的"三要"，核心是用坚持和敢于改革的人，在这个前提下摒弃个人私见，以党的大业为重，放宽视野选人。

总之，选改革者、开放者、实干者、公认者以及坚持"三要"方针，是邓小平同志的主要用人原则和标准，在今天仍有指导意义。

国学名句集锦

只看后浪催前浪，当悟新人换旧人。

——南宋·释文珦《过苕溪》

第五章　量才使能，善任有为

　　知人善任体现的是领导者应有的修养与品质。善用人者能成事，能成事者善用人。一个高明的领导者，只有把知人善任这项工作抓好了，才算抓住了领导工作的根本，抓住了领导活动的关键。只有用对了人，用好了人，适才适用，适岗适酬，克服"小材大用"和"大材小用"的现象，使人才各得其职，各得其所，在合适的岗位上发挥出全部工作才能，这样领导事业才能成功。

◎良剑期乎断，不期乎莫邪

◎制度引导，四两拨千斤

◎放权任人，君逸臣劳

◎启动竞争，人尽其才

◎少用权术，多用政策

◎用人如器，各取其长

◎用人要当其时、当其壮

◎既察其能，亦识其性

◎使功不如使过，令其效命自勉

◎良将驭兵，各有不同

◎等距交往，一视同仁

◎灵活用人，妥善调配

◎办事之人易得，晓事之人难求

◎精神贿赂，最为隐蔽

良剑期乎断，不期乎莫邪

"良剑期乎断，不期乎莫邪；良马期乎千里，不期乎
骥骜。"（《吕氏春秋》）

莫邪是古代名剑，骥骜是古代良马。这句话的意思
是，看问题要抓住实质，不必拘泥于概念；要抓住根本，
而不是被表面现象所迷惑。联系到用人方面，那就是看人
要看他的主要方面，看他有无才能，不要被细枝末节
所误。

春秋时期，秦穆公有一次问伯乐："你是天下第一等的相马名家，有
没有可以继承你的子弟？"伯乐微笑着说："我的子弟都很平庸，只能从马
的筋骨辨别一般的马。但是天下良马的相法却是似有若无，令人无法捉
摸。不过，我知道有一个名叫九方皋的人，有鉴赏马的特殊才能，超过我
很多。他的个性淡泊，常常替人做工或是自己砍柴为生，但是他特别喜欢
相马。如蒙应允，我倒很乐意为您引荐这个人。"

穆公听了，非常高兴，马上请伯乐把九方皋带来。

国学名句集锦

马效千里，不必骥骣，人期贤知，不必孔墨。

——东汉·王充《论衡·案书》

穆公接见九方皋后，就命令他出去寻找天下的良马。过了三个月后，九方皋回来见穆公，穆公问他说："先生找到的是什么颜色的马啊？"

九方皋愣了一下，才说："嗯！是匹黄色的雌马吧。"

穆公带着侍卫去看了看，结果马厩中站的不是黄色的雌马，而是黑色的雄马！穆公觉得非常失望，马上把伯乐叫来问："你推荐的九方皋甚至连马的色泽、雌雄都分不清楚，哪里有什么本事去识天下良马呢？"

"其实您批评九方皋不识马的地方，正是他识马的才能啊！您所要看到的是一匹马内在的美好才能，而不是外在的形态。他的相马法是超越马的躯壳，直接认识本质的高妙境界啊！"伯乐说道。

果然，九方皋带回来的马，经过审试后，证实是匹超越群马的天下良马！

由此可见，看问题一定要抓住本质，不要被一些表象所迷惑。相马是这样，难道看人不也是这样吗？用人是用他的长处，看他有无才能，而不要总把目光放在他的缺陷上。

唐代柳宗元在《梓人传》中记述了这样一件事：一个名叫杨潜的"二把刀"木匠，连自己的床都修不好，却声称能造屋，且所要工钱是一般工人的三倍。柳宗元听了大笑，觉得这是个贪图钱财、喜欢吹牛的家伙。后来，在一个很大的造屋工地上，柳宗元又看到杨潜，只见他发号施令，指挥若定，众多工匠在他的指挥下奋力做事，有条不紊。柳宗元大为惊叹。对这个人应当怎么看？如果把他看成一个"棒槌"弃之不用，无疑埋没了一位出色的工程组织者。这个故事告诉我们这样一个道理：人各有所长，亦各有所短，只要扬长避短，天下便没有不可用之人。

扬长避短是用人的基本方略，其重点应该在扬长。因为人的长处决定一个人的价值，扬长不仅可以避短、抑短、补短，而且能够强化人的才干和能力，使人的才干和能力不断地成长和发展。舍长以求短，智者难为

国学名句集锦

人有所优，固有所劣；人有所工，固有所拙。

——东汉·王充《论衡·书解》

谋。这里需要区分两种情况：一种是"优势"与"劣势"分明的人。受主观和客观因素的影响，人在知识和技能方面的特长具有明显的领域性，一旦离开所适应的领域，这些特长可能变得没有意义。正所谓"骏马能历险，犁田不如牛；坚车能载重，渡河不如舟"。一名职业作家能写出灵动激越的文字，但对图书销售却可能一窍不通。同样，一位营销高手能在图书市场上叱咤风云，但点灯熬夜写出的文字却可能不值几何。用人就要根据人的特长领域区别任用，使其长处得到发展，短处得到弥补或规避。另一种是"优点"与"缺点"并存的人。古人说"有高世之才，必有遗俗之累"。一个有着明显长处和强项的人，也常有明显的短处和弱点。有才干的人往往恃才自傲，有魄力的人容易不守常规，意志坚定的人容易固执己见，为人谦和的人又多胆小怕事。人的优点越突出，缺点往往越明显。用人就要破除"任人唯全"的束缚，用其所长，避其所短。给"虎"一座山，给"鲨"一片洋，让其长处和优势得到充分发挥。而不能把无伤大雅的毛病看重，无关痛痒的问题看大，无足轻重的缺点看死，更不能削足适履。

日本松下电器创始人松下幸之助说，能看出部属长处的人是非常幸福的。光自己一个人能干，能做的事情毕竟是有限的。即使是个卓越超群的人，也无法胜任所有的事情。唯有知人善任的管理者，才能完成超出一己之力的事情。在用人所长的同时还要容其所短，特别是人的某些失误或过错。接受任务者在完成任务的过程中，由于种种意想不到的原因，任务完成得不够好，或偶尔出现失误在所难免。对于一些方法上的过失，要用宽容心来包容，帮助其总结经验教训，避免再犯同类错误。一出现失误就任意指责、简单处罚，接受任务者就会变得谨小慎微、畏葸不前，甚至会激化矛盾，影响工作。

尺有所短，寸有所长。在阳光下看人，从人的长处着眼，才能用好更多的人。谁要是指望找到没有缺点的人才任用，那恐怕就得永远孤军奋战了。

国学名句集锦

人之才行，自昔罕全。苟有所长，必有所短。若录长补短，则天下无不用之人；责短舍长，则天下无不弃之才。

——唐·陆贽《请许台省长官举荐属吏状》

制度引导，四两拨千斤

> 非能使人弗欲，而能止之；非能使人勿乐，而能禁之。（《淮南子·精神训》）
>
> 执政者不能使人没有欲望，但能使他们适可而止；不能使人不追求吃喝玩乐，但能适当地禁止他们。意思是，消灭人们的欲望是不现实的，但可以加以控制和引导。

《左传》中记载这样一个故事：

离鲁国都城南门数里路的地方，有一大片芦苇荡，周围又有很大一片草地和树林，野生动植物都很多。初冬时，鲁国有人在这一带打猎。为了驱赶草丛和芦苇荡中的野生动物，有人一时兴起，竟然不顾后果地烧起了一把火。谁知火势很大，很快蔓延开来，加之北风强劲，火借风势，不断地向南扩展，眼看就要烧到都城，形势一分危急。

正在宫中歇息的鲁哀公闻报，吓得赶紧从床上爬了起来，来不及准备车马，急忙率人前去救火。待他们赶到火场一看，却发现尽管火势很大但并没有人去救火，却见不少人忙于追逐那些从火海中奔逃出来的野生动物。

鲁哀公一看这种情形，心中万分焦急，却又手足无措，不知道该怎样应付这乱哄哄的场面，只好派人去召请孔子，任命他为救火总指挥，向他请教救火之策。

孔子应命而至，见到鲁哀公，便立即将他在路上想好的办法告诉了鲁哀公。他说："主君，大火之所以没有人去救，这是有原因的。主要是因为救火很苦、很险却没有奖赏，而那些追逐野生动物的人却能得到实惠，又很快乐，而且没有人会去处罚他们。您想，这样怎么可能救火呢？"

鲁哀公忙着追问道："那么到底怎么办才好呢？"孔子说："现在事情非常紧急，来不及论功行赏，何况也没有那么多的钱去奖赏所有救火的人。目前最好的办法是用'罚'，谁不去救火就重罚。"鲁哀公听了，连连称好，便让孔子代为颁布命令，说："不去救火的人，等于战场上的逃兵；追逐野生动物的人，等于闯入了禁地。犯有这两种罪，均格杀勿论！"

这项命令一下，众人便争先恐后地去救火，切断了继续向南蔓延的火路。不久，大火就被扑灭了。

众人为什么会这么积极地救火呢？并不是他们的觉悟一下子提高了，而是因为救火成了每个人无法推卸的责任，不救火即受罚，这让他们实实在在地感到了恐惧。调动人的积极性有很多办法，要根据具体情况灵活运用，何时用奖励，何时用惩罚，关键是制度要合理。

再看一个有趣的外国故事。18～19世纪的英国经常要把大量犯人运送到澳大利亚，起初是按上船时犯人的人头给私营船主付费。私营船主为了牟取暴利，便不顾犯人的死活。每船运送人数过多，造成生存环境恶劣，加之船主克扣犯人的食物，囤积起来以便到达目的地后卖钱，使得大量犯人在中途就死去。更为严重的是，有的船主一出海就把犯人活活丢进

国学名句集锦

腓大于股，难于趣走。

——《韩非子·扬权》

大海。后来，英国政府为了降低犯人的死亡率，制定了新的办法和制度。他们重新规定，按照到达澳洲活着下船的犯人数量付费。于是私营船主绞尽脑汁、千方百计让尽可能多的犯人活着到达目的地。于是，后期运往澳洲的犯人的死亡率变得相当低，最低时只有1％，而在此制度实施之前的死亡率最高竟达94％。

这是制度经济学中常举的例子，它简单而深刻地告诉我们，调动人们的积极性，要靠合理的制度。制度合理了，事半功倍；制度不合理，事倍功半。

联系到党政工作上，怎么调动干部积极性，也是一个很值得探讨的问题。

比如，干部交流就是一个好举措。受体制机制和管理权限的局限，一般干部穷其一生也跳不出一个单位一个科室，使得阅历单纯，经验欠缺，很少有机会可以转换岗位、转变角色。推行干部交流是广泛发现人才和了解干部优劣势的一条有效途径。一般来讲，上级干部政策理论水平高，但缺乏基层实战工作经验。基层干部实战经验丰富，但在政策理论上有所不足。部门干部业务很精熟，对政策理论和基层实践却很陌生。让上下左右的干部相互流动起来，可以更好地优势互补、相互促进。加强干部交流可使干部得到多方面的实践锻炼，特别是多种环境、多个岗位的磨练，是增强个人能力的有效途径。

古人云："流水不腐，户枢不蠹。"人才交流可促使经历丰富，才干增长；工作因为交流可促使思路转换，辟出新境。实践证明，凡是干部交流工作搞得好的地方和部门，干部成长一般都比较快，对地方的发展也会产生积极作用。推行干部流动的制度化，可以不断保持干部对工作的新鲜感，从而最大可能延长绩效上升期。

国学名句集锦

用人之知去其诈，用人之勇去其怒，用人之人去其贪。

——《礼记·礼运》

放权任人，君逸臣劳

　　既已使之统，而又以不测之恩威，唯一时之功罪以行赏罚，则虽得其宜，而纲纪先乱。（清·王夫之《读通鉴论》）

　　你既然派他统帅其事，而又常常用他料想不到的恩威，根据他一时的功罪进行赏罚，这样即使有时收到点效果，却先把纲纪搞乱了。这段话意思是说，既然授权于人，就不要从中掣肘，处处干涉。

　　贞观年间，唐太宗李世民问大臣房玄龄和萧瑀说："你们认为隋文帝是一个什么样的皇帝呢？"

　　两人想了一会儿，回答说："隋文帝能够很好地约束自己，使自己的行为符合礼的要求。他勤于为政，每次上朝，常常要拖到太阳西下的时候才退朝休息。朝中五品以上的大臣，他都要和他们一起讨论政事；担任宿卫的人，他都要和他们一起吃饭。隋文帝的品行虽然不能说是仁爱英明，也算得上是励精图治的君主了。"

国学名句集锦

　　一人聪明而不足以遍照海内，故立三公九卿以辅翼之。

——《淮南子·修务训》

李世民听完，微微笑了笑，说："公等只知其一，不知其二。隋文帝这个人极其明察，可是心术不正。心术不正就会考虑不周，本性明察又容易多疑。他自己是通过欺凌前朝的孤儿寡母才得到天下的，认为所有的臣子都不可信任，什么事都要自己决定。这样一来，虽然他费尽了心思，累垮了身体，却仍然做不到事事合理。朝臣既然已经知道了主上的为人，也就不敢再说真话了。从宰相以下，大臣们只是接受命令罢了。朕却不这样想。天下如此之大，怎么能靠一个人的思虑来治理呢？朕正在广选天下的贤才，让他们来做天下的事情。朕信任他们，同时督责他们，让他们成功。如果他们能够各尽其才，天下便可以治理好了。"

李世民的意思是说，皇帝一个人再英明，也没有三头六臂，治理天下要靠尽职尽责的百官。

现实中，有些领导能力很强，他经常觉得："我可以自己做，我也能做得比任何人都好。"这样的态度其实有很多问题。因为你没有三头六臂，你要做的事太多了，这样你的工作品质就不可避免地会出问题。学习授权能帮助你解决这个问题，而且让你集中精神在最擅长与最喜欢做的事情上。如果你不懂得授权，别人也没法让你知道他们的专长在哪里。从某个角度来说，你以自己之能剥夺了别人施展才能的机会，又是对下属的一种伤害。

优秀的领导应该做唐僧，驾驭孙悟空等英雄；如果他做孙悟空，事事亲力亲为，则下属很可能是猪八戒。领导要懂得放权，其积极意义至少有以下几个方面：

一是可以充分调动部属的积极性，使部属放开手脚干工作。

二是可以克服部属对领导的依赖思想，激发其创造精神，提高独立工作的能力。

三是减少请示报告等工作程序，可以提高工作效率。

国学名句集锦

能者进而由之，使无所德，不能者退而休之，亦莫敢愠。

——唐·柳宗元《梓人传》

四是可以使领导者从"事必躬亲"中解放出来，集中精力抓好大事。

能否做到放权用人，反映了一个领导者是否相信部属。有的领导者做不到放权用人，关键问题是对部属不放心，怕部属乱用权力，怕部属把事情办糟等等。对人有怀疑你就不要任用，用了你就不要怀疑，这也是用人的起码道理。所以，要做到放权用人，就要解决好相信部属的问题。

能否做到放权用人，也反映了一个领导者能否正视手中的权力。一方面，有的领导者把权力看作个人的私有财产，作为牟取私利的手段，因而把得紧紧的，"寸权必留"，这是非常错误的。任何一个领导者手中的权力都是人民给的，绝不是个人的私有财产，权力运用得好，把人民的事情办好，人民就会继续赋予你权力，否则，滥用权力，以权谋私，人民定会剥夺其权力。以权谋私，你可以得逞于一时，但不可能长久。另一方面，也有的领导不懂得权力集中与分散的辩证关系，认为做领导的有绝对的权力，才有绝对的威望，也才能把工作干好。实际上，任何事情都充满了辩证法，"过犹不及，物极必反"。权力的集中与分散是相辅相成的，不可走向极端。

那么，怎样做到放权用人，也就是在用人中怎样把握权力的集中与分散之间的度呢？

这里最根本的，就要注意领导和部属之间要各司其职，各负其责。作为一级领导，你的岗位责任是什么，哪些工作该你管，哪些是部属职责范围内的事情，你和部属都各有哪些权力等等，都必须搞明白。该给部属的权力，领导不要占有；该是自己行使的职权，也不能疏忽。主要权力集中在领导手中，部分权力分散给部属，正所谓"大权独揽，小权分散"。各司其职，各负其责，上下形成两个积极性，工作才会形成合力。领导"大权独揽"也好，部属"小权在手"也好，其目的都应该是一个，这就是干好一个集体、一个民族乃至整个国家的事业。

国学名句集锦

善用人者必使有材者竭其力，有识者竭其谋。

——北宋·欧阳修《乞补馆职札子》

启动竞争，人尽其才

表小以励大，赏鄙以招贤，然后良士集于朝，下情达于君也。（东汉·王符《潜夫论·明暗》）

表彰小的人才以激励大的人才，奖励并不杰出的人才以招引杰出的人才，然后优秀人才就都汇集到朝廷中来了，下情也就能通达到君主了。所以，领导干部要善于激发下属的积极性，物质奖励和精神奖励并用，创造一个见贤思齐、千帆竞发的好环境。

用人之术，当首推启动竞争。因为，竞争能够激起人的荣辱感、进取心，给人带来对比的压力、奋斗的动力、竭力夺魁的决心。所以，有人说："竞争是高能加速器，它能使人在碰撞中激发出璀璨的火花；竞争是创造之车的引擎，能使人散发出创新的异彩；竞争是催化剂，它能使各类人才加速'反应'，出现学科大繁荣；竞争是接力赛，可使各家各派同舟共济，攀上科学峰巅；竞争是源头活水，可使英才如不尽长江滚滚来；竞争是策马的鞭，荡舟的桨，鼓风的帆，它将造成万马驰骋，百舸争流，千

国学名句集锦

佐不务多，而务得贤俊。

——西汉·刘向《说苑·尊贤》

帆竞发的奇观。"但是，启动竞争也并非易事，在许多时候，并非利诱、荣辱所能推动的。所以，必须根据竞争的特点和人、事的具体情况，采取恰当的措施，加以启动和引导，在一般情况下，尤其要努力做到下述四点。

一是诱发逞能欲望。一个正常的人，总有某一方面或几方面的能力，其中有些人一旦具有某种能力，便想一试身手；而另有一些人，由于各种原因，暂时甚至永远地"怀才不露"，这就需要一些领导者懂得如何诱发其逞能的欲望，促使其才能显露的重要课题。

诱发逞能欲望，其方法一般有两类，一类是物质的，一类是精神的。物质诱导方法，即按照物质利益原则，通过奖励、工资等杠杆，使其努力工作，积极进取，所谓"重赏之下，必有勇夫"就属于这一种。精神诱导的方法，也有两种，一种是事后鼓励，例如表彰，表扬等；一种是事前激励，即在完成某件工作之前恰当的给予，有时甚至是激烈的刺激或鼓励，使对工作的完成产生强烈的欲望。这样，其求胜心必为成功的意识所支配，使其乐于接受并竭尽全力地去完成。尤其是对于好胜心、进取心比较强的人来说，事前的某次激励要比事后的奖励和表彰的效果更好。

事前激励，一般有两种做法，一是正面激励，二是反面激励。正面激励即从正面说服、正面要求、正面慰勉，并明确事后的奖励政策；反面激励，也就是通常所说的"激将法"，对人的尊严和虚荣心有着强烈的刺激，所以在一般情况下都能成功。

二是强化荣辱意识。人知荣辱，是勇于竞争的基础条件之一。但荣辱意识各有区别，有的荣辱意识特强，"荣则狂，辱则崩"；而有的荣辱意识特弱，几近消失，有的甚至不知荣辱。因此，在启动竞争前，必得强化人们的荣辱意识。

国学名句集锦

将不知兵，以其主予敌也；君不择将，以其国予敌也。

——《汉书·晁错传》

　　强化荣辱意识，首先要激发人的自尊心。自尊心是人的重要精神支柱，是进取的重要动力，自尊心的丧失容易使人变得妄自菲薄，情绪低落，甚至内心郁结不满，从而极大地影响着劳动积极性。但是，事实上，并不是每个人都具有强烈的自尊心，从其表现程度看，存在有三种类型：一是自大型，这是自尊心过强的表现。这种人目空一切，盛气凌人，妄自尊大，以至抬高自己，打击别人；二是自勉型，这是自尊心的一般表现。这种人不甘落后，有上进心，勇于亮明观点，维护自己的意见，勇于承担义务，履行自己诺言，能恰当地看待自己，并能注意尊重别人；三是自卑型，这是缺少或是丧失自尊心的表现，这种人，有的自暴自弃，甘居下游，凡事从命，没有上进心；有的毫无原则，朝三暮四。自尊心与荣辱意识有着密切联系，"自大型"的自尊心者荣辱感极强，而且常常只能取荣而不能受辱，只能"出人一头"，而不能后于人一步，并且其荣辱感往往带有强烈的嫉妒色彩。"自勉型"的自尊心者，荣辱意识也较强，但是这种荣辱意识是建立在自身进取的基础上，而不是带有任何嫉妒的色彩。因此，这是一种健康的，积极的自尊心理。"自卑型"的自尊心者，荣辱意识微弱，有的甚至不知荣辱，近乎麻木。因此，对这一类人必须通过教育、启发等各种办法激发其自尊心，尤其是要引导其认识自身的能力、自身的价值，激发其自强不息。

　　强化荣辱意识，还必须明确荣辱标准，应有个明确的认识。世界上的事情比较复杂，"不以为耻，反以为荣"和"疑为耻辱，实为殊荣"的人大有人在，大有事在。例如，弄虚作假、夸大政绩者，有人认为这是"能人"之举，有人认为这是奸伪之风；据实呈报、实事求是者，有人认为这是"老实无能"，有人认为这是忠实敦厚。再如，为一时"政绩"而不惜牺牲国家利益者，有人认为这是事业心所在，有人却认为这是"千古罪

国学名句集锦

　　量力而任之，度才而处之；其所不能，不强使为是。

——唐·韩愈《上张仆射书》

人"；为维护国家利益而使一城一地利益小受影响者，有人认为这是"取宠于上"，有人却认为这是"公心可掬"。所以，只有分清荣辱界限，才能在竞争中趋荣避辱，得心应手。

强化荣辱意识，还必须注意事业过程中的荣辱体现，使进者荣退者辱、先者荣后者辱、成者荣败者辱、正者荣邪者辱的风气，蔚然成风，则人们的荣辱意识必强，竭力进取之心也必强。

三是给予争强机会。启动竞争的目的是为了人尽其才，发展事业。为达此目的，还必须为每一个工作人员提供各种竞争的条件，也就是工作进取的条件，尤其是要给予每一个人以争强的机会。这些机会：一是尽才机会。即安排适宜的工作，对口的专业，便利的工作条件，较好的工作配合。二是失败复归机会。工作失误或失败以后，给予"东山再起"的条件，以激励其总结教训，使其更加努力。三是进修机会。即在工作中给予学习时间、费用及其他条件，使其在知识更新中不断得到补充，以不断增强其工作能力和竞争能力。四是进取机会。即使其在胜任现任工作的基础上、职务上、职称上甚至学业上能够有所上进，为其一展宏图创造条件，为其实现宏伟抱负铺上台阶。

给予争强机会，必须注意三项原则。一是机会均等原则。即不仅在竞争面前人人平等，而且在提供竞争的条件上也人人平等。这些条件，一是经济条件。凡是工作、科研或学习所需要的费用以及其他开支一律平等满足；凡是事业上的发展，工作中取得的成果一律根据其带来的效益给予平等的报酬。二是政治权利。作为一个公民，毫无疑问，人们应享受宪法规定的同等的权利；作为一个职工，人们也应享受工作单位规定的各种权利。例如，工作权、决策权、建议权、学习权以及选举权和被选举权等。三是选择机会。即人们在可供选择的机会面前是平等的，真才实学是平等

国学名句集锦

无其德而当之，为不智；有其材而辞之，为不仁。

——北宋·苏轼

的唯一尺度。在这一尺度面前，一切关系，门第、地位等都应在扫荡之列。

二是因事而予的原则。社会中职业众多，竞争内容十分丰富，争强机会非常广泛。而一个工作单位中职位有限，事业单纯，争强机会只能随事业发展需要而定，作为领导者虽然应为部属的进取铺平道路，但是方向却是确定的，这就是事业的发展和成功。

三是连续给予的原则。机会的给予不能"定量供应"，也不能"平等供应"，更不能"按期供应"，而必须是在事业发展的过程中，设立一个一个"里程碑"，同时设立一个一个"加油站"，使其每完成一项努力目标以后，接着就能设立另一目标，同时也能获得"能量的补充"，使其在任何时候都能得到进取的机会和条件。

但是，启动竞争不能妨害内部的团结，不能挑起群众斗群众。像晏子"二桃杀三士"那种"激励"法，万万不可施于自己人。

国学名句集锦

诱之以赏，策之以罚，感之以恩。取大节，宥小过，而士无不肯用命矣。

——明·张居正《权谋残卷》

少用权术，多用政策

私术用，则公法夺。（东汉·王符《潜夫论·潜叹》）

执政者的个人权术如果盛行，那么国家的法令就不起作用了。领导要清楚奖励的目的是什么，如果奖励不能促进大家的合作，那这种激励措施就是不恰当的。更不能"挑起群众斗群众"，达到统驭的目的。

齐景公在位时，晏婴担任相国，同朝共事的还有被称为"齐邦三杰"的田开疆、古冶子和公孙接，这三人都异常勇猛。三人还结为兄弟，团结一致，仰仗其功劳和神勇，常口出狂言，十分傲慢无礼。齐国大夫陈无宇与这三人结成一伙，有篡夺齐国大权的野心。

晏婴觉察到他们的阴谋，深感忧虑，他几次都想杀掉他们，又怕齐景公不同意。

一天，鲁昭公带着相国叔孙若到齐国来访问。晏婴陪同齐景公一起设宴招待鲁国君臣。"齐邦三杰"带剑立于堂前。酒至半酣，晏子请大家吃一种珍贵的桃子。鲁国君臣都吃了，分到后来，还剩两个。

国学名句集锦

官无常贵，而民无常贱，有能则举之，无能则下之。

——《墨子·尚贤上》

晏子说："还剩两个桃子，我建议大臣中谁功劳最大，谁就可以吃这两枚桃子。"景公同意了。

公孙接第一个站出来说："我当年跟随大王一道上桐山打猎，力诛猛虎，这功劳够得上吃桃子吗？"

晏子点头同意。公孙接吃了一枚桃子。

这时，古冶子一跃而出，说："我当年曾在黄河斩鱼妖，使大王转危为安，够得上吃一枚桃子吧。"

晏子也同意。古冶子正要吃桃，田开疆跳了出来，不服气地说："我当年奉命讨伐徐国，斩将夺旗，威震诸侯，这功劳难道还够不上吃桃子吗？"

晏子故意为难地说："你的功劳的确超过前二位将军，可是桃子没有了，只好赏酒一杯。你看明天桃子成熟了，再给你补上怎么样？"

田开疆觉得受辱，说："斩鱼打虎，都是小事，尚且能吃到桃子，而我血战疆场，反而吃不到桃子，在两国君臣面前受此大辱，还有何面目活在天地间？"说完自刎而死。

公孙接大惊，也拔出剑说："我们功劳小却吃到桃子，让田君受辱而死，太不仗义了。"说完也自刎而死。

古冶子见状大吼："我们三人亲如兄弟，发誓同生共死，如今我怎么独活？"说完也自刎而死。

用两个桃子逼死三位勇士，这是晏子要达到的目的。作为领导，应该避免下属因争功而激化矛盾的情况。

领导要清楚奖励的目的是什么，如果奖励不能促进合作，使员工间相互"留一手"以使自己获奖，拒绝向别人提供帮助，那这种激励措施就是不恰当的。

团体内部的竞争机制是为了更好地调动员工的积极性，这是不容否认

国学名句集锦

无道人之短，无说己之长；施人慎勿念，受恩慎勿忘。

——南朝·梁·萧绎《金楼子·戒子篇》

的。然而凡事有利有弊，如果一味强调竞争，忽视员工间的合作，那么会使工作群体从基本工作中分心，对工作形成阻碍，制约整个团队的进步。

那么，怎样对员工进行奖励呢？

首先，一有良好的工作表现出现，就予以认可。不要等什么奖励周期。在日常工作中，上级能注意到他们的工作成绩，并经常给予赞赏，这也能让员工心情愉快，受到鼓舞。

其次，鼓励员工相互表示对各自工作的认可，增强协作精神。

最后，对有良好表现的员工都要给予赞赏和鼓励，不要一味地评选"最佳员工"，而伤害了众多员工的积极性。

领导者在工作中，讲究一点领导方法是必要的。但是，工作方法应以开诚布公为原则，而不应以权术维系领导。因为，权术容易造成职工人际关系上的混乱和思想上的混乱，其结果必然是戒备心理、揣测心理，乃至嫉妒心理泛滥成灾，使人们整天在紧张的自我防卫中过日子，在领导者的厚此薄彼中承受痛苦。而如果代之以同事间的以诚相待，则一切戒备和嫉妒将荡然无存，轻松愉快的心理气氛必将自然形成。

历史上的权术，至今在少数领导者身上仍有影响。他们对问题的答复总是是是非非、含糊其词，使部属无所适从，而一旦事成则是其"领导有方"，一旦事败则是"未遵其意"。他们平时对部属笑脸相迎，甚至放任自流，一旦部属有错，则要"砍"要"杀"，置之"死地"。他们一旦发现部属小错，便疑为大错，或则日记小错，累而为大，使部属谨小慎微，惶惶不可终日。他们常派小人察于其间，轻信谗言，使正气受抑。如此种种，不一而足，使人人自危，朝朝惶惑；人尽其才更是无从谈起。

对此，一个明智的领导者应以历史为戒，以实践为鉴，多用政策，少用权术，把人们从"自危"中解救出来，使其轻松愉快地各尽其能。

国学名句集锦

机关算尽太聪明，反误了卿卿性命。

——《红楼梦》

用人如器，各取其长

> 上（唐太宗）曰："君子用人如器，各取所长。古之致治者，岂借才于异代乎？正患己不能知，安可诬一世之人！"（《资治通鉴》）
>
> 唐太宗让封德彝举荐有才能的人，他过了好久也没有推荐一个人。太宗责问他，他回答说："不是我不尽心去做，只是当今没有杰出的人才罢了！"太宗说："君子用人如用器物一样，各取它的长处。古代能治理好国家的帝王，难道是向别的朝代去借人才来用的吗？我们只是担心自己不能识人，怎么可以冤枉当今一世的人呢？"

"用人如器"是李世民用人的一个理念。用人才就如同使用器皿一样，不是要全才全用，而是专才专用。不指望茶壶有铁锅的特长，也不指望铁锅有茶壶的作用。任何一个器皿都不是全能全才的，每个器皿都有其用处与长处。

领导干部选人才，如同厨师选器具，一是要明白每个器具的性能和使

国学名句集锦

使鸡司夜，令狸执鼠，皆用其能。

——《韩非子·扬权》

用领域，二是要搞好搭配，利用多样性让器具之间互相弥补、取长补短，三是要根据实际需要开发新的器具。

人之才情，各不相同。三国时魏人刘劭对此曾作过深入的研究，他在《人物志·材能》中把各种人才概括为"三类"、"十二材"。"三类"即"兼德、兼材、偏材"。也就是德行高尚者、德才兼备者和才高德下者。"十二材"包括①保留清节家，其道德高尚；②法家，善于制定法律；③术家，能机智多变；④国体，其三材兼备；⑤器能，能处理事务；⑥臧否，能明辨是非；⑦伎俩，能精于技艺；⑧智意，能长于解疑；⑨文章，可善于著述；⑩儒学，能笃于修养；⑪口辩，能善于应对；⑫雄杰，其胆略过人，可委以军兵。既然人才各有差别，就当各领其用。因人器使，才能人事两宜，相得益彰；人尽其才，物尽其利。

材无"大小"，各有所宜。人们常论能力大小、才气高低，其实极为片面。如果说，在同一工种或同一业务中比较技术和业务能力之高低，勉强可论，而如果在不同工种和不同业务中比较能力和才智，就不可比。让一个数学教授去做生意，恐怕还不及一个供销员，却不能因此而断定教授无能；反过来，让一个供销员去给大学生们讲解高等数学，恐怕也将目瞪口呆，但也不能据此而断定其愚笨。可以说，社会的进步、事业的发展，离不开各行各业的能手，百业千工，缺一不可。

孔子门下贤人很多，各有其长，而子贡善于辞令。他擅长游说，所谓"动之以情、晓之以理、喻之以利"，能让人家心悦诚服地接受他的意见。有一年，齐国权臣田常作乱，就想转移齐国的军队攻打鲁国。在鲁国国难当头之时，挺身而出不只是子贡一个，但孔子看中的恰恰是子贡——"子路请出，孔子止之。子张、子石请行，孔子弗许。子贡请行，孔子许之。"可见他深知子贡的长处，这就是用人如器。

国学名句集锦

人各有能，因艺而任。

——《后汉书·张衡传》

　　庄子有一个朋友叫惠施。有一次，他与庄子在一起交谈，说他用国君赐给的种子，种出了一个大葫芦。匠人加工成了容器，容量五十斗，用来盛浆，担心容易破碎；纵剖成瓢，舀水舀汤都用不了那么大。这么大的葫芦，大而无用，空空枉然，他干脆一下子打破，扔了。庄子听完之后说，你只会用小器，而不会用大器啊！你的大葫芦容量五十斗，真算是大器，为什么不掏空内瓢，做成小舟去漂游江湖，倒去担忧其大而无用？看来，还是你的思路有问题啊。惠子听后无言以对。

　　"世无废物，人无废人"，世间万物皆有其用。有些人看起来无用，实际上是人们未识其可用之处。在某种条件下，他可能显得"无用"，而在另一种条件下，却可能是不可缺的能手。这里所指条件，一是时之不同。这里所指的"时"，一为时机，即时机未到，待而观望，时机一到，立露身手。二为时间，人之成长是一个时间过程，时间不至，才识不熟，难以为用，而一旦时至成熟，则可能胜任愉快。三为时势，太平盛世，可显露许多治世良才，而难以发现兵战良将；相反，纷战乱世时才可显露许多兵战良将，可又较难发现治世良才。毛遂自荐之前，不仅长期闲而无用，而且食则要鱼，出则要车，其欲难足。而自荐以后，却于急难之中立有大功，使人刮目相看，视为天才。二是识之不同，用之不同。未识其能，视为无用，而识之其能，则可能视为"大才"。而且，识其一面仅知其一面之能，识其全面则知其全面之能。诸葛亮闲居隆中时躬耕陇亩，如果不为刘备所识，恐怕也不会"三顾茅庐"，至今也不会在世上流传一个聪明智慧的象征——诸葛孔明。

国学名句集锦

　　一人之身，才有长短，取其长而不问其短。

——北宋·王安石《委任》

用人要当其时、当其壮

> 用人之道，当自其壮年心力精强时用之。(《金史·世宗纪》)
>
> 这句话是说，要注意掌握人才发挥作用的最佳时机并及时任用。任何物质产品都有保鲜期、保质期，人才同样存在一个保鲜期、保质期的问题。

古人讲："用人当其时，用人当其壮。"对于人才，应当在他们处于精力的最高峰、进取心的最高峰和创造力的最高峰时委以重任，把他们用好、用足、用活，这样才能取得最佳的人才效益。

我们先看一个故事：

汉武帝有一次路过宫门口，看到一位头发全白的老人，穿着很旧的服装，在门口十分认真地站岗。汉武帝问老人："先生是否早任此郎官之职？为什么年纪已老还做郎官？"

老人答："我姓颜，名驷，江都人。从文帝起，经三朝一直担任此职。"

汉武帝问："你为什么没有升官机会？"

国学名句集锦

猛虎在深山，百兽震恐；及在槛阱之中，摇尾而求食。

——西汉·司马迁《报任少卿书》

颜驷答："汉文帝喜好文学，而我喜好武功；后来汉景帝喜好老成持重的人，而我年轻喜欢活动；如今您做了皇帝，喜欢年轻英俊有为之人，而我又年迈无为了。因此，我虽然经过三朝皇帝，却一直没有升官，只好老死郎署。"

这位老郎官几十年如一日，一直坚持从事看门工作，待遇也一直不高，却能忠于职守、兢兢业业地埋头工作，汉武帝十分感动，立即升颜驷为会稽都尉。

现实生活中，这种现象并不鲜见：求全责备者有之，因瑕掩瑜者有之，责短舍长者有之，认为二三十岁的人太嫩、不成熟，认为三四十岁的人太冲、骄傲自满，认为四五十岁的人太老且保守、因循守旧。如此这般是永远发现不了、使用不好人才的。须知，人才成长有很强的时效性，错过几年就把人才耽误了。所以说，一个领导者用人才要讲究时效性，要用当其时，抓住最佳年龄段，及时把人才放到重要岗位上锻炼，给他们出题目、交任务、压担子，这样才能用好用活人才，才能既出经济效益又出社会效益。

青年人最肯学习，最少保守思想，历来是社会中最有朝气、最富有创造性、最富有开拓精神的群体。"自古英雄出少年"，这是从社会进步史、科技发明史中得出的结论，也是人才成长的一般规律。大器晚成者当然也有，但只是特殊领域中的特殊现象。当今世界，在科技更新周期最快、竞争最激烈的领域中，如信息技术、软件技术、网络技术、基因技术等领域，领军人物大多是青年才俊。毛泽东曾说过，老先生们最不喜欢的是狂妄，殊不知许多惊天动地的大事情，都是被戴着狂妄帽子的年轻人干出来的。

衡量一种人才体制和政策是不是先进、优越，关键是看它能不能早出

国学名句集锦

识时务者在乎俊杰。

——《三国志·蜀书·诸葛亮传》

人才、多出人才、出拔尖人才。当今改革创新的社会大背景为优秀人才的涌现提供了众多的机会，开辟了广阔的舞台，各行各业都有大批青年才俊脱颖而出，许多中老年人才也焕发青春，整个社会的活力大大增强。然而，在不少地方仍然沿袭着"追补性"的人才政策。当一个人才最具创造活力、最能干事、最需要支持时，却得不到必要的支持，要"帽子"没"帽子"，要经费没经费，要条件没条件。而当他已过了创造力的高峰期之后，名分、地位和各种优惠政策却落到了头上，可惜此时他已失去了创造的冲动，即使心有余也力不足了。这种"补了旧账又欠新账"的办法，弄得两头都不高兴，政策效益很难体现出来。

国学名句集锦

时未至而为之，谓之躁；时至而不为之，谓之陋。

——明·刘基《郁离子》

既察其能，亦识其性

用人必考其终，授任必求其当。（明·张居正《张太岳集》）

用人必须考察他的全部历史，授人职位一定要求能力与职位相适应。考察一个人，不仅要看他能力大小，还应考虑其性格特点，以求把他们放到最适当的位置。

春秋末年的著名富商陶朱公原名范蠡，在帮助越王勾践打败吴王夫差以后，功成身退，转而经商。后来辗转来到定陶地，被人们称为"陶朱公"。他谋划治国治军的功夫厉害，经商赚钱的本事也不差，渐渐成了大富翁。后来他的二儿子因杀人被囚禁在楚国，陶朱公想用金钱赎回二儿子的性命，于是决定派小儿子带着许多钱财去楚国办理这件事。

长子听说后，坚决要求父亲派他去。他说："我是长子，现在二弟有难，父亲不派我去反而派弟弟去，这不是说明我不孝顺吗？"并声称要自杀。陶朱公的老伴也说："现在你派小儿子去，还不知道能不能救活老二，却先白丢了长子，可如何是好？"陶朱公不得已就派长子去办这件事，并

君子尊德性而道问学，致广大而尽精微，极高明而道中庸。

——《礼记·中庸》

写了一封信让他带给以前的好友庄生，交代说："你一到之后，就把钱给庄生，一切听从他的安排，不要管他怎么处理此事。"

长子到楚国后，发现庄生家徒四壁，院内杂草丛生，按照父亲的嘱咐，他把钱和信交给了庄生。庄生说："你就此离开吧，即使你弟弟出来了，也不要问其中的原委。"但长子告别后并未回家，而是想：这么多钱给他，如果二弟不能出来，那不是吃了大亏？欲留下来听候消息。庄生虽然穷困但却非常廉直，楚国上下都很尊敬他。陶朱公的贿赂他并不想接受，只准备在事成之后再还给他，所以那些钱财他分毫未动。陶朱公长子不知原委，以为庄生无足轻重。

庄生向楚王进谏，说某某星宿相犯，这对楚国不利，只有广施恩德才能消灾。楚王听了庄生的建议，命人封缄府库，实行大赦。陶朱公长子听说马上要大赦，弟弟一定会出狱，而给庄生的金银就浪费了，于是又去见庄生，向庄生要回了钱财，并暗自庆幸。庄生觉得被一个小孩子欺骗，很是恼怒，又进宫见楚王说："我以前说过星宿相犯之事，大王准备修德回报。现在我听说富翁陶朱公的儿子在楚杀人被囚，他家里拿了很多钱财贿赂大王左右的人，所以很多人都说大王并不是为体恤社稷而大赦，而是由于陶朱公儿子的缘故才大赦啊。"楚王于是下令先杀掉陶朱公的次子，然后再实行大赦。结果，陶朱公的长子只好取了弟弟的尸首回家。

长子回家后，陶朱公大笑说："我早就知道他一定会杀死你弟弟的！你并非不爱弟弟，只是因为你年少时就与我一起谋生，手头不宽绰，所以吝惜钱财，而小儿子一出生就看见我十分富有，所以轻视钱财，挥金如土。以前我要派小儿子去办这件事，就是因为他舍得花钱啊！"

这个故事，实际上反映了用人不当的问题。对领导干部来说，选好人、用对人是头等大事。考察一个人，不仅要看他能力大小，还应考虑其

国学名句集锦

置将不善，一败涂地。

——《史记·高祖本纪》

性格特点，而性格往往和他的出身、经历有一定关系。没有深入了解一个干部，就贸然把他放在关键的位置上，不出事则已，一出事可能就是大事。

当然，性格没有绝对的好坏，陶朱公的大儿子生性节俭，让他去"散财"，给他钱他都不会花；如果让他做财务审计工作，可能还是个好干部呢。

三国刘劭在《人物志》中举例说，执政刚猛威严的人适合讨伐叛乱，让他们治理民生，就会对百姓残暴不仁。领导的职责就是发现人才，把他们放到适当的位置，以使他们的才能充分得到发挥。

国学名句集锦

因其材以取之，审其能以任之。

——《贞观政要·择官》

使功不如使过，令其效命自勉

任人之长，不强其短；任人之工，不强其拙。（《晏子春秋·内篇问上》）

用人取他的长处，对其短处不予苛求；用人取他的优势，对其劣势不予苛求。谁都会犯错误，不要抓住他的过错不放，给他改过的机会，他也许会有超水平的发挥。

一般用人者，都希望手下之人有功，不容其有过。然而善于用人者，却能利用手下人的过错，化消极为积极，充分调动手下人的积极性。唐高祖李渊便是如此。

李靖青年时就颇有文才武略，他常对亲近的人说："大丈夫若生逢其时，遇到明主，必当建功立业，以取富贵。"他的舅父韩擒虎号称名将，每次与他谈论军事都连声称赞，抚着他的后背说："能和我在一起谈论孙子、吴起兵法的，只有这个人啊！"

李靖初仕隋，任长安县功曹，后任驾部员外郎。左仆射杨素、吏部尚书牛弘都与他很好。杨素曾经抚摸着自己的坐椅，对他说："你终究会坐

国学名句集锦

人非圣贤，孰能无过！过而能改，善莫大焉。

——《左传·宣公二年》

在这个位置上。"

大业末年（618），李靖任马邑郡丞。适逢唐高祖李渊在塞外攻击突厥，李靖访察高祖的行动，知道高祖有夺取天下的大志，便要向隋炀帝密告李渊预谋造反的事。他前往江都（今江苏扬州）的途中，在长安（今陕西西安）因道路阻塞而停滞。高祖攻破京城长安，擒获了李靖，要将他斩首，李靖高喊道："您起义兵，本来是为天下人除暴乱，想成就大事业，却因为个人恩怨而要斩杀壮士吗？"高祖认为他的言辞雄壮，李世民又坚持为他说情，于是高祖就饶恕了他。不久，李世民将李靖召入幕府。

武德二年（619），李靖随李世民讨伐王世充，因立下大功授开府之职。当时，萧铣占据荆州（治所在今湖北江陵），高祖派李靖前去招抚他。李靖率轻骑兵抵金州（治所在今陕西安康），遇到南方少数民族首领率领的数万义军与庐江王李瑗对阵，并屡次被李瑗击败。李靖为李瑗设计攻击义军，多次取胜。李靖率军到达硖州（一作峡州，治所在今湖北宜昌），被萧铣领兵阻遏，长久不能前进。高祖因为李靖在中途长时间滞留而大怒，暗中命令硖州都督许绍将李靖斩首。许绍爱惜李靖的才能，为他请命，于是李靖才得以免除死罪。适逢开州（治所在今重庆开县）义军首领冉肇则造反，率领义军进攻夔州（治所在今重庆奉节县东），赵郡王李孝恭与义军交战失利。李靖率领八万精兵，突袭义军营寨，然后又在地势险要之处设下埋伏，将义军首领冉肇则斩首，俘获义军5000余人。高祖闻讯，非常高兴，对众朝臣说："我听说，使功不如使过，李靖果然发挥了他的重要作用。"于是，高祖降旨慰劳李靖说："你竭诚尽力，功劳极其显著。我远在都城，已看到你的至诚之心，特予赞扬、奖赏，请勿担忧不得富贵。"又亲笔给李靖写书信道："我对你既往不咎，过去的事，我早就忘了。"李靖接到嘉奖诏书及高祖的亲笔信之后，深受感动，更加竭忠尽智

国学名句集锦

忘其前怨，取其后效。

——《三国志·吴书·吴主传》

报效国家，以谢高祖知遇之恩。

"使功不如使过"是一条值得借鉴的用人之道。有的人才缺陷很明显，明显到简直让人接受不了的地步，甚至因此而被弃之不用。其实我们只是看到了人才的缺陷一面，没有看到人才的优点一面。大凡人才普遍都有峰高谷低，缺陷和优点都很突出。所以聪明的领导干部会巧妙地避开人才的缺陷，或者抑止他的缺陷发挥作用，而用好他的优点，发挥他的优点。

某市有个水泥厂，运营管理紊乱，濒临倒闭。市里从外地引进一个懂运营会管理的人才任厂长，一年时间就使这个水泥厂大变样，不但走出了困境，利润翻着跟头往上涨，职工的生活也改善了。可是这个厂长有一个缺陷，爱骂人，敢顶撞主管领导，甚至连市长也不放在眼里，结果不到两年就给免职了，换了一个听话的厂长，结果厂子的经济效益急速下滑，又回到了倒闭的边缘。没办法，市主管部门指导带着这个水泥厂的厂长等人到山西一个著名大水泥厂参观学习，没想到出来接待他们的正是被他们免职的那个厂长，弄得他们很尴尬。原来那个厂长被免职后，被招聘到山西这个大水泥厂任厂长来了。

所以说，宁可用那些有缺陷的人才，也不要用那些看似完美无缺的庸人。

国学名句集锦

其覃恒等所统军，就仰高伟管领，戴罪杀贼立功自赎。

——明·王守仁《案行漳南道守巡官戴罪督兵剿贼》

良将驭兵，各有不同

> 　　明白之士，达动之机，而暗于玄虑；玄虑之人，识静之原，而困于速捷。（三国·魏·刘劭《人物志·九征》）
>
> 　　反应机敏的人，能够随机应变，却不能做到深思熟虑；深思熟虑的人，能够静思事物的源头，却不善于快速行动。汉代名将李广和程不识就是这两种类型的人。

　　聪明的人大致可分为两种：聪明外向和沉思内秀。聪明外向的人说了就做，办事干脆利落，迅速果断，手段娴熟老辣，绝不拖泥带水。缺点是较少进行深入细致周密的思考，凭直觉、经验和性情办事的成分稍重，因本人有力量，也聪明，算得上是有勇有谋，但总的来说勇多于谋，深思熟虑较少。这样办事难免有顾及不到之处，也有可能忽略了某些轻微细节而埋下隐患。

　　沉思内秀的人长于思考，出谋划策兼顾方方面面，给人行事细密周全的感觉。他们做事不像聪明外向的人那样轰轰烈烈，但能按部就班地把事情推到胜利的台面上。缺点是机敏果断不足，缺乏雷厉风行的作风，身手不够敏捷。可能会因过于求稳而丧失机会。事无巨细，都会留心，但又知道轻重缓急，虽比较小心，但大事情上不糊涂，能把握方向。

这两种人都有开疆拓土、勇力进取的能力，前者以勇敢闻名，后者以稳重著称，做事风格虽不尽相同，但都是独当一面、办事稳妥的将才。

西汉名将李广生得一双猿臂，精于骑射。一次率百骑突击于大漠之中，追杀三个匈奴射手。大漠沙如雪，溯风凛冽，旷野驰骋，李广一马当先，独弓射杀二人，生擒一人，返回途中与数千匈奴兵不期而遇。汉兵一时大惊，立时想在大敌广漠前逃奔。李广急忙拦住说："大漠旷野，如何逃脱得了性命？不如留在这里，他们反而会起疑，不敢贸然进攻。"

李广率百骑大模大样地进到离匈奴兵二里处，命兵士下马休息。匈奴兵素闻李广勇名，疑惧未定，不敢出击。有白马将走出匈奴阵列，李广飞身上马射杀之，归队后命兵士们歇马解鞍，卧地而息。

由日暮相峙到半夜，燕山月似钩，旷野静默，匈奴兵终不敢击，又怕中埋伏，竟悄悄撤退了，让李广将士得以全身而还。李广勇猛善战又会用兵，而且体爱下属，所得赏赐全部分赠部下，领兵四十余年，家无余资。行军打仗没有严格的命令约束，宿营时人人自便，不设岗哨，但从未遭到袭击。兵士部属们都愿意为他效死命。

与李广同时的程不识也是边关名将，以治军严厉著称。行军打仗纪律严明，号令整齐，宿营时多设岗哨，兵士不得乱走，因而也不曾遭到袭击。程不识说："李广治军很简单，但如果敌兵突然发难，恐难以自保，但军士却能因其宽松仁爱而死命以效。我治军虽然严肃紧张，少了活泼气，兵士也不自由，但能团结凝聚，从不懈怠，听令而动，因此敌人也不敢侵。"相比之下，匈奴兵更怕李广，兵士们也以随李广为乐，而苦从程不识。

国学名句集锦

所贵惟贤，所宝惟谷。

—— 东汉·张衡《东京赋》

　　司马光在《资治通鉴》里评论道：治军以严为首，如无制度约束，就太凶险。李广让士兵自由活动，以他的才能胆识，可以这样，但其他人则不可这样。效法程不识，虽然无功，但不会失败；效法李广，又无李广之才，则祸患暗生，不被敌人击败，就会因内讧而败。

　　看他们的行动风格可以判断，李广称得上聪明外向的人才，程不识属于沉思内秀之人。他们都是当时名将，都能建功杀敌，但二人结局并不一样。士卒苦于程不识，但程不识因严谨自律，最后官至太中大夫。李广骁勇善战，立功无数，名震天下，因不服老，随大将军卫青出战匈奴时迷失道路，没能按预定计划与卫青合围匈奴，致使单于夜遁逃。按军法，失期当斩。回京途中，李广喟然长叹："广年六十余岁矣，终不能复对刀笔吏。"于是拔刀自刎而死。士卒百姓皆为之涕泪。到李广的孙子李陵投降匈奴，李氏一族名败声没。

国学名句集锦

才有大小，故养有厚薄。

——北宋·苏轼《滕县公堂记》

等距交往，一视同仁

虽爱而不赐以过分之赏，虽旧而不授以非据之官，虽亲而不交以亵渎之谈。（元·张养浩《三事忠告》）

这句话是说，君王应该从长计议，对于宠爱的臣子，不给予过分的赏赐；对于长久跟随身旁的臣子，不随意授以官职；对于亲戚好友，不可因太熟悉而随便说话。作为领导，就要公道正派，光明磊落，不要拉帮结派，搞小圈子，否则就把社会的风气搞坏了。

领导干部与群众要"零距离"沟通，才能建立深厚感情。但与部属则要"等距离"交往，做到处事公道正派。

据《汉书》记载，汉文帝赶往京师即位，周勃半途迎接，请求私下交谈。侍卫左右的宋昌当即道："所言公，公言之；所言私，王者无私。"意思是说，上下级是工作关系，没有"私言"与"私谊"。

在现代的用人环境下，不仅领导者能够"选择"下属，下属同样也能够"选择"上司；不仅领导者能够"控制"下属，下属同样也能够巧妙地

国学名句集锦

交不为利，仕不谋禄。

——三国·魏·嵇康《卜疑》

"控制"上司。由于现代领导活动日趋复杂和被领导者的素质大幅度提高，上下级关系呈现出"双向选择"和"双向控制"的新特点，迫使各级领导者在尽力掌握高超用人艺术的同时，也必须非常"重视"如何在下属心目中"塑造"自己的理想"形象"，千方百计去建立良好的人际关系。因为他们知道，假如做不到这一点，即使你掌握了再高超的用人艺术，也会无济于事。

而要做到使自己尽量"接近"下属心目中"理想"的领导形象，有效建立互相信任、互相体谅的良好上下级关系，就必须使每个下属确信，"我们"的领导者是公道正派、光明磊落的。作为一个地区、一个单位、一个部门的"内核"，领导干部对谁都应一视同仁，而不应有明显的亲疏远近。因而这样的领导者，是可以为大家办事的，他是"属于"我们大家的。与此相反，倘若大家发现（哪怕仅仅从表象上"发现"）领导干部与某几个下属格外"亲近"，谈话办事表现出明显的"倾向性"，那么，领导者在大家心目中的"可信"程度就会一落千丈。因为大家完全有理由怀疑，他已经不属于"我们"的，而只属于"某几个"亲信的了。鉴于此，"等距接触原则"便产生了。

所谓"等距接触原则"，就是指在用人行为中，领导者应该凭理智控制和约束自己的行为，与所有的下属保持等距离接触，秉公办事，不徇私情，做到"公事以外才是朋友"，秉公办事，不仅是每个领导者应具有的美德，也是正常从事领导活动的必备条件。应该看到，人是有感情的高级动物，人性的弱点就是在社会活动中很难不"掺杂"自己的感情因素。即使最老练最富有才华的政治领袖，也无法超越个人的感情因素。对于中、低层次的领导者来说，由于他们比高层次领导者有更多的时间用来和广大群众直接打交道，因此，力求避免和其中一部分下属交往过于密切，尽力

国学名句集锦

一视而同仁，笃近而举远。

——唐·韩愈《原人》

防止产生有碍于正常从事领导活动的"私人感情"，就显得很有必要了。

为了避免引起下属之间不必要的猜疑和误解，避免在同下属的"工作关系"中掺杂进多余的"私情"，坚持等距接触原则，是精明的领导者自觉采取的一条处人良策，也是公正合理地使用下属的首要前提和重要保证。正如一位经验丰富的基层领导者所说的那样："我也是人，我不能不和人接触。既要接触人，就难免在接触时间和接触次数上出现人际间的'不均衡'，在接触面上考虑得'不周全'。但有一条我敢保证：在接触距离上，我跟谁都一样；在工作范围内，我对谁都不讲私情！"这个领导者说得很好，他的这番话，等于给等距接触原则作了一条有力的注释。

事实上，等距接触，包含的内容十分丰富，其中不乏富有哲理的深层含义。感情上的距离，是不能以接触时间和接触次数的多少来衡量的，在法定的工作时间里，领导者只与下属发生工作接触，哪怕这种接触与某甲仅发生一次，而与某乙却发生了十次，那也是"正常"的等距接触！

让"私情"到公事范围以外去发泄、流露、交融。当着众人的面，领导者在使用下属时，哪怕对某甲或某乙"显露"出半点"私情"，也会激起大家的嫉妒和猜疑，做"私情"的俘虏，成不了优秀的领导者。

在众人面前对某甲"亲"，很可能诱发一部分人对他的嫉妒，也可能"启发"另一部分人对他的趋从；当着大家的面对某乙"疏"，很可能激起一部分人对他的同情，又可能招致另外一些小人对领导者的蔑视……聪明的领导者，是不会让自己对下属的亲疏远近影响到自己的人际关系，进而影响到工作关系，甚至影响领导活动（包括用人选择）的。

在处理下属之间的纠葛和矛盾时，有时候即使领导干部严格按照原则办事，还是难免遭到"吃亏"者的猜疑和不信任。假如你平时就违背了等距接触原则，让大家都"看出"你对下属有亲疏之别、远近之分，那你又

―――――――――― 国学名句集锦 ――――――――――

于人无贤愚，于事无大小，咸推以信，同施以敬。

——唐·刘禹锡《名子说》

怎能心情坦荡、从容不迫地去处理与下属之间的纠葛和矛盾呢？

有的领导者想出了这样的"聪明"办法：在解决下属之间的矛盾时，故意"偏向"和自己关系疏远者，"惩罚"和自己关系亲近者，以此来"显示"自己的"公道正派"。谁知道，其结果却适得其反，不仅疏者不领情，亲者也不服气，最后落了个"猪八戒照镜子，里外不是人"。由此得到启示：等距接触，是在和下属长期相处中形成的一种"感情均势"，绝非事到临头才急忙培植起来的虚假"装饰品"。

结交"公事以外的朋友"，也应该防止"私情"泛滥和渗透到公事以内去。从理论上说，公事内外是能够区别和划分的，但在实践中，这种严格意义上的区别和划分是很难做到的。因此，从这个角度上说，提倡等距接触，还应该警惕"公事以外"培植的"私情"的失控，尽力防止某些擅长此道的下属，利用公事以外的私情，来不知不觉地影响和左右公事以内的事态发展。

习近平总书记强调，在公与私问题上，尤其要心存敬畏，不要心存侥幸，把住"公权为民，一丝一毫都不能私用"的原则。对领导干部来说，最容易被人诟病的一点，便是在部属中搞"人分远近、事分亲疏"那一套，不公正地待人处事。与部属"等距离"交往，要求领导干部时刻秉持一颗公心，在涉及人事调整、利益分配、奖惩处理等工作中做到一视同仁、公正公平。只有严格遵守工作制度和流程，依纪依法办事，不讲亲疏好恶，不留"后门"，才能做到"一碗水端平"。

在现实生活中，许多领导者为了遵照等距接触原则办事，都根据自己的不同"个性"，分别采取了风格迥异、内容不同的处人方式。他们有的在上班时间里，尽量减少与下属的非工作性接触；有的在处事用人过程中，严格按照下属的德才条件进行决策，从不考虑与自己的亲疏关系；有

国学名句集锦

以骥待马，则马皆骥也。

——明·方孝孺《深虑论十》

的给自己立下一条规矩——不到任何下属家里吃吃喝喝；有的严肃地对来访者说，工作上的事，请到办公室去谈，不要找到家里来；还有的严格将"关系"和"工作"区分开，别看平时和下属关系不错，到了关键时刻照样公事公办，"翻脸不认人"……这些行为方式，尽管有的巧妙，有的笨拙，有的灵活，有的死板，但都能看出，这些领导者是十分"信奉"等距接触原则的。

周恩来总理是有效地运用等距接触原则的楷模。在他半个多世纪漫长的革命生涯中，他广泛接触了无数知名或不知名的各界人士。他待人既热情周到、温文尔雅，又讲究分寸、不失原则。他一生中结交了许多志同道合的朋友，保护过许多陷入困境的同志，可是谁也没有认为周总理"偏袒"谁、"倾向"谁，大家都一致公认——周总理是"属于"人民的。

由此可见，等距接触和广交朋友、搞好人际关系并不矛盾。它显然不是束缚领导者手脚的"绳索"。它不仅不反对领导者和下属之间建立起水乳交融的亲密关系，还积极鼓励和提倡领导者这样去做。问题的关键在于，如何在"广泛结交"和"等距接触"之间找到一个平衡的"点"，使下属感到你既"感情丰富"又"不徇私情"，从而由衷地仰慕你、拥戴你、信赖你、敬重你。作为一个领导者，唯有做到这一点，才可能赢得绝大多数下属的心，进而拥有从事创造性领导活动所必需的专长权和个人影响力。

灵活用人，妥善调配

> 权不可豫设，变不可先图；与时迁移，应物变化，设策之机也。（《资治通鉴·汉纪二》）
>
> 在情况未发生时，不可能预先设计周全；变化中的事物，也可不能事先就谋划妥当。随着形势而转移，顺应事物而变化，这是确定策略的关键。这句话强调随机应变，遇事灵活处理。

清末，张之洞到湖北任湖广总督，他想大兴洋务，但缺少得力的助手。这时，湖北藩司黄彭年去世了，空出了职位。于是，他就想趁着朝廷尚未定下人选的时候，推荐自己的心腹来此任职，这样新任藩司与自己同心同德，在湖北大举推行洋务时，阻力就小得多了。

张之洞与自己的心腹幕僚一起商量来商量去，觉着现任广东臬司的王之春比较合适。王之春是张之洞在广东时一手提拔起来的，对张之洞自然是忠心耿耿，感恩有加，调他来湖北，他自然会同意。但张之洞考虑问题又多了一层，张之春是个有能力的人，他即使不来湖北，也能在广东升任

短绠不可以汲深，器小不可以盛大。

——《淮南子·说林训》

藩司，现在要把他调来，就应该为广东物色一个合适的藩司人选，这样，王之春才走得开，调来湖北的把握性才更大一点。

他的幕僚提出不妨推荐湖北臬司成允去广东做藩司，这样有两个好处：一来成允是现在军机处领班礼亲王世铎的远亲，世铎一定愿意帮助成全他，他自己京师门路也很熟。如果由张之洞出面，表示要荐举他去广东做藩司，他一定会倾力在京师活动，尽快促成此事，而王之春从广东调来湖北之事就好办多了。二来又可腾出湖北臬司一职，再调来一个同心同德，愿意协助自己举办洋务的人，就又多了一个帮手。这样在湖北办洋务力量就更强了。

经过张之洞的运作，王之春很快调到湖北而成允升职去广东做藩司，自然也满心高兴。真可谓一石双鸟。接着，张之洞又考虑好了臬司人选——江西义宁人陈宝箴。十多年前，张之洞就在京师认识了他，认为这个人器宇宏阔，能办实事，自己曾多次向朝廷保举过他。三年前，陈宝箴在浙江按察使任上被人无端弹劾，现在京师赋闲，现在让他到武昌来顶成允的缺儿。而自己此时保荐陈宝箴，又无异于雪中送炭，他自然感激不尽。

这样，经过张之洞的一番周密筹划，事情的结果果然如他所愿，朝廷委任陈宝箴为湖北臬司。他们两人的到来，使张之洞有如虎添翼之感。

把事情办得周全，让各方面的人都舒服，才叫高明。当然，这种境界不是那么容易达到的，需要阅历，需要积累，有时还需要你处在比较高的位置上才办得成，但你应该往这种境界去努力。

今天，我们在干部选拔上要方式多元，方法灵活多变，重实际工作。要选出群众需求的干部，就要拓宽用人视野，扩大选拔范围。干部选拔若局限在一定范围，就会让真正符合群众需求的人才不能得到善用。能者居之的用人原则，就是要打破身份的局限性，破除党员干部任用的资历要求，让更多的人才参与到竞争中来，将能力作为干部选用的重要标准。精心组织实施，做好资格审查，这样才能选出好干部，破除选拔干部中的歪风邪气。

国学名句集锦

以天下之大，托于一人之才，譬若悬千钧之重于木之一枝。

——《淮南子·说林训》

办事之人易得，晓事之人难求

千军易得，一将难求。（元·马致远《汉宫秋》）

千军万马不用费力就可以招来，一名优秀将领却是很难找到的。引申开来，也就是说：我们不仅需要能办具体事的干部，更需要有胸怀、有远见、顾大局的干部。

据《宋史》记载，宋孝宗曾抱怨朝中没有"骨鲠之臣"。大臣张栻回答："这样的臣子应当从犯颜敢谏之人中去找。一个人如果平时连冒犯上司提意见的勇气都没有，又怎么能指望他危难时刻舍生取义呢？"孝宗又说难得"办事之臣"，张栻回答："陛下当求'晓事之臣'，不当求'办事之臣'。如只求'办事之臣'，那么将来坏陛下之事者，未必不是这样的人。""办事之臣"好懂，那么，何谓"晓事之臣"呢？

廉颇和蔺相如的故事家喻户晓，这两个人应该都属于"晓事之臣"，蔺相如不争是晓事，廉颇负荆也是晓事，他们都是以事业为重、顾全大局的人。刘邦大军攻入咸阳，诸将争相瓜分金帛财物，就连刘邦自己也被秦宫的奢华给迷住了，唯独萧何直接赶往丞相、御史府，将秦之户籍、律令、地图等图书档案统统收藏、保护起来。后来楚汉逐鹿，这些档案帮汉军占尽先机，发挥了重大作用。这也正是刘邦选萧何为相的主要原因。像萧何这样能够深谋远虑、具备远见卓识的人，更称得上是"晓事之臣"了。

1994年10月，叶利钦应邀到圣彼得堡市郊外打猎。时近中午，随员在草地上摆上桌子，准备午餐。就在这时，一头野猪出现了。惊慌中，叶利钦的眼镜掉到了桌子底下的草丛里，随员们也一齐钻到桌子底下，帮叶利钦找眼镜。这时，叶利钦注意到，唯有一个身穿合体迷彩服的人，没往桌子底下钻，而是端着猎枪，全神贯注地盯着野猪，接着听到两声枪响，那头野猪应声倒地。这个危急之际打死野猪的人，名叫弗拉基米尔·弗拉基米罗维奇·普京，时任圣彼得堡市副市长。叶利钦回忆说："我的第一印象，这是一个强硬、不妥协而思维敏捷的人，莫斯科需要这样的人。"

叶利钦的这段回忆，让人感兴趣的不是名人亮相的传奇色彩，而是钻桌子帮领导找眼镜这一细节。大约是这种细节似曾相识，令人更加反感。这当然不是说，帮领导找眼镜本身有什么不妥，而是由这件事折射出来的官场世故。紧急关头想的仍然是讨好领导，而不是挺身而出解除危机，这样的"办事之臣"多与少都无关紧要，反而是像普京那样明利害、敢担当、辨轻重、解危局的人，才是更加重要且珍惜的。

在如今的单位中，能"办事"的人不少，而真正能"晓事"的缺乏。比如，有些人特别"会来事"。他们会看领导脸色，熟知领导情性，揣摩领导意图，能为领导办事，让领导感觉特别舒服，因而也特别容易受到青睐和器重。上有所好，下必甚焉，在这样的用人导向下，"会来事"的干部自然就多了起来，而"晓事"之人能在多大程度上坚持自我就不好说了。长此以往，机关风气也就可想而知了。

国学名句集锦

鼎也不可以柱车，马也不可使守闾。

——唐·韩愈《试大理评事王君墓志铭》

再如，有些部门负责人在有利可得、能减轻本部门职责的内容上是锱铢必较、寸步不让，而在有损部门利益、吃力不讨好的地方，却是专逞口舌之利、推职卸责，少有人从全局、整体利益角度考虑自身应承担的职责。这些官员的做法，虽然能证明他们是"想干事，能干事"的，但能否"干成事"则未可知，因为他们所"晓"的事只是部门之利。

部门利益之争只是反映某些干部在"晓事"与"办事"方面所存在问题的冰山一角。毋庸置疑，在市场经济体制下，大部分干部是想办事的、能办事的，也是能办成事的。因为有局部利益驱动，某些干部往往忘记了自己所应维护的根本利益是人民的利益，不理会办事的原则、程序、方式方法、时机、事情的整体利益和轻重缓急。这些干部会"办事"，但办成的事是错误的事，不顾民众利益所导致的结果，根本原因就在于不"晓事"。

晓事与办事，说到底也是"德"与"才"。其实，晓事水平与办事能力并非不可兼得。有些办事能力强的人也很晓事，有些晓事水平高的人也会办事。清代监察御史熊学鹏曾上奏乾隆："陛下固欲求办事之臣，更于办事之臣中，而求晓事之臣。则心足以晓事，而身足以办事。心与身皆为国用，于以共襄政治，庶乎其得人矣。"便是很明确地说明了"办事之臣"与"晓事之臣"之间的关系。

国学名句集锦

人各有才，才各有大小。大者安其大而无忽于小，小者乐其小而无慕于大。

——北宋·苏轼《应制举上两制书》

精神贿赂，最为隐蔽

誉而危之，故人不知；厚而害之，故人不疑。是故佞人危人，人危而不怨；害人，人败而不仇，隐情匿意为之功也。（东汉·王充《论衡·答佞篇》）

用赞美的方式害人，所以别人不知道；用厚待对方的方式害人，所以别人不怀疑。因此，巧言谄媚的人危害别人，别人被他毁害了却不埋怨他；伤害别人，别人遭到灾祸而却不仇恨他，其实是因为他们成功地隐藏了自己的真情实感。人都喜欢听好话，这是人性的弱点，对于专门挑自己顺耳的话说的人，不可不谨慎对待。

春秋时期，齐景公自从宰相晏婴死了之后，一直没有人当面指责他的过失，因此心中感到很苦闷。

有一天，齐景公欢宴文武百官，席散后，一起到广场上射箭取乐。每当齐景公射一支箭，即使没有射中箭靶的中心，文武百官都高声喝彩："好呀！妙呀！""真是箭法如神，举世无双。"

国学名句集锦

为人主而大信其妻，则奸臣得乘于妻以成其私。

——《韩非子·备内》

事后，齐景公把这件事情对他的臣子弦章说了一番。弦章对景公说："这件事情不能全怪那些臣子，古人有话说'上行而后下效'，国王喜欢吃什么，群臣也就喜欢吃什么；国王喜欢穿什么，群臣也就喜欢穿什么；国王喜欢人家奉承，群臣自然也就常向大王奉承了。"

景公听了弦章的话，认为弦章的话很有道理，就派侍从赏给弦章许多珍贵的东西。弦章看了摇摇头，说："那些奉承大王的人，就是希望多得一点赏赐，如果我受了这些赏赐，岂不是也成了卑鄙的小人了！"他说什么也不接受这些珍贵的东西。

我们再看一个趣味故事。王某奉命担任某大型国有企业总经理。上任伊始就听到许多员工反映：原总办主任马某是个欺上瞒下的小人。王总很生气，决意在适当时机免去马的职务。

一日，王某约马某面谈，席间厉声指出马某在过去工作中的种种欺上瞒下、两面三刀、阳奉阴违之举。马某先是满面羞愧，深感无地自容，但很快就镇定自若，且声泪俱下地向王某阐述自己的委屈。马某说："王总刚才批评得都对，但您有所不知的是，前任总经理刘某是一个独断专行、刚愎自用的人，在他手下工作稍不留意便会受到训斥。这还不算，如果坚持原则，遭受打击报复更是在所难免，我真是有苦难言呐！"

马某停顿片刻，观察了一下王某的表情，接着说："许多员工都以为我欺上瞒下，拍刘某之马屁，有谁知道我那是为了工作忍辱负重，不得已而为之？假如前任刘总像您一样公正、廉洁，处处起表率作用，不需要也不喜欢别人吹捧，我何必做那违心的事？您到任已经三个月了，您看我拍过您的马屁吗？"

马某的一番表白，特别是最后那段让人听着极为舒服的话，让王某内心很是欢喜，也很是同情马某被员工误解的处境。不久，马某被提升为主

国学名句集锦

宫妇左右莫不私王，朝廷之臣莫不畏王，四境之内莫不有求于王，由是观之，王之蔽甚矣！

——《战国策·齐策一》

管行政事务的副总经理。

许多领导者上任前，都想做一番事业，成为受人爱戴的好干部，但上任不久便被一些阿谀奉承者包围，最终与之同流合污。表面上看，是"小人"太多，但"小人"太多的深层次原因却是不合理的制度，以及喜欢被赞美的人性弱点造成的。

领导者喜欢什么，下面的人便投其所好。领导身边拍马屁的人多，是因为领导喜欢被拍马屁。领导喜欢吃喝玩乐，不理业务，他的下属也跟着不务正业。所以，如果你想做一名卓有成效的管理者，你一定要认清自己的恶习，然后坚决改掉它，并畅通言路，健全用人制度。

为官不仅要警惕物质贿赂，更要警惕精神贿赂，后者可能更难防范。所谓"精神贿赂"，就是指一些厚颜无耻、心术不正、动机不良的人，以花言巧语、阿谀奉承的方法和形式来迎合领导，讨得欢心，求得好感，从而达到自己不可告人目的的一种伎俩，也就是人们通常所说的拍马屁、抬轿子、戴高帽等。

与物质贿赂赤裸裸的利诱相比，精神贿赂更具形式上的灵活性和行动上的隐蔽性。它只需一张巧嘴、一个笑脸、一架媚骨、一副心眼，外加手勤腿勤就行。它"赠送"的不是财物，而是阿谀奉承之言、溜须拍马之举，更容易使人在精神和思想上放松戒备和警惕，变得昏昏然、飘飘然，从而在不知不觉中掉入温柔的"陷阱"，最终被行贿者牵着鼻子走，任其驱使和利用。所以哲学家才总结道："奉承者不用花钱，但绝大多数的人却不自觉地向奉承者付出巨款。"此言可谓一语中的，发人深省。

作为领导干部，手中或多或少都掌握着一定的权力，自然就会成为"精神贿赂"的重点对象，被腐蚀、被拉拢、被利用的机会相对就会多一些。如果领导干部自身稳不住神、沉不住气，分不清良莠、辨不明真假，

国学名句集锦

溢美之词，置疑于人。

——北宋·王安石《与孙子高书》

对"精神贿赂"缺乏免疫力，就很容易被一些喜捧、嗜捧者所迷惑和俘虏，导致失聪、失明、失察、失策，不仅会助长溜须拍马的不正之风，严重败坏党风政风，还会做出有损于党和人民事业的错事、傻事来，最终贻误党和人民的事业。

因此，对于领导干部而言，面对"精神贿赂"一定要时刻保持头脑清醒，引起高度警惕，自觉加强党性修养和党性锻炼，自重、自省、自警、自励，正确认识自己，客观评价他人，既要勿媚于人，切实做到坦率真诚、刚直不阿，又要防范别人的谄媚，真正让自己耳聪目明、心清气正，努力培养高尚人品，提升思想境界，守住自己的精神家园，从而使"精神贿赂"者退避三舍，没有市场。

国学名句集锦

溢美之词，置疑于人。

——北宋·王安石《与孙子高书》

第六章　立政之道，察吏为先

　　清代张士元认为："用人之道，在核名实而已。名实既核，则忠佞与优劣俱见。"对于人才，不经过"核实"就不能加以任用。同样，巩固政权，必须对官吏进行考核评价。所以检查考核是用人一个非常重要的环节与步骤。

◎既听其言，亦观其行

◎兼听则明，偏信则暗

◎试玉要烧三日满，辨材须待七年期

◎杜绝朋党，筑牢萧墙

◎用人之道，在核名实

◎刚柔兼备，宽猛并用

◎赏不失信，罚不逾时

◎非常之人，必有非常之功

◎罚不失爱，严中有情

既听其言，亦观其行

听其言量其心志，观其行测其力，析其作辨其才华，闻其誉察其品格。（《曾国藩家书》）

曾国藩用人非常谨慎，用现在的话说就是考察对方的思想境界、专业能力、文章作品、职业道德等。慎用的目的是避免用错人，让真正的人才得到重用，以发挥其才能。

晚清名臣曾国藩善于识人，尤其善于通过观察一个人的相貌举止判其优劣，他著有《冰鉴》一书，其中关于识人、相人的论述颇有可观。

据说咸丰年间，李鸿章命三位淮军将领去拜见曾国藩，曾国藩要他们在大厅外等候。过了两个时辰，曾国藩始终没与三人见面，并让人请他们回去。事后，曾国藩向李鸿章谈了对三个人的看法。原来，在三人等待时，曾国藩一直躲在暗处观察他们三个人：麻子将军可能因为没得到接见，以为是曾国藩在刻意羞辱他们，面红耳赤，像要打人的样子，足见他威武不屈的气概，是位良才；高个子将军一直从容站着，此人沉毅有为，

国学名句集锦

见贤不能让，不可与尊位。

——《管子·立政》

可以重用；而那矮个子，眼神闪烁，有人经过时他规矩站好，人一走他就放松下来，此人实属"两面人"，不可重用。三位将领，麻子是刘铭传，他转战南北，智勇双全，后成为台湾首任巡抚。高个子叫张树声，后任两广总督，政绩卓著。矮小的那位姓吴，作战投机取巧，只做到道员而已。

"试玉要烧三日满，辨材须待七年期。"考察人才是一件很难的事。作为领导干部，准确识人不仅是一种政治责任，更是一项能力本领。知人不深、识人不准，就会出现任人不当、用人失误。人性是复杂的，一个人的所说与所做可能不一致，有人监督和无人监督可能不一致，清贫时和显贵时也可能不一致。在生活中常有这样的现象，某人是单位普通干部，说起腐败现象来激愤不已，义正辞严，可是一等到他走上重要岗位，上任没多久，位子还没坐热，竟因贪腐而锒铛入狱，腐化变质之快让人大跌眼镜。这就给我们一些启示，没有经受过考验的理想信仰和道德表白都是廉价的。一些干部考察任用者常被假象所迷惑，缺乏辨别真伪的眼力，识人往往只知其表，不知其里，只见其长，不察其短。这势必导致选人用人上的偏差，给党的事业带来损失。

著名企业家李开复当年任"微软中国"总裁时，曾接待一个应聘者。这个年轻人能力很突出，履历也令人满意，应该说是个理想人选。可是他最后的一句话却严重地露出马脚。他说，如果能加入微软公司，他就可以把他在前一家公司所做的发明成果带过来。最后的结果可想而知，李开复拒绝了他，因为他这个"小节"暴露了严重的人品问题。

用人者一定要善于"察言观色"，善听"弦外之言"。此外，还要多让干部经受考验，看他在极端情况下的表现。诸葛亮写有"知人七法"，其中有"告之以祸难而观其勇；醉之以酒而观其性；临之以利而观其廉；期之以事而观其信"等语，说的就是这个意思。只有在退潮的时候，才知道

国学名句集锦

言过其实，不可大用。

——《三国志·蜀书·马良传》

谁在裸泳，不是吗？

习近平总书记曾在全国组织工作会议上强调："用一贤人则群贤毕至，见贤思齐就蔚然成风。"用干部，凭品德能力说话，靠业绩立身，歪门邪道就没有市场，那么，大家都会注重提高能力素质和品行修养，把事业放在第一位，全力以赴干工作。反之，如果把拉拉扯扯搞关系、吃吃喝喝拢圈子、咋咋呼呼吹牛皮的人提拔起来，那么就会引起一些人的仿效，这样一来，不仅事业难有建树，内部风气也必定为之污浊。

因此，要正确识别人才，就必须以党的干部使用原则为标准，对干部进行深入、全面、细致和客观公正的考察。从其当面与背面的行为轨迹中，察其德行品质素养；从对上与待下的态度表露中，察其思想作风之"纯度"；从顺境与逆境的作为中，察其意志之韧性；从"合唱"与"独唱"的角色表演中，察其学识之真伪；从平时与关键时刻的处事中，察其能力的"伸展性"；从明与暗的多角度观察中，察其品性之质朴；从工作岗位与公共场合的各种行为表现中，察其个性修养如何。同时，既要看说得怎样，又要看做得如何；既要看对部属要求严不严，又要看自律意识强不强。善于从纷繁复杂的现象中把握本质，不为外来因素和假象所左右，做到客观评价人才，公正考察识别人才，才能发现和用对人才，为党的事业带来万马奔腾的生动局面。

国学名句集锦

理人为循吏，理财为能臣。

——唐·刘禹锡《高陵县令刘君遗爱碑》

兼听则明，偏信则暗

"所谓察之者，非专用耳目之聪明，而听私于一人之口也。欲审知其德，问以行；欲审知其才，问以言。得之言行，则试之以事。"（宋·王安石《上仁宗皇帝言事书》）

所谓考察，不是专靠自己的耳闻目见，也不是私下只听某个人说了算。而是要全面了解他的才干，听其言，观其行，任以职事来考验他。对于党员干部来说，少数人说他好，他未必真的好；广大人民群众说他好，才是真的好。

春秋时，晏子被派去治理东阿，三年后，齐景公把他召回，狠狠地责备一番："我原以为你能力很强，才放心将东阿交给你治理，没想到你搞得一塌糊涂，我听到很多人向我诉苦。我非重重处分你不可。"

晏子说："请再给我三年时间，我会彻底改变方式来治理，到时候如果还不行，我愿意被处死。"

景公答应了晏子的请求。结果只过了一年时间，景公就听到了许多人

国学名句集锦

偏听生奸，独任成乱。

——《史记·鲁仲连邹阳列传》

在说晏子的好话。齐景公很是高兴，心想这回晏子终于干出成绩来了，找个机会应该好好奖励奖励他。年底回都城述职时，齐景公亲自召见晏子，对他大加褒奖，并要在物质上重奖他。谁知晏子却说这次是来领罪的，岂敢领赏呢。

晏子说："以前我治理东阿时，禁绝一切的关税贿赂，天然的鱼盐之利都开放给穷人，东阿的百姓没有一个挨饿受冻的，而您却要处分我。这一年来我改变了工作方式，关税贿赂一概接受，鱼盐之利完全由权贵之家垄断，并且增加税收来打点您身旁的亲信大臣，东阿现在有一半的人民挨饿受冻，而我却得到了赞赏。我请求退休，将职位交给比我能干、有办法的人吧！"

景公一听，赶快向晏子谢罪："我知道自己错了，请继续好好工作吧。往后我绝不会再听信谗言，干涉您的治理了。"

像齐景公这样的领导，不深入基层，不实地考察，只从身边人那里获取信息，是很容易受到蒙蔽的。这个故事虽说过去了 2000 多年，但其中反映出来的问题目前依然存在，很值得我们认真思考和分析。

上级领导如何才能真实地了解下属的政绩？

上级领导对下属的政绩评判主要来自两个方面，一是上级领导对下属的印象分，主要来自工作上相互接触产生的直接印象。这个印象分在有些时候甚至起到决定性的作用。二是由于上下级工作上存在的信息不对称而产生的外部评价内部化。上级领导对下属的具体工作不可能完全了解，这样就形成了一定的信息不对称。这时候上级领导周围的人对下属的看法，就会对这位上级产生比较重要的影响，他就有可能将这些评价内部转化为个人的评价。晏子和齐景公的关系开始时就处在这种情况下。晏子当时的级别并不是很高，而齐景公则是一国之君主，他们之间地位相差很大，中

国学名句集锦

君之所以明者兼听也，其所以暗者偏信也。

——东汉·王符《潜夫论·明暗》

间有若干级别的官员。显然，齐景公很难真实了解到晏子的政绩。如此一来，这些大臣加上周围一些小人的有关言论，正好弥补了齐景公所掌握信息的不足，并在很大程度上影响着齐景公对晏子原有的印象分，就会出现严重的误判。这个时候，决定晏子政绩的实际上已经不再是齐景公的印象分了，而是周围这些大臣以及小人的言论了，他们成为了晏子政绩的裁判员。

在今天，官员的政绩评价体系越来越复杂，绩效考评标准也越来越科学化，除了上级领导的印象分，还包括了下属单位的群众评议。从制度上说，选人用人上的腐败可能性大大降低了。但是，新问题依然存在。比如，民主测评在有些地方成为形式主义的代名词，导致领导干部虚假政绩不同程度的存在，一些正直而有作为的官员仍然在重复着晏子的遭遇。所以，建立风清气正的政治生态环境只有进行时，没有完成时。

国学名句集锦

谗口交加，市中可信有虎；众奸鼓衅，聚蚊可以成雷。

——清·程允升《幼学琼林·人事》

试玉要烧三日满，辨材须待七年期

> 试玉要烧三日满，辨材须待七年期。（白居易《辨才》）
>
> 考察一个人的是非善恶，不能看一时一事，而是要用较长的时间来观察。那种"急上马""走过场"的考核方式，很难全面了解干部、准确识别干部，只会使一些德才平平、不去经营"关系"的投机者得到好处。

历史上最会作戏的人，莫过于王莽。

西汉末年，皇室衰微，朝政总被外戚把持。王莽的姑姑王政君以皇太后的身份执政，王家子弟都鸡犬升天，身居要职。唯独这个王莽，粗布陋衣，淡茶淡饭，"与老百姓打成一片"，这跟今天的干部在下乡期间与农民"三共同"（同吃、同住、同劳动）很有点相似，广被称赞。王莽后来官居大司马，职位高得无以复加，仍谦恭俭朴，才德广受好评。以后，王莽逐渐羽翼丰满，终于在朝野一片称颂声中露出其庐山真面目，他毒杀了十四岁的平帝，挑选了两岁的刘婴做儿皇帝，自己当起摄政王，还嫌不够，最

国学名句集锦

治世不得真贤，譬犹治病不得真药也。

——东汉·王符《潜夫论·思贤》

后干脆自己篡汉，做了十五年的皇帝。为此，白居易曾写下了这样的诗句："周公恐惧流言日，王莽谦恭未篡时。向使当初身便死，一生真伪复谁知。"意思是，如果王莽在刚刚成名、众望所归的时候死去，人们就永远会将他作为圣贤敬仰。

这说明，一个人的言行和本质有一个变化的过程，人们对他的认识也有一个由表及里、由浅入深的过程。不了解王莽的人，当然搞不懂他为什么前后判若两人，分析不出他的内在逻辑。但王莽近旁的人，比如他的老妻，自然深深了解王莽的反常人格。王莽这个人，一味复古，活在理想之中，"克己复礼"到了极端地步。他们的儿子王获杀了一个家奴，在当时的文化环境下，按说罪不至死，但王莽坚持让儿子抵命，最后王获被逼自杀；后来大儿子也被逼死了，王夫人为此几乎哭瞎了眼。王莽继续把亲人往火坑里推，把亲生女儿嫁给汉平帝，后来又把平帝鸩杀了，女儿年方十四岁，便成了寡妇。王莽篡汉以后，一切复古，推行早已废止了几百年的井田制，全然不顾其现实可行性。所以，理解他的性格和思想之后，就知道他不是突然变了，而是一贯如此。

人性是复杂的，人的性格是多面的。看到一些表面现象，暂时不要妄下结论。有一个关于王安石的小故事。

一次，朋友请王安石吃饭，佳肴满桌，王安石却独对鹿肉感兴趣，频频伸箸，几乎是一个人把它消灭干净了。朋友后来到王安石家做客，与王夫人聊起王公的嗜好，说王公太偏食，只喜欢吃鹿肉。王夫人问："那盘鹿肉摆在哪一边？"朋友说摆在王公面前，王夫人说："这就是了，下次你把一盘芥菜放在他面前，看他吃什么。"

王安石其实不偏食，只不过是生活中粗枝大叶，对吃什么从不关心，哪一盘菜离他最近，他就向哪一盘菜伸筷子，不管是鹿肉还是龙肉，也不

国学名句集锦

路遥知马力，日久见人心。

——南宋·陈元靓《事林广记》

管是荤菜还是素菜。外人不明就里，而经明眼人一点破，事情原来如此简单。

那么，从这些故事中我们能得到什么启示呢？

那种"急上马""走过场"的考核方式，很难全面了解干部、准确识别干部，只会使一些德才平平、善于经营"关系"的投机者得到好处。长此以往，德才兼备、以德为先的用人标准难以落实，正确的用人导向难以彰显，还会助长用人上的不正之风。有的干部因贪腐落马后，众人颇感吃惊，说："怎么会是他？"其实那是你不了解他，不知他的蜕变轨迹。

一名干部对待工作是否敬业踏实、认真负责，对待自己是否严格要求、积极进取，这些都很难从一时看得清楚，需要看这名干部平时的工作表现。不难设想，一名干部"平时"不加强学习、不去思考，"一时"何来发展良策、创新能力？"平时"不深入基层、调查研究，"一时"怎敢往"矛盾窝"里钻？"平时"不密切联系群众、高高在上，"一时"哪愿真心与百姓"同坐一条板凳，同吃一锅饭"？"平时"无所作为、昏庸度日，"一时"当有不"掉链子"之理？

试玉要烧三日满，辨才须待七年期。考察识别干部，要把功夫下在平时。选干部是阶段性工作，察干部是经常性任务。一个干部平时的工作态度怎样，和群众关系怎样，怎样为人处事，往往能比较真实准确地反映其德才素质和群众公认度。一个人德行如何，看不见摸不着，短时间难于认识和评定。加之察人识人往往受各种表象、多种因素的影响，容易出现不准、不实的情况。只有本着为干部负责、为人民负责的态度，用联系、发展、全面的观点看干部，把功夫下在平时，才能识准干部、用好干部。

希望王莽这样的作秀干部能越来越少，把党性强、敢担当、坚持原则、不怕得罪人、能打开工作局面的好干部多多地提拔起来。

国学名句集锦

剖开顽石方知玉，淘尽泥沙始见金。

——明·冯梦龙《古今小说》

杜绝朋党，筑牢萧墙

> 子曰："君子矜而不争，群而不党。"（《论语·卫灵公》）
>
> 孔子说：君子庄重自尊而不与人争强斗胜，团结群众而不结党营私。朋党在中国皇朝政坛历史上为害甚烈，殷鉴不远，在今天，清除官场的朋党陋习，既是反腐倡廉的必然选项，也是实现中国梦的内在要求。

所谓朋党，就是因为利益使然而排除异己、拉帮结派的团体。中国皇朝政坛历史，也可以说是一部朋党史。朋党的功用，就是几个人纠合使力，大家帮亲不帮理，讲钱不讲义，要宗派不要团体。这种团队精神发挥出来的效果，自然是一荣俱荣，一损俱损，对个人不过是一时的浮沉荣辱，但对国家，只怕所失甚多。

唐代的牛李两党，一直闹了四十年。李宗闵、牛僧孺跟一些科举出身的官员结成一派，称为"牛党"；李德裕跟士族出身的官员结成一派，称为"李党"，两党明争暗斗得厉害。当时朝中宦官势力很大，两派为了抗

国学名句集锦

才能之人去亡，则宜有外难；群臣朋党，则宜有内乱。

——《管子·参患》

衡对方，都争相拉拢宦官。

唐文宗本人也受宦官控制，没有一定的主见。一会儿用李德裕，一会儿用牛僧孺。一派掌了权，另一派就没好日子过。两派势力就像走马灯似地转悠着，把朝政搞得十分混乱。唐文宗也闹不清谁是谁非，想起这件事直叹气，说："要平定河北容易，要除掉朝廷的朋党可真难啊！"

等到牛、李两党的核心人物都故去了，朋党之争终于收场，但是混乱的唐王朝已经闹得不可收拾，使本来就已经腐朽衰落的唐朝走向灭亡。

清朝雍正皇帝即位之初就手书了一篇"朋党论"，称为《御制朋党论》。他对于康熙时期的朋党之害深有感触，才有感而发。文中说，皇帝重用一个人，不是朋党之内者，就说三道四，妒忌诽谤；皇帝免去一个人，就散布说是谁说了坏话，与之亲密者为之惋惜，与之疏远者也安慰叫屈，平时有矛盾的人这时候反而献殷勤，并想借此机会重归于好；皇上责令一个人改过自新，根本就做不到，因为朋党的不同说法，使人认识不到自己的过错和恶行，反而滋生了对皇上的怨恨。皇帝对官吏的赏赐、惩罚和官职的升降，对官吏来讲无足轻重，反以朋党的态度为荣辱，是非颠倒。朋党之人是为一己之私，在暗地里干扰皇帝的决策。大臣能够经常见到皇帝，如果皇帝的决策确有不公之处，为什么不去当面谏诤，而是当面奉承，背后反对？其原因就是为了培植党羽以营私利，不惜损害公义，达到互相扶植、提携，有事相互关照之目的。朋党不希望皇帝事无巨细，啥事都管，他们怕的是被皇帝觉察而不能谋私。雍正不否认友情，他承认朋友是"五伦"之一，但要公私分明，不能顾私情而违公义。

雍正对朝中朋党的看法，当然不能超越封建统治者的历史局限，但从巩固政权角度来讲，确有合理性。因为不管社会怎么发展，人性的基本特点是不会变的。谁没有七情六欲？谁没有亲戚朋友呢？所以，只要有人类

国学名句集锦

以财交者，财尽而交绝。以色交者，华落而爱渝。

——《战国策·楚策一》

社会，朋党不会那么容易消除，只是或轻或重罢了。

几年前，媒体报道刘志军案时，勾勒出一个通过官职买卖结成的"朋党"式腐败共同体：他们向上买官谋求保护伞，从而支撑卖官的运转；向下卖官和向外寻租乃可保证现金流，继续买官扩张可卖资源。而且，一旦某官员出事，就会集体施救，避免同盟土崩瓦解。当然，这样看似牢不可破的"朋党"，最终还是在中央强有力的反腐手段面前"树倒猢狲散"。但是，这种个案式的结局依然不能让我们对于更多潜藏着的官场"朋党"掉以轻心。

当前干部的"圈子"现象，与封建朝代的"朋党"生态一脉相承。两者手段相同，取向一致，危害相当。都是结成团伙，牟取私利，污染政权，违法犯罪。

习近平总书记在党的群众路线教育实践活动总结大会上的讲话中强调："党内上下关系、人际关系、工作氛围都要突出团结和谐、纯洁健康、弘扬正气，不允许搞团团伙伙、帮帮派派，不允许搞利益集团、进行利益交换。"这段讲话为破除干部"圈子"指明了方向。

如何才能剔朋党之诟，防萧墙之祸？一是坚持党要管党、从严治党，杜绝"朋党"滋生的温床，持之以恒纠正"四风"，坚定不移惩治腐败，树立良好的干部队伍形象，搞好党内外团结，赢得党心民心，巩固"堤坝"、筑牢"萧墙"。二是强化监督执纪问责，深化党的纪律检查体制改革，推动落实党风廉政建设主体责任和监督责任，将"特权""官本位"思想关进制度的牢笼，堵住"蚁穴"，切断"朋党"成长的通道。三是加强党的纪律建设，严肃查处违反政治纪律和组织纪律的行为，从根本上入手抓作风建设，从严从重查处违纪违法案件，安抚"萧墙"内外，扑灭"朋党"蔓延的势头。

国学名句集锦

以势交者，势倾则绝；以利交者，利穷则散。

——隋·王通《文中子·礼乐》

用人之道，在核名实

> 　　贤人必为国计，而不肖者专为身谋。为国计者必恃至公，故言直而援少；为身谋者专挟己私，故喻巧而援多。（宋·宋祁《直言对》）
>
> 　　贤人必定为国考虑，不贤的人为自己盘算。为国考虑的人必定是依仗自己出于公心，所以说话直来直去，支持他的人就少；为自己盘算的人必定从私利出发，所以说话曲折巧妙，支持他的人就多。说明不能只从支持的人多少来判断人贤或不贤。作为领导者，要经常深入基层，到基层去观察人，发现人，识别人，不要纸上谈兵，听风就是雨。

　　中国古代的君王们为了巩固自己的统治、维护国家的安定，特别重视识人、用人。而在众多的帝王中享有善识人、用人美誉的帝王却为数不多，清代的康熙帝就是其中的一个。

　　康熙帝非常懂得举贤用人对于治国安邦的重要意义，因此，他始终坚

国学名句集锦

因任而授官，循名而责实。

——《韩非子·定法》

持在考察之中擢用人才。

康熙帝在位期间，噶尔丹叛乱，他三次率军亲征。在此期间，他对随军将领和官吏的实际能力亲自进行了比较详尽的考察。他从西路军主将弗扬古巧设伏军大败噶尔丹，取得重大胜利的过程中，发现弗扬古有勇有谋，具有统帅三军、领兵作战的指挥才能。回来后，便给弗扬古晋升一等公。在康熙帝第二次亲征噶尔丹时，发现绿旗总兵王化行队伍整齐，战功卓著。因此，在第三次亲征噶尔丹时，便破格提拔王化行为军中统领。同时，对于那些无能的官吏如户部侍郎思格色等予以罢免。有一次，康熙帝命思格色去塞外负责挖井供水。他问思格色一口水井大约能供多少人马饮用，思格色迟迟回答不出来。于是康熙帝立即革去他的官职，并当众指出："思格色为官昏聩无能，心中无数，令其居官何用？"

康熙二十四年（1685），张伯行考中进士，经康熙帝面试后，授予内阁中书职务，不久又调中书科任中书。康熙四十二年（1703），被任命为山东济宁道行政长官。张伯行上任时，正值当年闹饥荒，百姓穷困潦倒。张伯行立即把自己家里的钱粮运到灾区，并赶制许多棉衣，救济灾民。康熙帝下了分道救灾的命令，张伯行分管汶上、阳谷两县。他给灾民发放了22600多石救济粮。为此，布政使责备张伯行擅自作主，并提出罢免张伯行职务的弹劾奏章。张伯行对布政使的错误行径进行了严厉驳斥，使弹劾风波得以平息。康熙四十六年（1707），康熙帝南下巡视，赐给张伯行"布泽安流"的金榜，不久，提升张伯行为按察使。

张伯行在救灾中，能够为灾民着想，独自作主发放了大量救济粮，这本是件大好事，却遭到布政使的弹劾。如果不是康熙帝具有爱才之心，识才之慧眼，那么张伯行这个人才也就只好被埋没了。

康熙帝非常善于从考察中发现人才，并能大胆起用他们，充分发挥他

国学名句集锦

用人不以名誉，必求其实。

——北宋·欧阳修《太尉文正王公神道碑铭》

们的聪明才智。这为加强、巩固清王朝的封建统治奠定了良好的基础。

　　作为领导者，要经常深入基层，到基层去观察人，发现人，识别人，不要纸上谈兵，听风就是雨；不要认为领导者就是高高在上的，要有谦虚谨慎的态度对待工作，对待人才，对待事业，这样才能顺利地找到心仪的千里马。

国学名句集锦

　　有名而无实，则其名不行；有实而无名，则其实不长。

——北宋·苏轼《策别安万民》

刚柔兼备，宽猛并用

> 宽以济猛，猛以济宽，政是以和。(《左传·昭公二十年》)
>
> 用宽大来辅助严厉，用严厉来辅助宽大，两者很好结合，国家政治才能协调。对待下属也是如此，要严中有情，宽中有猛；柔中有刚，刚中有柔。兼顾二者，既维持原则，又不失灵活，这样才能树立威信。

明朝初年，抗倭名将戚继光从浙江只身被调到蓟门一带任总兵官，以抵御蒙古的侵扰。他看到这里的军队纪律松懈，士卒的性情又过于冥顽，如果骤然用军法约束他们，恐怕会适得其反。但是，对于一支军队来说，没有严格的纪律，战斗力就不强，也就不能称其为军队，这该怎么办呢？戚继光不愧是一位善于治军的名将，针对这种情况，他马上上书请求从浙江一带派一支纪律严明的部队，用来宣扬勇敢和守纪律的精神。

朝廷批准了这一建议，给他派来了三千名"戚家军"老兵。戚继光命令他们在野外列队，正赶上下大雨，雨水打在这些老兵脸上，淋得睁不开

国学名句集锦

威严猛厉而不好假道人，则下畏恐而不亲，周闭而不竭。若是则大事殆乎弛，小事殆乎遂。

——《荀子·王制》

眼，浑身上下都湿透了，可没有一个人去擦脸上的雨水，也没有一个人动弹一下，仿佛忘掉了外面的一切……老兵们的这一举动使得原来那些纪律不甚严明的士兵内心受到极大的震动，认识到一支攻无不克的军队首先是一支纪律严明的军队，于是在后来的表现中，这些士兵个个严格要求自己，极大地增强了军队的战斗力，使得蒙古一听到"戚家军"的名字就闻风丧胆，落荒而逃。

汉武帝的妹妹隆虑公主老年得子，该子被封为昭平君。她对昭平君非常疼爱，娇生惯养，任其所为。后来她病重的时候，唯恐自己死后昭平君闯祸，所以用金千斤、钱千万替昭平君预赎死罪。汉武帝当时答应了她。不久隆虑公主病故了。昭平君知道母亲已经为自己预赎了死罪，更加骄纵，无法无天，一次酒后，竟杀死了无辜的大臣。昭平君罪大恶极，按罪当斩。武帝左右的人都替昭平君求情。武帝说："我妹妹老年才有这么一个儿子，而且临终还托付给我，我也不忍心杀他。但是先帝制订了法令就是要惩恶扬善，我若不杀他，则上对不起祖先，下对不起百姓！"最终判处了昭平君死刑。

执法必严，严必有度。适度的严才能达到严的效果；过犹不及，严就失去了意义。

三国时魏国刚刚建立的时候，刑法非常重。当时魏国的官吏宋金等人从合肥叛逃吴国，按照魏国法律应治罪斩首。曹操还嫌处罚太轻，要加重刑罚。于是主审官就奏请将其母亲、妻子和两个做官的弟弟全部斩首。这时尚书郎高柔上书说："士卒逃亡，确实可恨；但我也听说其中颇有后悔之人。我认为现在应宽待逃亡者的妻子，这样，一可以使敌人对逃亡者不信任，二可以诱其还心。像以前那样处理，本来就觉得太严了，若再加重刑罚，使现在军中的士卒看到，一人逃亡诛及全家的后果，今后怕都要逃

国学名句集锦

当唯义是务，唯国是康。何者？金木水火以刚柔相济，然后克得其和，能为民用。

——东汉·王粲《为刘荆州与袁尚书》

走了。刑罚过重非但不能制止逃亡，反而会促使更多的人逃亡。"曹操听后觉得非常有道理，就照着他的话去办。结果从那以后，逃亡的人数大大减少，而且还真有一些叛逃者又偷偷地跑了回来，重新加入曹军。

羊祜是西晋名将，他控制荆襄地区，东面就是东吴地界。东吴感受到强大的威胁。

但是羊祜并不急于武力进攻，他发展当地的生产，把地方管理得井井有条，并让士兵屯田，解决了军队的粮食问题。羊祜品行高尚，美名传天下，远近的人都来归附，东吴那边的民众经常来投诚。

当然，只靠德行感化也不行，身为武将，上面要求他进军，仗还是要打的。但羊祜打仗也是正人君子作派，事前先与东吴守将陆抗约好时间，再进行较量，很少投机取巧，突然袭击。

羊祜并非宋襄公式的人物，他在决战之前已详细摸清对方虚实，确定了克敌制胜的策略，所以表面上不用诡计，实际上正是诡计多端的典范：他不仅打得别人头破血流，还要使对方为他大声喝彩。战后，他遣返战俘，优待降将，厚葬死节的东吴将领陈尚、潘景；有老百姓盗割吴人的谷物，他也按价赔偿，一切做得仁至义尽。

吴人对于这位连梦里都在想着吞并东吴的晋国大将，居然心悦诚服，就连他的直接对手陆抗都对他的德量信之不疑。这真是"不战而屈人之兵"的完美例子。羊祜的美名就这样传开了。可惜羊祜去世得早，没能亲自打下东吴，但司马炎论功时仍把首功给了他。

曹操对待士卒逃亡，照顾到情理，不过分严厉，其实是起到稳定军心的作用。羊祜对敌斗争中时时不忘道德感化，其实是在展示一个自信大国的形象，用今天的话说，他是一个统战高手。

宽和严，德和刑之间，是对立统一的关系。它们既相互矛盾，又相互

国学名句集锦

深以刻薄为戒，每事当从忠厚。

——明·薛瑄《读书录》

依赖；既相互对立，又相互包含。

"外圆内方、外柔内刚、柔中带刚、以柔克刚"，是习近平总书记行事风格的重要特征。

在反腐倡廉、惩贪肃纪、消除丑恶现象、整治干部作风等问题上，习近平从来都是铁面无私、毫不留情。他反复强调"打铁还需自身硬"，并以抓铁有痕、踏石有印的作风推行"八项规定""六项禁令"，反对"四风"。他强调"苍蝇、老虎一起打"，出"重拳"、用"重典"，绝不手软，绝不姑息。他还强力推进改革，以硬骨头的精神拔钉克难、爬坡过坎，冲破利益藩篱，啃改革道路上的"硬骨头"等。但他同时又是有情有义、真诚坦率的人。他常抒家国情怀，常念亲情友情。在他的话语体系中，经常出现孩子、老人、家庭、生活，感情细腻而真挚。他不忘师恩，每逢过年都会给老师送上问候和祝福；他尊老爱幼，在正定时把县里第一辆小卧车让给老干部用，还特地设立了老干部病房和活动室；在福州时他长期资助家庭困难的孩子读书，直到他们走上工作岗位。

原北大党委书记任彦申同志说过这样一句话：一个受人拥戴的领导者，应当有声有色地工作，有滋有味地生活，有情有义地交往，这也许就是刚柔相济吧。

国学名句集锦

近来见得天地之道，刚柔互用，不可偏废，太柔则靡，太刚则折。

——清·曾国藩

赏不失信，罚不逾时

凡用赏者贵信，用罚者贵必。（《六韬·赏罚》）

行赏在讲求信用，惩罚贵在一定施行。有功不赏，有过不罚，就会出现"干好干坏一个样、干多干少一个样"的情况，还会严重挫伤优秀人才的积极性。

唐朝时，将军王去荣因为私怨杀了富平县令，按罪该判死刑。唐肃宗因为他善用石炮，于是下敕书免他的死罪，只是将他降为普通士兵，在陕郡效力。

中书舍人贾至上表认为："王去荣杀朝廷命官，罪不可恕。如果赦免王去荣，就会助长歪风邪气。有人认为陕郡刚刚收复，没有王去荣就守不住。但是其他的没有王去荣的地方，又为什么也能坚守住呢？陛下如果因为他能用石炮这一特长就免去王去荣的死罪，现在各军中怀有超凡绝技的人实在太多了，这些人一定会仗恃自己的技能，在各地犯上作乱，这又怎么能制止得了！如果说只放过王去荣而杀掉其余类似的人，那这便是法律没有固定的准则而引诱人犯罪。现在怜惜一个王去荣这样的人而不杀，将

国学名句集锦

赏不当贤而罚不当暴，则是为贤者不劝而为暴者不沮。

——《墨子·尚贤中》

来就一定会杀掉十个像王去荣这样的人，这不是伤害了更多的人吗？王去荣是个叛逆作乱的人，哪里有在这里作逆而在那里就顺服、在富平作乱而在陕郡规矩、逆乱于县令而不逆乱于天子的呢？希望圣上从大局考虑，那祸乱不久就会平定。"

唐肃宗把这件事下达给百官，让他们讨论。太子太师韦见素等人也坚持严惩，但唐肃宗最终还是没有听臣下们的意见，赦免了王去荣。从管理角度来看，唐肃宗的这一做法不值得提倡。要维护法规、制度的严肃性，就应一视同仁，不能随便为特殊情况、特殊的人开口子。

诸葛亮挥泪斩马谡的故事，在中国可谓家喻户晓了。诸葛亮为什么心疼得流泪，还是坚持斩了马谡呢？只因军法如山，法律是铁面无私的。如果凭马谡父亲和他本人为蜀汉立下的功劳，凭他们与先帝刘备的"关系"，诸葛亮稍稍开个"后门"，也未尝不可。但诸葛亮深知，此门一开，军法的铁面就再也"铁"不起来了，成了"橡皮泥面"了，对任何人都只能做出软软的媚笑，再也没有权威性和约束力了。

在团队里也是一样，制度一旦制定，就要严格执行，否则下属就会轻视纪律，产生侥幸心理。

执行惩戒应注意以下几个原则。

一是要本着公平性原则，不能厚此薄彼。例如，一个新加入公司的员工忙中出错，在一份对外宣传的资料上将公司的热线电话号码印错了。总经理一怒之下立刻将这个人炒掉了。可没过几天，总经理秘书在写给报刊的一篇文章中也犯了同样的错误，这件事却不了了之了。公司对不同员工的差别如此之大，而且相当不合理，使不少员工都感到气愤，在他们的心中，公司的形象和管理者的威信大打折扣。这种影响是十分严重的。

二是及时性原则。当下属犯了小错的时候，应该及时惩戒，以免他犯

国学名句集锦

赏罚不信，则民易犯法，不可使令。

——《吕氏春秋·离俗览·贵信》

重大的错误。马谡犯了大错，论罪当斩，但斩了他也晚了，因为蜀国已经蒙受了重大损失。下属犯了小错不警告，他日后犯大错，主管也有责任。

　　三是对违规者的惩罚力度不能太小。否则，不足以形成威慑。打个比方，一头牛偷吃了菜园里的白菜，如果它得到的惩罚只是拔去一根牛毛，是不足以对它产生足够的惩戒的。它尝到了白菜的甜美，下次还想再来。同样的道理，我们现在可以明白，为什么街头的小广告屡禁不止了。因为他们张贴小广告的成本极低，而要对他们进行惩罚又很难，他们违规的成本极低，而得利相对丰厚，自然屡禁不止，愈演愈烈。

国学名句集锦

为上者不虚授，为下者不虚受。

——《三国志·魏书·明帝纪》

非常之人，必有非常之功

　　世必有非常之人，然后有非常之事，有非常之事，然后有非常之功。（《史记·司马相如传》）

　　世上必定有不同寻常的人才，然后才能做出不同寻常的事情；有了不同寻常的事情，然后才有不同寻常的功业。改革年代，正是用人之际。要鼓励能干实事的干部，善用干成事的干部。

　　公元前 36 年，西域副校尉陈汤做了一件惊天动地的事。当时，匈奴王郅支单于认为跟汉朝相距遥远，怨恨汉朝帮助呼韩邪单于，便羞辱汉朝使节，杀害汉朝大臣，与康居王国结盟，攻击乌孙王国，为害西域。陈汤为人勇敢，能深思熟虑，富有计策谋略，渴望建立奇功。他向自己的上司甘延寿说："边境各族畏惧匈奴，如果我朝听之任之，不出几年时间，西域各部都会被匈奴吞并。如果我们征发屯田的军队，并联合乌孙王国的军队，足以把郅支消灭，这是千载难逢的机会。"

　　甘延寿认为，这事应该先向朝廷请示。陈汤说："圣上知道这事以后，

任人之长，不强其短。

————《晏子春秋》

一定召集公卿商议。可是这种大事，不是那些平庸的官僚所能了解的，让那些文官议事，什么事也干不成！"但甘延寿不肯听他的话，让他很郁闷。

甘延寿本想上书奏请，却突然得病，陈汤决定自己干！他假传圣旨，征发各城邦国家的军队和屯田部队。甘延寿想加以阻止，被陈汤按剑斥退，只好顺从。陈汤两次上奏自我弹劾，并陈述之所以如此做的理由。陈汤勇敢而有智谋，彻底消灭了郅支单于的势力，将郅支单于的人头送到长安。陈汤威震西域，巩固了汉朝对西域的管辖，另一支匈奴呼韩邪单于因此进一步接近汉朝。

陈汤以极小的代价做出了如此大的业绩。但是陈汤的缺点亦显而易见，他假传圣旨，擅自调发军队；他还乘机掳掠了敌人的许多金银财富据为己有，带入关时，被守关人员发现扣留，陈汤被关进了监狱。陈汤该定功还是该定罪？这可让朝廷犯了难。官员的意见分为两派，一派认为，陈汤立下的是天下奇功，应予升官封爵。而执政的宰相认为陈汤擅自行动，生事于蛮夷，为国招难，罪当伏诛。

最后汉元帝肯定了他们两人的功劳，封两人为侯，食邑三百户。陈汤是一个孙悟空式的人才，能力很大，但胆子也不小，不走寻常路。对这样的人，适合去做有挑战的工作，适合搞改革，紧箍咒不能念得太紧，否则他就无所作为，成了庸人一个。

有功则赏，有过则罚，赏罚分明，赏罚及时，才能激励下属发挥自己的创造力，做出实实在在的成绩。如果赏罚不明，问责机制也不健全，下属自然循规蹈矩，不求有功，但求无过。这样的团队只能是一个平庸的、缺乏活力的团队。

现在，我国的改革正处在爬坡过坎"啃硬骨头"的关头，尤其需要各级领导干部拿出逢山开路的闯劲儿、甩开膀子的干劲儿、勇毅笃行的稳劲

国学名句集锦

怀文武之才者，必荷社稷之重。

——《三国志·吴书·陆逊传》

儿，需要大批既忠诚又有本事的"孙悟空"。可是现在，有些地方却存在"干好干坏一个样、干多干少一个样"的情况；还有干部表示，以前是"谁改革谁受益"，但现在是积极推进改革反而容易吃力不讨好，不仅可能招致其他人排挤，还有可能要承担改革的风险。这样的话，谁还敢去打头阵？

西方著名的"机制设计理论"认为，一个制度或规则要想取得好的成效，这个制度或规则必须是激励相容的，即给予每个参与者适当的激励。无论是落实中央部署的改革"规定动作"，还是探索改革的"自选动作"，都要尽快完善改革成果评价机制，建立赏罚分明的机制，从而突破影响改革落实的种种梗阻，让改革者有所作为。

一方面，要建立严格的淘汰惩处机制，完善问责机制和退出机制，让"梗阻"改革者尸位素餐者付出代价。另一方面，要改变干部选拔任用和考评制度，不让改革者吃亏。为改革大局计，要鼓励能干事的干部，善用干成事的干部，倡导一批"拎着乌纱帽搞改革，而不是捂着乌纱帽保位子"的干部，以此清晰地表明"能者上，庸者让，劣者下"的选人用人导向，在选贤任能上树立"改革标杆"；要制定更科学的干部考评制度，卸下干事创业者的思想包袱，形成"比学赶超"的改革氛围，营造鼓励改革、崇尚实干的政治生态，让"为官避事平生耻"成为共识。

习近平提出的"三严三实"是党员干部作风建设的重要标尺，而"创业要实"便是这重要标尺中最显著、最易量化和品评的一方面。创业要实，重中之重是要真干事。"干事"是干部的天职，"担当"是干部的使命。凡事只求"天下太平"，什么错都没有，背后其实是什么事都不做，这种所谓的"无为而治"要不得。

国学名句集锦

常人皆能办大事，天亦不必产英雄。

——南宋·谢枋得《与李养吾书》

罚不失爱，严中有情

> 其为法令也，合于人情而后行之；其动众使民也，本于人事而后为之。（《汉书·晁错传》）
>
> （古代贤明的君主）制定法令，合乎人心世情然后才施行它；他们在动用百姓的时候，一定要从人力所能及的事情出发，然后才去做。著名法学家贝卡利亚也有类似的名言："一切违背人的自然感情的法律命运，就同一座直接横断河流的堤坝一样，或者被立即冲垮和淹没，或者被自己造成的漩涡所侵蚀，并逐渐地溃灭。"

北宋名臣曹彬，对人仁爱宽厚，平时绝不会草率判人死刑。他在任徐州知府的时候，有个官吏犯了罪，他通过审理，判决一年后对罪犯执行杖刑。大家对他缓刑的做法不理解。曹彬说："我听说这人刚娶了媳妇，如果立即对其执行杖刑，此女的公婆必然会认为是这个媳妇带来的晦气，因而厌恶她，一天到晚打骂折磨她，她在婆家的日子就会很难过。这就是我判缓刑的缘故。同时我还要依法办事，不能对他赦免。"大家顿生敬意，

国学名句集锦

高墙狭基，不可立矣；严法峻刑，不可久也。

——西汉·桓宽《盐铁论·诏圣》

曹彬考虑问题真是细致深远。

下属犯了错，自然该给以处分。但处分中可不可以带有一些人情味？比如在处罚方式上照顾到下属的尊严；对待过错比较小的下属，要挽救他、给机会、给出路？

我们都知道，商鞅是位法家，他坚信只要法令完备，不怕百姓不服从，不怕社会治不好。他大刀阔斧，赏功罚罪，短时间内就使秦国富强起来，威震诸侯，奠定了秦国一统天下的基础。

可是，商鞅本人的结局却十分凄凉，而秦国的强大也如昙花一现，反抗者如雨后春笋般冒了出来。这是为什么呢？

因为商鞅的做法，刻薄寡恩，不近人情。比如，他把国家变成了一个军事组织，居民以五家为"伍"、十家为"什"，将什、伍作为基层行政单位。按照编制，登记并编入户籍，责令互相监督。一家有罪，九家必须连举告发，若不告发，则十家同罪连坐。不告奸者腰斩，告发"奸人"的与斩敌同赏，匿奸者与降敌同罚。商鞅同时规定，旅店不能收留没有官府凭证者住宿，否则店主也要连坐。

当时的秦国社会，家族间的亲情纽带已经被实际的利益追求一刀斩断了。当时秦国民间风习，据说将糖锄一类的普通农具借给父亲，也会以为施以恩惠而得意洋洋，在母亲取用簸箕扫帚一类用物时，竟然可以恶言咒骂。

所以，商鞅和秦国的命运，不难想象。

不近人情的事，老百姓是无法长期坚持的，即使有法令约束也不行，百姓会想方设法突破法令，让它形同虚设。违背人情，是法家失败的原因；做事符合人情，讲究情理，是儒家的重要精神。

不久前，有媒体报道称，某涉腐官员在女儿婚礼上被纪委带走。对

国学名句集锦

峻法严刑，非帝王之隆业；有罚无恕，非怀远之弘规。

——《三国志·吴书·陆逊传》

此，当地纪委回应称，消息严重失实，绝对不是在婚礼现场。

撇开新闻本身不说，纪委抓"贪官"要不要讲"人情味"呢？

按当地纪委人员的话来说，"如果真像报道说的那样，纪委就实在太没有人情味了"。可见，纪委官员并不否定"人情味"，纪委办案也是要讲"人情味"的。

关键是怎么定义和看待"人情味"。

事实上，公众和纪委官员眼里的"人情味"，并非徇私枉法办"人情案"，实质是一种道德伦理、公序良俗，是一种有利于社会和谐稳定的价值观念、良善做法。无疑，这样的"人情味"是值得肯定的。

就婚礼来说，是传统美好民俗，是新人和整个家庭的人生大事，是亲朋好友祝福喜庆的好日子，充满了欢声笑语，社会影响巨大。如果破坏这种喜庆祥和的"气氛"，大庭广众之下把新娘父亲"抓走"，等于是一种"羞辱"，自然无"人情味"可言，不但会招致人们的反感，也有违传统风俗。

须知，规则之外有温情，冰冷的法律也有一颗温暖的心，所谓"法不容情亦有情"。对待有过错的下属也是如此，要有一颗"给出路"的仁心。

国学名句集锦

兵之胜负，实在赏罚。赏厚可令廉士动心，罚重可令凶人丧魄。

——唐·韩愈《论淮西事宜状》

第七章　用人不疑，信之笃之

　　自古以来，"用人不疑，疑人不用"的用人观一直被世人称道。首先，它体现了用人者知人识人的智慧与能力；其次，体现了对人才的尊重与信任，能够给人才以自由发展的空间，充分调动人才的主观能动性，这对于吸引和使用人才都是有益处的。

◎推心置腹，以诚待人

◎己欲立而立人，己欲达而达人

◎良匠无弃材，明君无弃士

◎公平用人，不论贵贱

◎贵而不骄，贤而能下

◎大事精明，小事糊涂

◎保护人才，勇于担当

◎用人不疑，信之笃之

◎靡不有初，鲜克有终

◎多种激励，兼而用之

◎深入其中，方能驾驭其上

推心置腹，以诚待人

　　功成理定何神速？速在推心置人腹。（唐·白居易《七德舞》）

　　唐太宗大功告成安定天下为什么如此迅速？这是因为他能推心置腹以诚待人。

　　"推心置腹"这个成语出自《后汉书·光武帝本纪》，说的是光武帝刘秀以诚意和仁德感化降将的故事。

　　刘秀率领将士浴血奋战。某一天，他展开地图，总结平乱的政绩，望着标识着密密麻麻符号的作战形势图，不禁茫然，便对邓禹道：

　　"天下如此辽阔，如今我才平定了一些小郡，要到何年何月，才能使全国安定下来？我真是没有把握啊！"

　　邓禹回答："诚然，如今天下群雄兴起，战乱不断，前景不测。但是万民都眼望着明君的出现。自古以来，兴亡都在于仁德的厚薄，而不在于土地的大小。请您不要灰心丧气，只要一心一意积王者之德，天下最终会归于统一的。"

国学名句集锦

　　凡为天下国家有九经，曰：修身也，尊贤也，亲亲也，敬大臣也，体群臣也，子庶民也，来百工也，柔远人也，怀诸侯也。

——《礼记·中庸》

　　刘秀深以为然。半个月后，他率兵击败了称作"铜马"的农民军。对那些愿意归降的将士，刘秀非但不治罪，反而让他们维持原职，继续作战，且对其统领们一一封侯。他这样对叛军恩宠有加，以至于他们不敢相信，心中不免充满疑惑及不安。

　　这种情形刘秀也察觉到了。于是，他下了一道命令，投降军队不予整编，维持原编制，叛军将领仍复原位，带领原部下参战，本部不作干涉。命令下去后，为了观察实际反应，刘秀经常一个人单骑来往于各营地巡视。此时如果有人行刺刘秀，那真是易如反掌的事情。叛军众将士看到刘秀如此诚恳，都产生了敬仰之心。他们异口同声地说："萧王（刘秀当时的封号）推赤心置人腹中，诚恳待人，不怀疑我们，实在是一位度量宏大的宽仁长者！以前我们以小人之心度君子之腹，怀疑他居心叵测，现在回想起来，真觉惭愧。今后为了报答萧王的知遇之恩，我们就是上刀山、下火海也在所不辞！"

　　从此以后，这些降将都成了刘秀忠实的部将，跟着刘秀披荆斩棘、赴汤蹈火，立下汗马功劳。刘秀东征西讨，南征北战，终于平定了天下的战乱，建立了东汉王朝。

　　刘秀具有贤明豁达的领导者风范。他诚恳待人，以君子之心度他人之腹，使人心归附于他，最终壮大了自己。

　　刘秀和西汉的刘邦一样，都处在乱世，正是群龙无首的年代。这时没有绝对的权威，谁也不服谁，靠武力让人屈服只能是以暴易暴。所以刘秀的宽仁既是他人格魅力的体现，也是当时形势的需要。

　　其实曹操也是个有胸襟、能容人的领导。当初刘备还没成事的时候曾来投靠曹操，曹操任命他为豫州牧。有人对曹操说："刘备是有野心的人，现在若不趁早除掉他，将来必是后患。"曹操征求郭嘉的意见。郭嘉说：

国学名句集锦

择天下之士，使称其职；居天下之人，使安其业。

——唐·韩愈《梓人传》

"您现在手提宝剑兴义起兵，为百姓除暴，必须要推崇信义，才能招来英雄豪杰。刘备向来有英雄之名，如果我们杀了他，则有害贤之名，这种损失可就大了。"曹操认为他说得对。

后来祢衡来投奔曹操，此人极端狂妄，把曹操手下的人才骂了个遍，曹操也不以为意，没有难为他，只是把他送给了刘表。

当今是个多元社会，人们的价值观念形形色色，生活理想也不尽相同。作为领导，如何把各种各样的人团结起来，形成一个团队，自己的人格魅力是非常重要的。

领导对部下的工作应当严格要求，一丝不苟。但工作以外，他们之间就不再是上下级关系了，而都是社会的一员，人格是平等的。所以不要总摆领导的架子，那样会把人拒于千里之外，使人无法接近。应尽量抽出一些时间，参加一些工作以外的群众活动，如聊聊家常、下下棋、打打球、玩玩牌等等。这样群众就会觉得领导干部同他们不分彼此、亲密无间；同时，领导干部还可以借此熟悉情况，了解群众，把握社情民意，一举多得。

另一方面，领导干部是做人的工作的，必须懂得群众的心理。这样就要学一些心理学知识，以便能够自觉地掌握和运用人的心理变化规律，有的放矢地做好人的思想工作。领导干部要与群众交朋友，还要熟悉群众的语言。不然，说起话来，尽打"官腔"，就可能和群众说不到一块去。语言是交流思想的工具，领导干部与群众如果没有共同的语言，就不能实现感情的交流，交朋友就更困难了。所以，领导干部要想和群众交朋友，还得下点功夫，熟悉群众的语言，用群众喜闻乐见的语言形式与他们交流。

国学名句集锦

择之以才，待之以礼。

——北宋·苏洵《广士》

己欲立而立人，己欲达而达人

子曰："己欲立而立人，己欲达而达人。"（《论语》）

有仁德的人，自己成就功业，也要帮别人成就功业；自己通达事理，也要使别人通达事理。能与别人一同进步，而不是独善其身，才是一位真正的仁者。对于领导干部来说，要心胸宽广，助人成功就是最大的成功。

如果你是一个商人，一心只想着自己赚钱，而从不为合作伙伴着想，甚至去算计别人，多捞好处，是没人愿意与你合作的。

如果你是一个领导者，一心只想着自己成功，从不关心部下和同事的成功，只是把部下和同事当作实现个人成功的工具，这是不会有人愿意为你效力的。

帮助别人就是在帮助自己，周围人都能成功才是领导者最大的成功。

曾国藩一生出将入相，培养了很多人，很多人从他的幕府中走上政坛，成为封疆大吏。郭嵩焘、左宗棠、李鸿章、沈葆桢、刘铭传等人，都曾因他的荐举而成就功名。

国学名句集锦

君子贵人而贱己，先人而后己，则民作让。

——《礼记·坊记》

　　其实，曾国藩本来是个理想主义者，以天下为己任，不求升官发财，所以他对下属也奉行的是"不妄保举，不乱用银钱"的原则。本来他的用意是好的，但要求太高了些。因为他能做圣人，别人却达不到，结果导致"人心不附"的局面，对湘军的壮大和团结非常不利。所以，他后来就加大了保举的力度。比如，他在给咸丰皇帝的奏疏中，说李鸿章"才大心细，劲气内敛"；说左宗棠"取势甚远，审机甚微"，并说其"才可独当一面"；说沈葆桢"器识才略，实堪大用，臣目中罕见其匹"。由于他的高度评价，朝廷很快批准：左宗棠出任浙江巡抚，沈葆桢出任江西巡抚，李鸿章出任江苏巡抚，李续宜出任安徽巡抚。

　　一个人的价值，是看他贡献了什么，而不是看他索取了什么；是看有多少人因他受益，而不是看他一个人站得有多高。

　　其实鲁迅先生也有一个价值观转变的过程。

　　20世纪初，中国正遭受着苦难，国土被列强践踏，百姓也愚昧麻木，整个社会死气沉沉。鲁迅生活在那个时代，内心非常苦闷。

　　有一天，他的好朋友钱玄同来看他，问他最近在做什么。鲁迅漫不经心地说："抄古碑。"

　　"你抄了这些有什么用？"钱玄同翻着那些古碑的抄本，问道。

　　"没有什么用。"

　　"那么，你抄它是什么意思呢？"

　　"没有什么意思。"

　　"我想，你可以做点文章……我们正在办《新青年》杂志，目的是唤醒民众，改变中国落后愚昧的现状。"钱玄同诚恳地建议道。

　　可是鲁迅并没有那么乐观，他说："假如有一间牢不可破的铁屋子，里面有许多熟睡的人们，不久都要闷死了。这时你大嚷起来，惊起了较为

────── 国学名句集锦 ──────

穷则独善其身，达则兼善天下。

——《孟子·尽心上》

清醒的几个人，可是他们又无法冲破铁屋，只能在绝望中死去，你倒以为对得起他们么？"

"你应该这样想：既然有人醒来，就不能说绝没有打破这铁屋的希望！"钱玄同坚定地说。

鲁迅被他说服了，此后他不再以抄古碑打发时光，而是写出了很多惊世之作，成为一位唤醒民众、改造社会的思想家。

鲁迅早年抄古碑，是一种独善其身的想法，如果这样做一辈子，就是个寻章摘句的书虫而已。后来他转变了思想，肩负起挽救国家、改造社会的责任，所以他才成为世人景仰的鲁迅。

习近平总书记多次引述《论语》名句"己欲立而立人，己欲达而达人"，用来表述中国愿意与世界各国一道发展、互利共赢的新型发展观。中国的发展带给世界的是机遇，不是威胁，中国建设"一带一路"，是为了与沿线各国一道发展，而不是以邻为壑。这就是"助人成功是最大的成功"。

如果一个领导者只想自己成功而从不想别人成功，甚至想把自己的成功建立在别人不成功的基础上，以别人的不成功为代价来换取自己的成功，那是很糟糕的。如果一个领导者的成功带动了周围一群人的成功，形成了一个人才辈出、群星灿烂的群体效应，那才是真正英明的领导者。一个领导者手下能不能源源不断地产生人才、输送人才，是衡量他是否真正成功的一个重要标准。

一个领导者怎样才能使周围的人取得成功呢？

第一，满腔热忱地对部下"传、帮、带"，为他们学习提高、充实完善提供各种必要的条件。

第二，敢于压担子，放手加以使用，给他们施展才能的机会。当一个

国学名句集锦

朝无争臣则不知过，国无达士则不闻善。

——《汉书·萧望之传》

人感到责任重大、力不从心的时候，恰恰是进取心最强、创造力最大、成长进步最快的时候。

第三，在公众场合，主动介绍部下的优秀品质、特殊才能和工作业绩，表达对部下的赏识和信任，帮助他们树立群众威信，不断增强他们的自尊心、自信心，尽量避免当众批评他们。

第四，在部下为流言蜚语所困、受到恶意诽谤和不公正待遇时，要敢于挺身而出，仗义执言，为他们讨回公道，即使自己受伤也在所不惜。绝不能明哲保身，一看"情势不妙，拔腿就跑"，更不能落井下石。

第五，抓住机会，大胆提拔。积极举荐部下中的佼佼者到更重要的岗位去锻炼提高，千万不能因为这个人使用很顺手、工作很得力而舍不得放手。只要有更大的舞台、更广阔的前途，宁可暂时工作受点影响也要舍得输送。不要怕后继无人。越是大胆输送人才，越会有其他优秀人才补充进来。

国学名句集锦

伯乐一顾，价增三倍。

——唐·韩愈《为人求荐书》

良匠无弃材，明君无弃士

> 君子善能拔士，故无弃人；良匠善能运斤，故无弃材。（北齐·刘昼《刘子·适才》）
>
> 君子善于选拔人才，所以没有弃而不用的人；优秀的木匠善于运用斧子等工具，所以没有弃而不用的木材。从某种意义上说，一个会用人的领导，可以使任何人都派上用场。他是一个出色的箍桶匠，能够扬每一位下属之长，避其所短，使他们形成合力。

苏联曾研制出米格-25喷气式战斗机，此战机的许多零部件与当时的美国战机相比要落后，但因设计者考虑了整体性能，所以这一机型在升降、速度、应急反应等方面成为当时世界一流。这就是管理学上有名的"米格-25效应"，对于建设一个协调高效的团队很有启发意义。

从某种意义上说，一个会用人的领导，使任何人都派上用场，使他们形成合力，这样整个团队就是一个高效协作的团队。三个臭皮匠，顶上一个诸葛亮。

国学名句集锦

理国以得贤为本。

——《后汉书·来歙传》

在历史上，作为军事统帅的曹操在辨才用人方面，可以说高出孔明之上。他手下谋士云集，战将林立。每一次作战，不论守关还是夺寨，曹操一般都能做到择人任势，调度得当。这就非常有利于争取主动，夺得胜利。其中，张辽、李典、乐进三将军守合肥，就是曹操知人善任的典型一例。

建安二十五年（公元215年），曹操西征张鲁，东吴孙权见有机可乘，率军攻打合肥。镇守合肥的三员大将是张辽、李典、乐进。他们三人论资历、能力、地位、职务，不相上下，也正因为这样，所以三人互不服气。在讨论破敌决策时，意见不一。此刻，形势异常紧张，合肥危在旦夕。就在这节骨眼上，曹操派遣护军薛悌从汉中送来一个木匣，里面是曹操对合肥的防御作战作的具体安排，指出："若孙权至，张、李二将军出战，乐将军守城。"

曹操做出这一安排，是基于他对三位将军的深刻了解。张辽，文职武职都担任过，有胆有识，能顾大局；乐进是名猛将，但脾气暴躁；李典，举止儒雅，不爱争功，但难以独当一面。如果让张辽、乐进一同出战，让李典守城的话，两员猛将可能会有争执，而李典恐怕也难当大任。所以曹操做出了让张、李出战而乐进守城的安排。

果然，在张辽的带动下，三人各负其责，协调一致，大破孙权。

知人善任，择人任势，是一门重要的组织指挥艺术。领导应深知下属做事为人、性格修养等各个方面的特长，这样才能根据不同的情况灵活地调兵遣将，正确地使用人才。糊涂的领导常会做出派"黑旋风"到水里同"浪里白条"交手的傻事来，必然会导致调遣失度，做事失利。

在一个领导班子中，最好由各种不同知识结构、不同性格、对问题有不同思维方式的人物组成，以便于互相取长补短，异中求同，使决策更科

国学名句集锦

大匠无弃材，寻尺各有施。

——唐·韩愈《送张道士》

学。那种"一色清"的指挥班子，以一人的意见为决定，一人提出方案，大家举手通过，不能进行各种意见的比较和补充，这样形成的决策就容易失误。

　　改革开放之初，因为中央有文件，要落实知识分子政策、尊重知识、尊重人才。于是，某些部门一哄而上，把原来的业务骨干提为所在单位的一把手、二把手。但是效果并不理想，当了"官"的业务骨干陷入日常工作的繁琐事务中，陷入了文山会海的包围中，陷入了各种迎来送往的应酬中，再没有时间，没有充沛的精力投入到业务中去。时间一长，眼看着原来的同行不断开拓提高，而自己的业务水平却远远落后，真是别有一番滋味在心头。

　　人才就是生产力。在你的团队里，有没有人才被闲置，或是被放错了位置？他们是不是正在生闷气，或是准备跳槽？这些问题值得用人者深思。

国学名句集锦

　　选之艰，则材者出；赏之当，则能者劝。

——北宋·欧阳修

公平用人，不论贵贱

　　不以富贵而骄之，寒贱而忽之。（唐·李白《与韩荆州书》）

　　意思是说，待人要一视同仁，不因为自己地位高而傲视他人，不因为他人贫贱而轻视他们。很多杰出人物都起于寒门。一个社会要想保持活力，必须防止阶层壁垒的出现，让下层人才源源不断地输送上来。

　　春秋时，鲁国平民曹刿听说国家有难，主动求见鲁庄公，想要献计献策。他周围的人劝他说："肉食者谋之，又何间焉？"意思是，贵族们的事，咱们掺和什么？曹刿的回答是："肉食者鄙，未能远谋。"这句话可谓尖刻，但一针见血，掷地有声，对执政者的深刻了解和对时局的成竹在胸跃然纸上。

　　鲁庄公并没有因为曹刿地位寒微就拒绝他，这可以看出，春秋时期还保留着"国人议政"的古风。春秋时的国很小，住在城里的人往往都是统治宗族的成员，即使不是贵族，也多少有点或远或近的关系。所以，那时

━━━━━━ 国学名句集锦 ━━━━━━

推贤让能，庶官乃和。

　　　　　　　　　　　　　　　——《尚书·周官》

平民见到国君还不算太难。

同样是在春秋，郑国一个贩牛的商人弦高，赶着一群牛到洛阳去做买卖，路上遇到一位好朋友，从他口中听到秦国已经派兵进攻郑国的消息。他知道郑文公刚死，国内一定没有准备，便急中生智，一面通知传递公文的驿站人员回国报信，一面挑选了四张牛皮和十二头肥牛，亲自带着，朝秦军来的方向迎了上去。他假装奉国君之命，前来犒师，话锋软中带硬，说自己国家虽小，却也做好了防守准备。秦将一看风声走漏，只怕劳而无功，只好打消了偷袭郑国的念头。

"国家兴亡，匹夫有责"，弦高只是一介平民，却有这种主人翁精神，看来郑国的执政基础还不错。

武则天继位以后，重用出自寒门的官员。为什么呢？因为她是篡夺李唐江山登上皇位的，那些世袭大族都反对她，她只好另辟蹊径。但歪打正着，此举大大打击了自东汉以来形成的门阀制度，促进了科举取士，提高了社会的公平度。自唐以后，门阀士族把持朝政的情况再也不存在了，当官都要通过科举，寒门庶子只要好好读书，一样有机会。"朝为田舍郎，暮登天子堂"，不再是梦想。

历史的车轮走到今天，社会分工越来越细，越来越多元，像鲁国那样的小国寡民，曹刿说见就能见到最高领导者的情况，不可能存在。但是，一个有着十几亿人口的大国在选拔人才上如何保持公平呢？

不仅是公务员招考，这些年来，从入托、入学到小微企招投标，竞争的机会能否公平、竞赛的过程能否公平？都成了普通家庭和普通劳动者关注的问题。

追逐梦想，能够唤醒巨大的潜能，小到激发一个人的能力，大到带动整个社会的活力，乃至壮大一个国家的实力。实践梦想的过程是权利和利

国学名句集锦

正直者，顺道而行，顺理而言，公平无私，不为安肆志，不为危易行。

——西汉·韩婴《韩诗外传》

益诉求的过程，要靠公平托底。因为，权利和利益诉求能否平稳实现，一靠每个人、每个公司、每个社会组织能否沿公平的轨道奋斗，这说的是规则公平。二靠法令、政策、规则能否屏蔽竞争中不必要的干扰因素，能否排除仰仗强权、潜规则开道的竞争者，这说的是机会公平和过程公平。社会管理创新、司法体制改革，国家近年来的大动作无不将公平正义做标杆，这与普通劳动者追逐个人梦想、诉求个人利益息息相通。处在关节点上，扮演游戏规则制定者的政府，就更要清醒地、果断地勾画出当今中国该依托怎样一种公平。

三十多年改革实践表明，真正的机会公平总和程序公平、规则公平连在一起。社会规则中必须蕴含对弱小者的照顾，人人能逐梦社会才稳定。这里有两个例子引人深思。在美国幼儿园复活节找彩蛋活动中，年纪大、体格强的孩子会被靠后安排一点，年纪小、体格弱的孩子则少许靠前。在香港大学入学选拔中也会对贫民家庭有所关照。这提示我们，秩序和谐、社会阶层流动，都要求规则设计对弱小者有所照顾。

再拿公务员招考规则为例，被选者如果来自掌握大量社会资源的家庭，录用规则能否安排他们靠后一点？对寒门子弟，录用规则能否给予适当照顾？机会公平和过程公平兼顾，避免"起点公平"滑向"赢者通吃"，社会才有希望；社会阶层不板结、人人有活力才有希望。

好规则就像良法，应该是善良和公正的艺术。只有把兼顾强弱两方的规则定出来，"世袭""官二代"等含有仇视和蔑视的字眼才可能退席。规则再好，还靠执行者落实。只有规则执行者秉持公正，竞争过程让每个人感受到公平、合理，社会和谐才有指望。说到这里，规则公平、机会公平、过程公平，三者兼顾才算真公平。真公平，全程监理利益诉求、梦想诉求，不论输赢，每一个竞争者和每一个竞争结果都会被尊重。

国学名句集锦

理国要道，在于公平正直。

——《贞观政要·公平》

贵而不骄，贤而能下

贵而不骄，胜而不恃，贤而能下，刚而能忍，此谓礼将。（三国·蜀·诸葛亮《将苑》）

尊贵而不骄傲，取胜而不自恃有功，有才能且能不耻下问，性格刚强且能控制感情，这样的将才叫"礼将"。

领导干部的言行举止，下属和广大群众都看在眼里，因此要格外注意自己的言行。对下属不能轻慢，对群众不能敷衍，否则很可能形成放大效应。在今天这个媒体网络无所不及的时代，尤其如此。

战国时候的廉颇和蔺相如就曾有过矛盾。蔺相如本来是赵国一名宦官的门客，地位低下，因为偶然的机会才为赵王所知，赵王派他带着和氏璧出使秦国，他不辱使命，出色完成了任务。从此以后，他接连被提拔，简直比坐直升机还快。最后官拜上卿，名字排在廉颇之前。

这下廉颇很不服气了，说："我是赵国的将军，有攻城野战、保卫国家的汗马功劳，可是蔺相如仅仅靠耍嘴皮子立了一点功，他的爵位却在我

国学名句集锦

善胜敌者不与，善用人者为之下。

——《老子》

的上面。况且，蔺相如出身低微，他原来不过是宦官手下的一个舍人。我同一个出身低贱的人担任同样的职务，实在是感到耻辱，而且现在还要我做他的下手，这我简直受不了。”他对外扬言：“我如果碰到蔺相如，一定要羞辱他一番。”

蔺相如听到这些话，总是避免和廉颇见面。每次朝会的时候，蔺相如常常假托有病，不愿和廉颇争位次的先后。后来有一次蔺相如外出，远远看见廉颇来了，立即把车子掉转方向躲避。

后来蔺相如对自己的门客说：“我不是怕廉将军，我是为了国家着想。现在强秦之所以不敢发兵来攻打我们赵国，只是因为我和廉将军两人还活着。两虎相斗，必有一伤。我之所以忍辱退让，是由于我首先考虑到国家的患难和安危，而把个人之间的仇怨摆在次要地位的缘故。”

这话传到廉颇的耳朵里，廉颇毕竟是个正直的人，他感到很惭愧，觉得自己的境界实在太低了，于是真诚地负荆请罪，两人终于和解。

在工作中，与同事搞好关系十分重要，人际关系搞不好，工作就不好开展。有这样一位职员，工作年限不长，但能力很强，深受领导赏识，很快被提升为部门主管。但是下属中有位老职员，仗着自己资格老，以前有功劳，对他不服，让他很难办。遇到这种情况该怎么办呢？

要想改变这种境况，必须首先认清这一点：每个人都自我感觉良好，认为自己并不比别人差，对别人不服气是正常心理。所以，年轻领导必须遵循一条准则：尊重他人的优点，承认他人的优势，慢慢解开他人心里的疙瘩。

新主管对待倚老卖老的资深同仁，要以敬重、真诚的态度对待。比如在聚会时，趁机表示敬重之意，真诚地赞美他为公司做出的贡献。在工作中不懂的事要和他商量，不能因为对方职位不高或生性老实而有失敬意，

国学名句集锦

君子尊贤而容众，嘉善而矜不能。我之大贤与，于人何所不容？我之不贤与，人将拒我，如之何其拒人也？

——《论语·子张》

这种人对公司上上下下很清楚，听他讲讲公司的历史，对新主管也是有益的。如此一来，年轻主管不但加深了对公司的了解，而且在老员工及众人心中，也留下好的印象。

如果职员在晋升之前，和资深下属搞好关系，那么可免去晋升后的麻烦。例如，表示出你对他的关心，在他需要帮助时，热心支援，并让他欠你的"人情债"，让他觉得你做主管会更有助于他的自身利益。

"敬一人，则千万人悦；慢一人，则千万人怨。"在媒体网络无处不及的今天，领导干部的一举一动、一言一行已处在众目睽睽之下，随时可能引发"蝴蝶效应"，不可不慎。

国学名句集锦

富贵而知好礼，则不骄不淫；贫贱而知好礼，则志不慑。

——《礼记·曲礼上》

大事精明，小事糊涂

　　水至清则无鱼，人至察则无徒。（《大戴礼记》）

　　意思是，水太清澈，鱼就无法生存；人太精明，就没有伙伴了。说明凡事要有度，过了反而会达不到应有的效果。那些以苛察小事自以为精明的人，恰恰是不通人情世故、大事糊涂的人。领导者大事不糊涂，小事上多体谅下属，不要事事纠缠，否则退休以后没人理你。

　　唐太宗时期，大臣张蕴古呈给太宗《大宝箴》，谈到"勿没没而暗，勿察察而明"。意思是处于上位者既不能糊里糊涂，浑浑噩噩，什么都不知道，也不能过于苛察、精明，连臣下的细微小事也知道，要在两个极端之间采取中庸之道，当然，这个中庸，对于领导人来说，不是什么事情都折中处理，而是大事精明，小事不苛察。

　　武则天当上皇帝后，所宠信的大臣唯有狄仁杰，把他提拔到宰相的位置上。可能是为了表示亲近，武则天将一些只有她一个人知道的秘密事情告诉狄仁杰。她对狄仁杰说："你在汝南当地方官时很有政绩，但是有人

国学名句集锦

君子役物，小人役于物。

——《荀子·修身》

诬陷你，现在想知道诬陷者的姓名吗？"狄仁杰首先感谢武则天对他的信任，接着说："陛下不以臣为过，臣之幸也，不愿知譖者名。"武则天听了深为赞叹。知道过去是谁诬陷了他，对狄仁杰的宰相工作并无半点好处，而诬陷者或许会担心狄仁杰挟嫌报复，多生出一些事来。所以，狄仁杰宁愿糊涂，不愿苛察。

曹操焚烧他的下属私通袁绍的书信的事，是许多人所知道的。公元200年，袁、曹在官渡决战，袁绍被打得大败。曹操在收缴袁绍往来书信中，得到许都官员及自己军中将领写给袁绍的信。在别人看来，这正是一个查明内部立场不稳者的绝好机会。但是查出这点，对曹操的事业又有什么好处？袁绍已被击败，已断了观望骑墙者的希望。另一方面，当时正是用人之际，不能不用这些人。既然要继续使用他们，查明谁在背后与袁绍通过信，只会令他们疑神疑鬼，增加内部的不稳定。所以，曹操在这个问题上宁要糊涂，不要精明，他把收缴到的书信全部付之一炬，说："当绍之强，孤犹不能自保，况众人乎！"对私通者表示理解，一概予以原谅。

事实证明，不知道不需要知道的事情，下属会因此而受到信任，原本摇摆不定的人很可能因受到信任而定下心来，一心一意为其事业服务。公元410年，东晋将领刘道规与反叛者卢循、桓谦作战。卢循、桓谦人多势众，进逼江陵。在这种形势下，江陵百姓都给桓谦写信，告诉他城内情况，打算在桓谦攻城时做内应。但结果刘道规率领的东晋军队击败了桓谦，他从桓谦那里搜捡到了这些信件，一封也不看，下令把信全部焚烧。江陵百姓从此内心非常安定。不久，卢循的另一支大军由徐道覆率领直下江陵，城中无兵。有人传说，卢循已经扫平了京邑，这是派徐道覆来当刺史。但是，江汉地区的百姓却感激刘道规焚烧书信、不计前嫌的恩德，都不再有二心了。

国学名句集锦

善谋生者，但令长幼内外，勤修恒业而不必富其家。善处事者，但就是非可否，审定章程而不必利于己。

——清·王永彬《围炉夜话》

要是刘道规当时苛察，一定要知道谁私通桓谦，在那样一个战乱年代，恐怕他后来就不会得到江汉地区百姓的支持，那些百姓甚至可能会站在他的对手一边与他为敌了。刘道规的不苛察，得到了十分丰厚的回报。

人无完人，要允许别人犯错误。那些本可以精明但宁愿装糊涂的人，实际上正是他们的精明之处。那些以苛察小事自以为精明的人，恰恰是不通人情世故、大事糊涂的人。

苛察的最大弊端就是容易引起下属的怨恨。具体情况有：

第一，下属会觉得上司对他不信任，于是心里不安，可能设法摆脱上司，或者跳槽。

第二，下属会感到受到的干预过多，做事情没有自主权，因而逐渐变得消极，采取不求有功，但求无过的态度，或大搞形式主义，来对付他所负责的工作。

美国福特汽车公司前总裁托伊说过："当你发现下属处事方针有所偏差时，抑制干涉的冲动实在不是件容易的事。"但是，领导者必须克制自己的这种冲动。

国学名句集锦

人生不如意事常居八九，试看一月之中月圆只十五、六两日，故知不足是万事之至理。《书》曰："谦受益，满招损。"终生实行，可消内变，弭外忧。

——清·归终居士《意气谱》

保护人才，勇于担当

> 不教而杀谓之虐，不戒视成谓之暴，慢令致期谓之贼。（《论语·尧曰》）
>
> 不事先进行教育便加杀戮，叫作"虐"；不事先告诫而要求立即成功，叫作"暴"；起先懈怠而突然限期，叫作"贼"。这几条，列举了领导者的几种不称职做法。很多时候，下属犯了错，领导就没有责任吗？

汉朝实行的是郡县制，但是同时又有二十二个诸侯国。这些诸侯都是汉高祖的子孙，也就是所谓的"同姓王"。

到了汉景帝时，诸侯国的势力很大，有些诸侯国不受朝廷的约束，俨然独立王国。当时的御史大夫晁错就对汉景帝说，不如趁早削减他们的封地。

汉景帝还有点犹豫，说："好是好，只怕削地会激起他们造反。"

晁错说："诸侯存心造反的话，削地要反，不削地将来也要造反。现在造反，祸患还小；将来他们势力雄厚了，再反起来，祸患就更大了。"

国学名句集锦

十人树杨，一人拔之，则无生杨也。

——《战国策·魏策二》

汉景帝觉得晁错的话很有道理，就开始削减诸侯的封地。果然，吴王刘濞先造起反来了。他打着"诛晁错，清君侧"的幌子，煽动别的诸侯一同起兵叛乱，史称"七国之乱"。

叛军声势很大，汉景帝有点怕了。他想起汉文帝临终的嘱咐，拜善于治军的周亚夫为太尉，统率三十六名将军去讨伐叛军。

那时，朝廷上有个妒忌晁错的人就说七国发兵完全是晁错引起的。他劝汉景帝说："只要答应七国的要求，杀了晁错，免了诸侯起兵的罪，恢复他们原来的封地，他们就会撤兵回去。"

汉景帝听信了这番话，说："如果他们真能够撤兵，我又何必舍不得晁错一个人呢。"

接着，就有一批大臣上奏章弹劾晁错，说他大逆不道，应该腰斩。汉景帝为了保住自己的皇位，竟昧着良心，批准了这个奏章。

一天，中尉来到晁错家，传达皇帝的命令，要他上朝议事。晁错还完全蒙在鼓里，立刻穿上朝服，跟着中尉上车走了。

车马经过长安东市，中尉忽然拿出诏书，要晁错下车听诏。中尉宣布了汉景帝的命令，后面一群武士就一拥而上，把晁错绑起来。这个一心想维护汉家天下的晁错，竟这样莫名其妙地被腰斩了。

汉景帝杀了晁错，派人下诏书要七国退兵。这时候吴王濞已经打了几个胜仗，夺得了不少地盘。他听说要他拜受汉景帝的诏书，冷笑说："现在我也是个皇帝，为什么要下拜？"

汉军营里有个官员名叫邓公，到长安向景帝报告军事情况。汉景帝问他说："你从军营里来，知不知道晁错已经死了？吴楚愿不愿意退兵？"

邓公说："吴王为了造反已经准备了几十年了。这次借削地的由头发兵，哪里是为了晁错呢？陛下把晁错错杀了，恐怕以后谁也不敢替朝廷出

国学名句集锦

虽有千里之能，食不饱，力不足，才美不外见，且欲与常马等不可得，安求其能千里也。

——唐·韩愈《杂说》

主意了。"

汉景帝这才知道自己做错了事，但后悔已来不及。亏得周亚夫善于用兵，费了好大的劲才打败叛军，平定了"七国之乱"。

作为领导，应该保护下属的权利和工作积极性。如果一遇到阻力就把下属推出去当替罪羊，以后还有谁会对你死心塌地呢？

就保护人才而言，领导者应敢于担当，必要时敢于为下属护短。古人讲："有大略者不问其短，有厚德者不非小疵。""小过无害正道，斯可略矣。"特别是一些初出茅庐、血气方刚的年轻人才，他们有棱有角，敢想敢干，"初生牛犊不怕虎"，有时处事毛躁，难免"洒汤漏水"，说话也会得罪人。二三十岁的年轻人没有点狂气，不说点大话成不了大器。当然，四五十岁的人还整天说大话也就不堪造就了。作为领导者对成长中的年轻人才应当多一点偏爱，多一点袒护，多做一些补台的事情，使他们逐渐成熟起来、强壮起来。

鲁迅曾经尖锐地批评那些喜欢在嫩苗土地上驰马的"恶意批评家"，他们常以幼稚为名而对新人新作大张挞伐。鲁迅说："其实即使天才，在生下来的时候的第一声啼哭，也和平常的儿童的一样，决不会就是一首好诗。""倘说待到纯熟了才可以动手，即使村妇也不至于这样蠢。她的孩子学走路，即使跌倒了，她决不至于让孩子从此躺在床上，待到学会了走法再下地面来的。"在年轻人才遇到困难和挫折时，领导者要敢于挺身而出，为他们保驾护航。如果不设法遮挡住他们的"伤口"，而是任人捅来捅去，那么一个很有希望的人才就可能凋谢了。

国学名句集锦

古之君子爱其人也，则忧其无成。

——北宋·苏洵《上富丞相书》

用人不疑，信之笃之

今委之以职，则重大臣而轻小臣；至于有事，则信小臣而疑大臣。信其所轻，疑其所重，将求至治岂可得乎？（唐·吴兢《贞观政要·君臣鉴戒》）

现在安排官职时，重大臣而轻小臣，而到出了问题的时候，却又信小臣而疑大臣。听信自己所轻视的小臣，怀疑自己所重用的大臣，想实现天下大治怎么可能呢？这里的小臣是指皇帝身边的近臣、侍从之类。古代的君主信息不灵，往往受到身边小臣的左右。即使是今天，不也存在类似的情况吗？

明朝最后一位皇帝思宗朱由检，是一个很想有所作为的皇帝。他知道江山来之不易，勤于王政，旰食宵衣，生活也不奢华。他 17 岁时曾以果断与睿智，干净利索地解决了宦官魏忠贤的问题，被称"沈机独断、刈除奸逆"。然而朱由检却扮演了一个亡国之君的可悲角色，落得个自缢的下场。其原因，除了明皇朝代表的封建制度已近末世外，朱由检在用人方面

国学名句集锦

任贤勿贰，去邪勿疑。

——《尚书·大禹谟》

政策失当、用人多疑也是个很重要的原因。

一是游移不定，选人失准。

朱由检疑心颇重，不断变换任才标准。表面上希望忠良辅政，实际上不知道怎样才算忠良才俊。他曾用出题测试的办法考察廷臣，企图以对策考试选拔良才，但这种考试拘泥于文论，不能考出真实水平，在明末阶级矛盾激化、民族矛盾急迫的客观环境下，实在难以选出应变之才。朱由检又改为从六部和地方大员中各选一人入阁，采取平均主义凑数办法，结果人非其才。如张至发以外僚入阁，不懂朝廷制度，"诸翰林多不服"，"一切守其所为，而才智机变逊之"。朱由检也发现他不能胜任，匆匆将他撤换，理由是身体原因，其实张至发结实得很，遂让他回籍调理。时人传笑，以为"遵旨患病云"说是皇帝命令他生病回籍调养的。后来，朱由检又以圣人之后为理由，选孔贞运为首辅，孔贞运是孔子六十三代孙，不尚实际，只务虚名，也匆匆而去。

朱由检采用枚卜的方法决定内阁成员，先让廷臣推荐一批候选人，然后"贮名金瓯，焚香肃拜，以次探之"，决定人选与次序，这在一定程度上也说明皇帝已失去判别人才决定人事的能力，更谈不到知人善任。在这种心存疑惑、无所适从的状态中，崇祯一朝的阁辅大臣走马灯似地更迭。内阁与六部，始终没有涌现出一位杰出人物。朱由检掌权17年中，内阁成员50余人被更换。其中，10人被削职、革职，25人离职回乡，正常致仕或卒于任所的只有6人。

二是刚愎自用，猜忌忠贞。

明朝阁臣并非都是无用之辈，只不过皇帝多变多疑，使他们无从施展才干而多有后顾之忧。如孙承宗曾以首辅身份视师辽东，颇有成效。刘鸿训处事果敢，颇有魄力。钱龙锡协心辅理，朝政稍清。文震孟刚方贞介，

国学名句集锦

非成业难，得贤难；非得贤难，用之难；非用之难，任之难。

——《三国志·吴书·钟离牧传》

有古大臣风。这些人物的素质都是不错的。但他们同情东林党人，朱由检便不分青红皂白一律猜疑，怀疑他们朋比为奸，将他们相继罢免。

朱由检的一个战略错误酿成无可挽回的损失，就是因猜忌错杀了袁崇焕。

袁崇焕在辽东经营有方，宁远一战击伤了努尔哈赤，接着又在宁锦挫败皇太极，被思宗任命为兵部尚书。东北的防御本来已有很大的起色。但思宗对他的信任没有维持多久便开始怀疑。聪明的皇太极认为击败明军的唯一办法是除掉袁崇焕，而除掉袁崇焕的最好策略便是反间计。

崇祯二年（1629），皇太极联络蒙古部南侵，因害怕山海关、锦州一带的袁崇焕，便绕道长城喜峰口入关，攻克遵化，直逼京师。袁崇焕在山海关闻讯大惊，急率大军驱驰赶回北京，正遇后金军到，两军相峙，后金军战不能胜。皇太极此时派人买通明廷中阉党，制造谣言，说袁崇焕与后金早有联络。思宗心下怀疑，派大学士孙承宗驻扎通州，督理所有兵马。正好有两个赴通州传旨的太监，中途为后金俘虏。皇太极见天赐良机，便安排二宦官在军帐中看管，看管者则是原明朝降清将领高鸿中、鲍承先、宁完我三人。三人夜里窃窃私语，说后金皇帝昨日单独出营同北京来的骑马者谈话很久。说他们不愿与袁崇焕兵戎相见，还说袁崇焕大帅与大汗已定密约。两太监偷听谈话之后试着逃跑，竟无人发觉，逃回京城，密告思宗。当此危急之秋，思宗不加思考，认定袁崇焕通敌。他假装召袁崇焕进宫议事，将袁崇焕拘捕，继而处死。思宗制造了冤案，还自作聪明以为除了内患。天下正直者都知其冤。直到后来清太祖皇太极死后，其《实录》中记录了他施反间计的过程，真相彻底大白。

思宗猜忌大臣，自毁长城，局面终于不可收拾。李自成起义军入北京时，思宗鸣钟召集百官，竟无一人响应入朝，最后身死煤山，还说什么

国学名句集锦

用人之道，要在不疑。

——北宋·欧阳修《论任人之体不可疑札子》

"然皆诸臣误朕"。可见其至死不悟用人之失，诚为可悲之至。

领导干部如何才能做到用人不疑呢？

首先作为领导干部要努力提高自己的管理能力和工作水平。古语云："将能君不御。"这句话与其说是君对将的才能的审核问题，还不如说是将对君的才能的审核问题。将是被君用的，有能之君才能用有能之将，无能之君用不好有能之将；有能之君甚至能使无能之将变为有能之将，无能之君纵然用了一个有能之将，该御时不御，不该御时拼命御，使有能之将的手足管得死死的，导致有能之将也会变为无能之将。"用人不疑"的道理很简单，但做起来却不容易。在对人才缺乏把握的情况下，经常是"用人又疑人"。

其次，只有建立信任关系才能做到用人不疑。充分尊重下属的主体地位和创造精神，切实维护下属的合法权益，始终把促进下属全面发展、尊重和实现下属的个人价值与事业的发展大局紧密结合起来，准确把握下属的思想动态和行为特点，既充分发挥个体特长，又积极促进内部关系的和谐，实现人性化管理，爆发出最大合力。要敢于信任下属，放手放权让下属大胆干事，与下属创造一种坦诚对待，互相信任的关系。多与下属分享他们的成功喜悦。假如领导是个喜欢抢占功劳的人，相信他的下属也不会怎样为他卖力。反之，如果领导乐于和下属分享成功的荣耀，下属做事也分外努力，希望下一次取得更大的成功。

国学名句集锦

善疑人者，人亦疑之；善防人者，人亦防之。善疑人者，必不足于信；善防人者，必不足于智。

——明·刘基《郁离子》

靡不有初，鲜克有终

慎终如始，终始如一，夫是之谓大吉。（《荀子·议兵》）

从开始到结束，一直都要谨慎从事，这就叫大吉。善始者未必能善终，随着地位的提升和权力的扩大，面对的权、钱、色种种诱惑也越来越多，如何做到善始善终，值得我们的党员干部反思。

人们常说，人在江湖，身不由己。很多时候的确如此。那些处在上位的人，常感高处不胜寒，生了急流勇退的心，可是给他抬轿子的人不干啊——你退了，我们怎么办？我们还没捞够呢！

当你成为他人富贵之所寄时，你就身不由己了。

晋文公重耳在流亡期间，曾到齐国投靠齐桓公。齐桓公不愧有霸主之度，对重耳十分照顾，将宗室之女齐姜许配给他，并为他修筑府第。重耳艰辛的流亡生涯至此出现了转折，在齐国快乐地享受着富贵安逸。

没想到这一留竟然耽搁了七年。重耳渐渐抛去回晋国即位的念头，想

国学名句集锦

慎终若始，则无败事。

——《老子》

永远留在齐国，安安稳稳地终老一生。那些跟随重耳流亡的从臣们，觉得这样下去不是办法，纷纷劝重耳再度踏上旅程，继续为重返晋国即位而奔波。但重耳已习惯了逸乐，不仅不听臣下们的建言，还避不见面。从臣们为此聚在一起商议对策，谋士狐偃说："主公已耽于安逸，劝是劝不动的，看来只好用强行的办法了。我们明天假装邀主公外出游猎，将他骗到郊外，然后就推拥上车，带他离开齐国如何？"

狐偃在从臣中谋略堪称第一，而且又是重耳的舅舅，众人听他这么说，虽然觉得有点不妥，但又想不出别的办法，只好决定依计行事。

然而从臣们的计划，却无意中被夫人齐姜得知。第二天他们来请重耳打猎时，齐姜忽问："你们决定要带主公前往哪一国了吗？"

从臣们大吃一惊，知道计划泄露，只好跪在地上请罪。齐姜说："我虽然舍不得夫婿，但为了他着想，还是忍痛让他离开吧！不过你们的计划太冒险，可能不会成功。不如今晚由我设宴，待公子大醉之后，你们再偷偷载他离开齐国。"

众人一听，再三拜谢夫人。当天晚上，他们就按照夫人妙计，把醉醺醺的公子重耳，神不知鬼不觉地带离齐国首都。重耳昏沉沉地醒过来时，已是隔日中午了，发现自己竟躺在车上，而四周尽是陌生的景象，惊讶地急忙唤人询问。从臣们将事情据实禀告，重耳气得不知道该如何是好。但既已不告而别地离开齐都，蒙上一个"私逃"的恶名，这已大大得罪齐君，不能再重返齐国了。虽然万般地不甘，但事已至此，重耳只好赦免臣下擅专之罪，硬着头皮前进，继续流亡的生涯。

说实在话，任何人在长时间的奔波流亡之后，有机会休息，享受逸乐，都不免会懈怠下来，忘了当初的理想及使命，重耳也不例外。

跟随重耳流亡的臣子们事实上除了必须选定政治立场之外，也希望重

国学名句集锦

不以物挫志。

——《庄子·天地》

耳回晋国即位可为他们带来富贵功名，因此他们看到重耳耽于逸乐，不免觉得梦想幻灭。当然他们也可和重耳一起在齐国终老一生，但这并不是他们要的，因此他们才会冒被重耳降罪的危险，将重耳强行带出齐国。重耳夫人齐姜不但同意从臣们的计划，还主动提出更好的执行方案，齐姜当然也希望重耳能回到晋国即位，因为若一切顺利，她就是个诸侯夫人。身份大大不同呢！

　　这些人都在扛重耳的轿，有很大成分是为了自己的前途，他们怎可能就让重耳在齐国终老呢？这正是"坐轿的想下轿，扛轿的不想休息"呢！

　　当前社会上有一些居心不良的人，把手握实权的干部当作"政治资源"来经营，把优秀的年轻干部当作"潜力股"来投资。其实，他送出的每一笔钱都记得清清楚楚，没事的时候捞好处，有事的时候第一时间把你供出来以争取立功。对那些官不大、能办事，钱不多、开销大，不熟悉、套近乎的人，千万要高度警惕。领导干部必须自重、自爱，谨记"君子之交淡如水"的古训，淡泊功利色彩，分清公私界限。防止被所谓的老板"朋友"用轿子抬着送上法庭！

　　从近几年落马高官的简历中，我们不难看出，这些人中大多数都是扎扎实实、一步一个脚印走向领导岗位上的。初入岗位时也都是兢兢业业，任劳任怨，取得了一系列扎实的业绩，赢得了上下的一致认可。但随着地位的不断提升和权力的不断扩大，面对权、钱、色的种种诱惑，由于缺乏持之以恒的坚定信念和慎终如始的自律能力，他们丧失了政治上的免疫力，逐渐走上了以权谋私贪赃枉法的歧途，最终滑向了腐败堕落的深渊。如何做到善始善终，值得我们的党员干部反思。

国学名句集锦

　　志之难也，不在胜人，在自胜。

——《韩非子·喻老》

多种激励，兼而用之

道之以政，齐之以刑，民免而无耻；道之以德，齐之以礼，有耻且格。（《论语·为政》）

只用行政命令来治理人，只用刑法来管制人，人们只是勉强克制自己避免犯罪，而不知道什么是耻辱；用仁德来治理人，用礼义来约束人，人们就知道做坏事可耻而且能自己纠正错误。至于有耻还是无耻，就看居上位者采用什么样的激励机制了。

《战国策》记载了这样一个小故事：

有一天，中山国的国王大宴宾客，邀请国中的那些士大夫。当时，司马子期也受到了国王的邀请。在宴会上，有非常美味的羊肉汤，可是不知什么原因，司马子期却没有吃到。于是，司马子期很窝火，竟然一下子就离开了中山国，跑到了楚国，然后游说楚国去攻打中山国。

中山国本来就常年受到赵国、燕国的骚扰，此时，楚国这个超级大国

国学名句集锦

法不阿贵，绳不挠曲。法之所加，智者弗能辞，勇者弗敢争，刑过不避大臣，赏善不遗匹夫。

——《韩非子·有度》

再率领联军进攻，于是，中山国的都城就陷落了。

当中山王在慌乱之间逃离国都的时候，发现身边一直有两个士兵拿着武器保护自己。中山王很奇怪，许多大臣在都城陷落时都各奔东西，这两个人一直跟着自己有什么企图呢？

中山王就问两个人为什么。两位士兵就说："大王放心，我们是来保护您的。当初，我们的父亲快要饿死了的时候，是大王拿出食物，让我们的父亲活了下来。因此，我们的父亲临终时交代我们，当大王遇到危难的时候，一定要拼死相报！因此，我们现在才追随大王，共赴国难。"

中山王仰天长叹，很是感慨："想我赏赐给那些大臣的金银财物多少啊。可是我却因为一杯羊肉汤而亡国，因为一顿饭而得到两位义士的追随。看来给人的东西不在于多少，而在于是不是需要啊。"

这个故事说的是激励问题。领导对下属的给予不在于数量的多少，它体现的是人与人之间相互尊重、相互关心的良好的人际关系，其中内含的是一种关怀、一种仁爱。

要充分调动干部干事的积极性、创造性和能动性，必须建立一套行之有效的激励机制。

一是精神激励。精神激励是我们党的一贯优良传统，也是我们常说的政治思想教育。

二是物质激励。要调动干部干事的积极性，必须辅之必要的物质激励。物质激励应注意的是，必须反对平均主义，平均分配等于无激励。

三是用人激励。用好一个干部，可以激励一大片；错用一个干部，也可以挫伤一大群。要完善干部晋升制度，认真按照《党政领导干部任用条例》的规定，着力实施"能者上、平者让、庸者下"的能进能出、能上能

<hr>

国学名句集锦

有道之士，必礼必知，然后其智能可尽。

——《吕氏春秋·谨听》

下的选人用人机制。加大干部的交流力度，只有流动才有生机活力。完善"实改非"领导干部职务任期制度，腾出一些位置让年轻干部上来。

四是约束激励。既要有正面激励，也要有约束惩戒。对安于现状，不求进取，无所事事的干部进行劝勉，对违法乱纪的干部给予惩戒。

当前，我国干部的激励制度又面临新形势，那就是廉政高压态势的极大震慑和"八项规定""六项禁令"的反对和禁止，加之反"四风"的伦理约束。以前，对干部的物质激励，在现在看来，可能会违反规定，属于享乐主义、奢靡之风的范畴了。怎么办？这面临一个"外在利益"向"内在利益"转化的过程。享受、排场、奢靡不再被提倡，而"为民、务实、清廉"被大力弘扬。因此，组织管理者应当将注意力转移到干部的社会需求和成长需要上来，让干部正确看待自己与群众之间的伦理关系，从精神层面上找到工作和人生的意义。

好干部的标准是什么？一是习近平同志2013年6月在全国组织工作会议上提出的二十字"好干部"标准——信念坚定、为民服务、勤政务实、敢于担当、清正廉洁；二是2014年1月颁布实施的《党政领导干部任用工作条例》所列的标准和条件；三是习近平同志提出的更为凝练的为政六字诀"为民、务实、清廉"。总之，警醒和惩戒"那些享乐思想严重、热衷于形式主义、严重脱离群众的干部"，褒奖和重用内在利益导向的干部。

衡量一个干部好坏成败的标准不应是其官有多大、待遇有多好——这些都是外在表现，未必与其内在品行相匹配，而应该是其为老百姓做了多少事、谋了多少利、造了多少福——这些才是干部的分内之绩效、内在之功业。此外，干部们还应该学会与群众分享发展成果的喜悦和快乐。

国学名句集锦

诱之以赏，策之以罚，感之以恩。取大节，宥小过，而士无不肯用命矣。

——明·张居正《权谋残卷》

　　我党长期以来一直非常重视干部的"自重、自省、自警、自律、自励、自醒"，这也是和传统文化的注重内省、内圣外王的精神内核一脉相承的。

　　摆在广大党政干部面前的有效出路无外乎两条：一是选择离开干部队伍；二是深刻领悟并奉行"为民、务实、清廉"的宗旨为人民服务。或许有些干部会选择碌碌无为混日子或铤而走险碰高压线，但这都是没有前途的——内在利益虚无、外在利益受阻。

国学名句集锦

赏不患寡而患不公，罚不患严而患不平。

——明·张居正《权谋残卷》

深入其中，方能驾驭其上

上下同欲者胜。（《孙子兵法》）

有着共同的追求和目标，齐心奋战，共赴时艰，就能出奇制胜。这一千古名训，对治国，对用人，都有指导意义。

"上下同欲者胜"，这一千古名训被作为治国用兵准则，为历代推崇沿用。

那么，上下同欲，是不是等于领导与下属亲密无间、没有距离？

有的领导感叹，做领导最寂寞，对下属不能说太多，对家人也必须有保留，有苦自己知。有些领导的情绪高度压抑，往往导致抑郁症。所谓高处不胜寒，爬得越高，你就越孤独。很多机关领导和企业家，最后都变成有怪癖的人，因为无法找到适当的情绪出口。

韩非子、申不害等法家，喜欢研究君王的驭人之术。他们认为，君王一定要与臣子保持距离，隐藏自己的真实想法，造成"君威难测"的神秘感，这样才能驾驭他们。而孔子等儒家又是另一种观点了，他们本着"人

国学名句集锦

骐骥虽疾，不遇伯乐不致千里；干将虽利，非人力不能自断。

——西汉·刘向《说苑·建本》

性本善"的出发点，"泛爱众，而亲仁"，"老者安之，朋友信之，少者怀之"，每个人都要关心到。上下级之间的距离怎么保持呢？领导干部应该做法家还是做儒家？

举个例子，假如一个员工找你谈私事，说家住得太远，希望早上晚到半小时。你该怎么办？每个人都有这样那样的要求，通融了这个，别人怎么办？

一些人主张领导者应与下属保持距离。原因是，一方面，面对复杂的人际环境，领导者在与下属的接触中只有多留心，适当戒备，随时提防，才能避免误入"危险力量"设置的陷阱；另一方面，如果领导者与下属接触频繁，交往密切，走得太近，就会失去神秘感，进而降低领导者的"威严"。

实践证明，领导者依靠"保持距离"来提高威信，显然是走入一种误区；依靠"保持距离"来化解"政治安全"方面的风险，只能是一种消极而被动的防范。

领导者应主动接纳部属，自觉融入所领导的群体。在领导活动中，领导者应该用一颗包容之心，吸引下属，感化下属，使尊重和信任成为人际交往的主流，从而在心理相容、情感相通、志向相投的基础上去实施自己的领导计划。在广泛"容众"的同时，领导者要注意把握自己，做到"容众"不"从众"。要调控好人际关系的走势，旗帜鲜明地培树正气，态度坚定地抑制歪风，不苟同于流俗，不屈从于恶习，通过各种有效措施和手段克服干扰因素，转化消极因素，做到"处纷繁而不乱""出淤泥而不染"，使自己的施政行为始终沿着积极而健康的轨道运行。

领导与下属的距离如何把握呢？

一、等时机成熟再拉近距离。领导急于表现自己的亲和力，反而会弄

国学名句集锦

人之才，成于专，而毁于杂。

——北宋·王安石《上皇帝万言书》

巧成拙。领导刚主持一个单位工作，不要马上表现得跟下属亲近熟络，应等过了一段时间，跟下属比较熟悉，再决定距离。

二、先紧后松。当领导向下属传达该执行的任务时，必须保持距离，拿出严肃的态度；但当领导要跟部属进一步讨论细节时，则可表现出亲和力。

三、距离的控制要有弹性。领导与部属的距离，并非一成不变，可根据不同的情况，切换角色，恩威并济，来适度调整彼此之间的距离。例如，在组织旅游时，领导身份大可搁在一旁，与大家拉家常。但开会或讨论工作的场合，便应该认真而严肃。总之距离要能收能放，控制自如，这才显出高超的领导艺术和出色的交际能力。

至于干部与群众的距离，那当然应该坚持群众路线，保持鱼水关系。来自人民、植根人民、服务人民，是我们党永远立于不败之地的根本；脱离群众，我们的党就会非常危险。"上下同欲"，休戚与共，才能筑牢党的执政基础，实现中华民族的伟大复兴。

国学名句集锦

立身之道，内刚外柔；肥家之道，上逊下顺。不和不可以接物，不严不可以驭下。

——《曾国藩家书》

第八章　容才为上，育才为任

　　人才，自有其独特的个性，往往是优点越突出，其缺点也愈明显。对领导者来说，既要有识才之明，用才之智，也要有容才之量、爱才之心，以博大的胸怀对待人才的个性与棱角，不苛求人才的完美，包容人才的缺点。

◎海纳百川，有容乃大

◎志不可满，乐不可极

◎因材施教，从长计议

◎宰相起于州部，猛将发于卒伍

◎淮北为枳，淮南为橘

◎宣父畏后生，英雄出少年

海纳百川，有容乃大

千羊之皮，不如一狐之腋；千人之诺诺，不如一士之谔谔。（《史记·商君列传》）

一千张羊皮，也不如一只狐狸腋皮珍贵；千人随声附和，顺从奉承，抵不上一个人的直言不讳，当庭争辩。这是策士赵良对商鞅所说的话。这句话极形象地说明了敢讲真话的可贵。领导干部要广开言路，择善而从，营造良好的民主氛围。

"海纳百川，有容乃大"是领导干部应有的修为。领导干部具备了海纳百川的肚量，包容一切的气量，才能形成团结共事、开拓进取的工作局面。但现实中，个别领导干部却缺乏这样的肚量、容量、气量，总喜欢听好听的话，谁要是说他几句不是，就火冒三丈，耿耿于怀，甚至给"小鞋"穿。这不是一名共产党员特别是一名党员领导干部应有的品德。

天下没有两片完全相同的树叶。同样道理，人与人之间存在着差别，一个人在其发展的不同阶段也存在着差别。当下的领导者要正视差异，尊

国学名句集锦

良弓难张，然可以及高入深；良马难乘，然可以任重致远。

——《墨子·亲士》

重差异，把差异看作资源。如果上边说一句话，下边全是喝彩声，这绝不是福音。

《新唐书》记载了一则故事。

韩休乃京兆人士，唐玄宗视其坚守正道、性情刚直不阿、办事严谨可靠，故任命他做宰相。

有一天，唐玄宗对着镜子，审视自己悻然不乐的表情。身边侍从过来安慰：自从韩休当了宰相，皇上就没有一天好日子过，龙体日渐消瘦，何不把韩休撤职？

唐玄宗说："我身体虽然瘦了，但老百姓们胖了，天下富了，这不是很好吗？以前宰相萧嵩总顺从我的意思说话，但退朝之后，我总对朝上的议事放心不下，总是失眠。现在韩休任宰相，他与我经常据理力争，使我心宽肚明，我睡觉也就安心了。我重用韩休是为了国家，不是为我个人啊！"

作为皇帝的唐玄宗深知臣中顺从者众，而仗义执言的大臣难得。玄宗重用韩休，和唐太宗重用魏征一样，为自己树立个对立面，虽然有些麻烦，却使自己的决策不容易出现错误。

美国通用汽车公司总裁斯隆说过这样的名言："在没出现不同意见之前，不要做出任何决策。"人们把这句话称为"斯隆法则"。

在一个相当长的时期内，人们认为个体是没有差异的，因此在管理上就强调要以制度化、规范化、标准化进行管理。现实教育了人们，于是在管理上产生了一种新的认知，即认识到个体之间是有差异的。承认个体有差异，意味着管理就要因人而异。例如，企业对人的选拔、聘用就是承认差异。

承认差异，就是要承认人的秉性、能力方面的差异，承认利益方面的

国学名句集锦

简能而任之，择善而听之。

——唐·魏征《论时政第二疏》

差异。

时代发展到今天，管理学在对人的认识上应该与时俱进，应该明确认识到，有差异是好事。因为，从理论上说，差异可以互补，可以相互启发，可以打破原先习惯的路径依赖，可以产生不同的新见解和新思想，找到改善的新路径。如果领导者希望把队伍壮大，那么人多是必然的，而人多一定比人少差异大，因此，领导者就要把平台做大，就要接纳员工的多样化与差异化。

《论语·子张》中说："君子之过也，如日月之食焉；过也，人皆见之；更也，人皆仰之。"大意是：君子也会犯错误，重要的是君子能正视自己所犯的错误，能够及时分析发生错误和产生问题的原因，并能及时地进行纠正，所以，君子能受到世人的尊敬。

目前在我们很多单位的会议上，很少能听到纠正错误的声音，并且随着级别的升高而批评声越少。根本原因是我们的部分领导听不得不同声音，嘴上说欢迎批评，内心很在意自己的权威。下属都"懂事"，有话也不敢讲。于是，上面一讲话，下面都说好。

批评与自我批评是我党的优良作风，毛泽东同志曾形象地比喻："房子是应该经常打扫的，不打扫就会积满灰尘；脸是应该经常洗的，不洗也就会灰尘满面。"习近平总书记指出："批评和自我批评是一剂良药，是对同志、对自己的真正爱护。开展批评和自我批评需要勇气和党性，不能把我们防身治病的武器给丢掉了。"在党的群众路线教育实践活动中，中央把"照镜子、正衣冠、洗洗澡、治治病"作为总要求，这是又一次的自我净化、自我完善和自我提高的实践，其目的就是要领导干部洗净"污点"和根除身上的"病灶"，更好地为全面建成小康社会、推进社会主义现代化、实现中华民族伟大复兴的中国梦做出新的更大的贡献。

国学名句集锦

博观而约取，厚积而薄发。

——北宋·苏轼《杂说·送张琥》

志不可满，乐不可极

> 傲不可长，欲不可纵，志不可满，乐不可极。（《礼记·曲礼上》）
>
> 傲慢的习气不可以滋长，个人的要求不能放纵，奋斗目标任何时候都不能满足，享乐不应失去控制。这段话告诫人们做事时要把握好度，尤其不能滋长骄傲自满的情绪。不能忽视对人才意志的培养，使人才养成谦抑的品质和精神。

意志，是人们为了实现预定的目的而自觉努力的一种心理过程。它有两个特征：一是它的目的性，使人自觉地为了实现既定目的而进行一系列活动；二是它的坚持性，使人在实现目的的整个过程中，能够自觉排除自身情绪的干扰，克服外部困难的阻力，而坚持不懈地努力。一个人如果没有意志的保证，就将一事无成。

东晋将军陶侃在广州任刺史时，没有重大的公务，每天总是在早晨搬运一百块砖放在书房外面，傍晚又把一百块砖搬回书房内。有人问他这样做是什么缘故，陶侃回答说："我正在努力收复中原失土，生活过得太优裕，太安逸，恐怕将来不能肩负重担。"

在饮酒上，陶侃也严格要求自己，订下限量。但别人总觉得不能尽兴，就劝他再喝一点。他说："我年轻时大醉过一次，母亲很难过，劝我定量饮酒，所以有了这个酒约。现在老人已过世，我怎么忍心违约，让她老人家在九泉之下不安呢？"在他的带动下，部下都很节制，士兵也勤于训练，这在无形中提高了军队的战斗力。

注意对部属及工作人员意志的培养，对于充分发挥人的潜力，促进事业的发展，都有着极其重要的意义。而要培养坚强的意志，必须做到如下十六字，即"傲不可长，欲不可纵，志不可满，乐不可极"。

一、傲不可长。恃才傲物是一个人意志脆弱的表现，是一个人不成熟的标志。它将摧毁一个人进取的心理基础，涣散艰苦创业的斗志，取消良好的人际关系等外部条件，最终必将导致沉沦和失败。中国著名的寓言故事"乌龟和兔子赛跑"即是一例，兔子自恃跑得快，漫不经心，长睡不起，结果自取失败；而乌龟却深有"自知之明"，抓紧时间，坚持不懈，反取胜利。在社会上，在人生中，也如这种赛跑一样，既是体力之赛、技能之赛，更是意志之赛，毅力之赛，心理素质之赛。要想取得人生之"战"的胜利，单纯依靠健壮的体魄、高超的技能还不行，还必须具备坚强的意志，因为它们都是进取的必要条件；不仅要善于克服艰难困苦，还要善于克服骄傲自得的情绪，因为它们是坚强意志不可分割的两个方面。因此，作为一个领导者，不仅要善于在困苦的时候鼓励部属斗志，尤其重要的是，在取得某一阶段胜利的时候更要教育部属戒骄戒躁，总结不足，以求更大的胜利。

二、欲不可纵。人有"七情六欲"是正常的。但是也要知道，情欲如

国学名句集锦

夫物盛而衰，乐极则悲。

——《淮南子·道应训》

果不加节制，就是洪水猛兽。传说，商朝贤臣箕子看到纣王开始用象牙筷子吃饭，非常不安，认为商朝将要衰落。箕子说："大王现在用了象牙筷子，将来就一定还要把杯子也换成玉杯与之搭配；用了玉杯，将来一定会追求精美的食物与餐具相配，这样下去，大王的生活一定越来越奢侈，国家将就此衰落。"

这种预言看似有点危言耸听，其实在今天屡见不鲜。例如，有人送了一只高档的手表，如果要戴上，就要配以相应的衬衫、西装、皮带、皮鞋、领带……欲求的扩张从此开始。

二百多年前，法国哲学家狄德罗也发现了这个规律。有人送了他一件好看的睡袍，为了和新睡袍相称，他换掉了家具，然后发现地毯和家具不配，又换了地毯。最后他醒悟过来，写了一篇文章来讨论这种消费欲望。后人就把这种现象命名为"狄德罗效应"。

其实我国的箕子比狄德罗早了三千年就发现了这个规律，应该叫它"箕子效应"或者"象牙筷子效应"才对。

三、志不可满。志不可满，是指小有成功，不可就此满足，而应继续进取。人的生命有限，而事业无限。即使在有限的生命中，也应再接再厉，不断奋斗，积小胜为大胜，积小成为大成，才能使志向不断光大，使生命更有意义。而且，即使是在某一项事业的过程中，也必须通过步步努力，节节胜利，才能取得成功，如果仅仅满足于一步之进、一节之胜，则必无大志，更不可能取得最终成功。据此，领导者在培养部属意志时，必须注意做好三个方面的教育。

一是必须教育部属"立志欲坚不欲锐"。即培养不屈不挠的精神和坚韧不拔的意志。任何事业的成功，特别是伟大事业的成功，绝非轻而易举。即使在其过程中取得一步之胜，也绝不意味着以后的步步之胜。恰恰

国学名句集锦

百川学海而至于海，丘陵学山而不至于山，是故恶夫画也。

——西汉·扬雄《法言·学行》

相反，"人之愈深，其进愈难"，胜利愈是得之不易。所以，无论是胜、是败，都是对人的意志的考验，若是胜而不满，败而不衰，则必能取得最后的胜利。在这里最忌锐而不坚，脆而不韧，顺利时，勇如"虎"；困难时，怯如"鼠"，甚至希图不经努力而侥幸取胜，不经奋斗而一步登天。要有一股韧劲，恰如清郑板桥所述："咬定青山不放松，立根原在破岩中。千磨万击还坚劲，任尔东西南北风。"

二是必须教育部属慎终如始，坚持如一。"行百里者半九十"，"为山九仞，功亏一篑。"因此，"坚持就是胜利"就显得很富哲理，否则"虽有天下易生之物，一日暴之，十日寒之。未有能生者也"。

三是必须培养忧患意识。忧患意识是一种心理素质，其内容是主体经常地从客观环境中体验到危机或挑战的心理习性。这种意识，能促使主体通过对客观环境中蕴含的危机和挑战因素的清醒认识，从而在心理上经常保持应急状态，激发出迎接挑战的内在动力。忧患意识与悲观主义不同，悲观主义是一种消极的心理状态，是被困难所吓倒、对前途表示怀疑和失去信心的思想和情绪。而忧患意识是建立在对困难和事物科学认识基础上的自信，是一种乐观、积极、向上的心理素质。培养忧患意识，必须经常地引导部属分析本单位所处的劣势，分析事业上的困难和可能产生的不容乐观的前景，以增强其奋力进取的紧迫感；经常地宣传事业的竞争，实质上是人的能力的竞争。在事业的发展中停顿、满足、懒惰，甚至稍有疏忽都有可能被淘汰，必须激发部属努力拼搏、艰苦奋斗的意识。

四、乐不可极。享乐主义是腐败的温床和土壤，遏制腐败，不能仅仅限于抓领导干部，更应该从年轻干部抓起。近年来，享乐主义在部分年轻干部身上滋生，直接影响年轻干部的世界观和价值取向，扭曲年轻干部的理想信念。他们出生在改革开放之后，长于市场经济时代，国家已经比较

国学名句集锦

谦者，众善之基；傲者，众恶之魁。

——明·王守仁《传习录》

富裕，少数年轻干部潜滋暗长了贪图安逸、害怕艰苦的思想。他们甚至把勤劳朴素看作寒酸，把吃苦耐劳当作迂腐，视艰苦创业者为傻帽。相反，却把讲排场、比阔气、摆派头当作荣耀。年轻干部是党的事业薪火相传、持续发展的承载者，是"中国梦"逐步实现的后驱力量。因此，"照镜子、正衣冠、洗洗澡、治治病"要从年轻干部抓起。

快乐不是非要用钱堆砌不可。要引导干部追求健康的娱乐方式，反对那种追求感官刺激、穷奢极侈、影响干部形象的娱乐方式。

国学名句集锦

世间无一件可骄人之事。

——明·吕坤《呻吟语》

因材施教，从长计议

> 一年之计，莫如树谷；十年之计，莫如树木；终身之计，莫如树人。（《管子·权修》）
>
> 作一年的打算，最好是种植五谷；作十年的打算，最好是种植树木；作终身的打算，最好是培育人才。要实现科学发展，队伍是基础，人才是关键，培养干部需要坚持因人制宜、学有所用的原则。

有一次，子路请教孔子："听到一件合于义理的事，立刻就去做吗？"

孔子说："父亲和兄长还活着，他们都需要你照顾，怎么能听到这些道理就去做呢？"

过了一会儿，冉有又来问："听到一件合于义理的事，立刻就去做吗？"

孔子说："听到了应该立刻就去做。"

公西华就纳闷了，问孔子："同样是合于义理的事，为什么您不让子路马上去做，却让冉有马上去做呢？"

国学名句集锦

饱食、暖衣、逸居而无教，则近于禽兽。

——《孟子·滕文公上》

孔子说："冉求（冉有的名）畏缩不前，所以我鼓励他进取；仲由（子路的名）好勇过人，所以提醒他退让些。"

这个故事反映了孔子教育方法的一个特点，即因材施教，对每一个学生在了解其不同的品质之后，给予不同的教育。这是育人思想的精髓之一。

培养年轻干部人才需要坚持因人制宜、学有所用的原则。根据干部本人的经历、知识结构和培养方向，本着"缺什么补什么"的原则，因材施教，增强培养的针对性。

年轻干部的培养，思想政治教育是关键；年轻干部要想练就过硬本领，首先必须坚持博学广闻，把学习作为一种生活方式、一种工作责任、一种终生追求。因此，各级党委要组织年轻干部到党校接受学习和教育，让年轻干部熟悉党和国家的方针政策并熟练运用到实际工作当中，从而能够不断提高年轻干部的战略思维能力、科学决策能力、应对复杂局面的能力和做群众工作的能力。

对于年轻干部的培养还应创新培训方式方法，针对不同对象、不同专题和不同内容采取灵活有效的培训方式和手段，因人施教，因材施教，增强培训的互动性、实践性和实效性，切忌"眉毛胡子一把抓"。如党政综合、经济金融、城建规划、社会管理等不同岗位上的年轻干部，要设计不同的专业培训计划，通过专家讲课、案例讨论、社会实践、参观考察等形式，帮助他们拓宽视野、增长知识、了解社情民意，达到术业有专攻的效果。

例如，某地对农村党员干部的培训，就重点突出致富技能的培训。"授人以鱼"不如"授人以渔"，当党员队伍掌握致富技能以后，就能更好地传授给农民，使农民掌握致富技能，带动共同富裕。现代农业需要的就

国学名句集锦

天命之谓性，率性之谓道，修道之谓教。

——《礼记·中庸》

是技术，党员掌握技术才能更好地发挥主观能动性，带领群众走向富裕之路。农村基层党组织在发展党员时，可以向致富能手倾斜，有针对地对他们进行爱国主义等主题教育，提高他们的思想认识，深化为人民服务思想，让他们用自己的能力带领村民致富。

习近平总书记在全国组织工作会议上强调，培养选拔年轻干部，事关党的事业薪火相传，事关国家长治久安。加强和改进年轻干部工作，需要对其因材施教，使其经历基层和艰苦岗位的磨练。只有经历过基层岗位的锻炼，才能加深对国情、社情、民情的认识；只有在一线岗位上处理一些难事、急事、大事，才能学会处理复杂问题，把基础打扎实了，年轻干部才能显示出其厚重，才能在未来发展中走得更稳更远。

国学名句集锦

教人者，成人之长，去人之短也。

——清·魏源《默觚·治篇》

宰相起于州部，猛将发于卒伍

宰相必起于州部，猛将必发于卒伍。（《韩非子·显学》）

意思是，宰相必定是从地方下层官员中提拔上来的，猛将必定是从士兵队伍中挑选出来的。韩非子强调，国家的文臣武将，特别是高级官员和将领，一定要有基层实际工作经验。

北宋名相王安石，以全国第四名的成绩高中进士，他出众的学问和人品深得朝廷赏识。宋仁宗要留他在京做官，但王安石婉言谢绝，坚持要去地方做官，甚至还主动提出到偏远的州县任职，认为只有这样才能真正为百姓做点实事。

王安石的第一个职务是"签书淮南节度判官厅公事"。王安石一头扎进帝国的基层政权部门，一边积累基层政治经验，一边撰写《淮南杂记》，奠定自己日后改革的思想基础。

按照北宋不成文的规定，只要进士及第，排名又靠前，在地方干满一

国学名句集锦

谋臣良将，何代无之？贵在见知，要在见用耳。

——南朝·梁·郭祖深

任之后，便可以申请回朝廷担任馆阁之职，经常在皇帝身边出头露脸，提拔的机会自然更多。但是，王安石对自己的从政道路有着明确的自我设计，先当几任地方官，"以少施其所学"。所以，扬州三年任满之后，他选择知鄞县，当一个亲民的县官。

史书记载王安石在鄞县的政绩："起坡堰，决陂塘，为水陆之利；贷谷与民，出息以偿，俾新陈相易，邑人便之。"其中"贷谷与民、出息以偿"，便是后来"王安石变法"中"青苗法"的雏形：相当于官办"小额贷款银行"，在农民青黄不接之际，以农民田里的青苗作抵押"贷谷与民"，待丰收之后再还本付息，而利息远远低于民间高利贷利息。与之类似的，如二十世纪孟加拉人尤努斯办了一个类似的"穷人银行"，为此获得 2006 年诺贝尔和平奖。

在十六年的地方官经历中，王安石积累起极高的官声人望。他不仅深受老百姓爱戴，在士大夫中也被视为奇才，用司马光当时的话来说就是："介甫不起则已，起则太平可令致，生民咸被其泽。"

王安石的成长经历说明，培育年轻干部，就要使他多受磨练，积累经验，开阔视野，增长才干。对于缺乏基层经验的机关年轻干部，应下派到乡镇工作，在一线解民情、解民忧，在艰苦环境中磨练意志，提高做群众工作的能力。在具体操作上，要注重针对性，突出实效性。

一是基层锻炼法。

基层的含义比较广泛，作为人才培养的一种方法，到基层中去，主要是强调到人民群众中去。人民哺育人才，这是马克思主义在人才与群众关系问题上的基本观点，先做人民的学生，后做人民的先生。到基层中去，不仅是人才培养的需要，也是符合中国国情的人才培养方式。工农群众是中国社会的主体和基础，不了解工农，就不可能了解中国国情，也就不能

国学名句集锦

识珍者必拾浊水之明珠，赏气者必采秽薮之芳蕙。

——唐·马总《意林》

真正成为中国社会所需要的人才。人才的知识、才能来自社会实践，而人民群众则是社会实践的主体。人才的成长离不开人民群众的社会实践经验、智慧和力量。毛泽东曾经指出：你要知道梨子的滋味，你就得变革梨子，亲口吃一吃。……你要知道革命的理论和方法，你就得参加革命。"为此，他号召知识分子与工农结合，到群众中去，到火热的斗争中去，到唯一的最广大最丰富的源泉中去体验生活，吸取营养。

习近平总书记非常重视从基层一线培养选拔干部，他自己的亲身经历也证明了，从一线和基层做起，才能更接地气、通民声、懂国情。治理一个古老复杂的中国，必须不断完善从基层一线培养选拔干部的机制。

好干部不会自然而然产生。血雨腥风的革命战争年代，筚路蓝缕的创业建设时期，优秀干部都是大浪淘沙、百战砥砺，一步步成长成熟起来的。如今身处和平时代，广大党员干部的成长同样要注重实践磨练，知民情、接地气。只有在基层这个改革发展的主战场、维护稳定的第一线、服务群众的最前沿沉下心来，经过一番实干、苦干，才可能锻炼出真本领，积累出真经验，关键时刻才能站得出来、危急关头才能豁得出去。

二是逆境育人法。

孟子曰："天将降大任于斯人也，必先苦其心志，劳其筋骨，饿其体肤，空乏其身，行弗乱其所为，所以动心忍性，增益其所不能。"爱迪生说："发明是百分之一的灵感加上百分之九十九的汗水。"这些名言虽然表述方式不同，但强调的都是艰难困苦的磨练在造就人才方面的特殊作用。

举世闻名的军事家拿破仑，出生于科西嘉一个潦倒的贵族家庭，当年就读一个贵族学校，在那里与他往来的都是一些在他面前极力夸示自己富有，而讥讽他穷苦的同学。这种一致讥讽他的行为，虽然引起了他的愤怒，而他却一筹莫展。后来实在受不住了，他写信给他父亲，说道："为

国学名句集锦

玉精琢磨多成器，剑拔沉埋便倚天。

——唐·王定保《唐摭言》

了忍受这些外国孩子的嘲笑，我实在疲于解释我的贫困了，他们唯一高于我的便是金钱，至于说到高尚的思想，他们是远在我之下的。难道我应当在这些富有而高傲的人之下谦卑吗？"

当他接受第一次军事征召时，必须步行到遥远的地方去加入部队。等他到了部队，看见他的同伴正用多余的时间追求女人和赌博。而他的贫困和那不受人喜欢的矮小体格使他确定了自己的方针，用埋首读书的方法，去努力和他们竞争。他并不是读没有意义的书，也不是专以读书来消遣自己的烦闷，而是为自己将来的理想做准备。他下定决心要让全天下的人知道自己的才华。

通过几年的用功，他从读书方面所摘抄下来的纪录，经后来印刷出来的就有 400 页。他的才华开始显露，他的上升是直线型的，很快拥有了权势，嘲笑他的人，都拥到他面前来，想分享一点他得的奖励金。轻视他的，都希望成为他的朋友；揶揄他是一个矮小、无用、死用功的人，现在也都改为尊重他，他们都变成了他的忠心拥戴者。

在漫长的人生之路上，人免不了会碰到困难，身临逆境。我们并不欢迎不幸、灾难或困境，但我们要有不畏困难、不怕挫折的勇气，要经得起艰苦条件的考验。只有那些不怕困难，不躲避困难，反而前去迎接困难，以便克服和消灭困难的人，才能成为真正的人才。真正的干部，只有在同困难作斗争的过程中才能磨练出来。艰苦和困难的生活，对磨练人的意志毅力有特殊的作用。

国学名句集锦

丈夫四方志，安可辞固穷？

——唐·杜甫《前出塞》

淮北为枳，淮南为橘

> "橘生淮南则为橘，生于淮北则为枳。叶徒相似，其实味不同。所以然者何？水土异也。"（《晏子春秋》）
>
> 橘子生长在淮河以南的地方就成为橘子，它生长在淮河以北的地方就成为枳，只是叶子相像罢了，它们的果实味道却不同。这是什么原因呢？是因为水土不同啊。人才也是如此，要给他创造适合成长的环境。

有人说："一个人在这里可能是一条虫，可在那里也许是一条龙。"这话很有哲理，值得每个领导者在培养、使用人才时深思。

晏子曾说："橘生淮南则为橘，生于淮北则为枳。叶徒相似，其实味不同。所以然者何？水土异也。"人才也同样，我国历史上流传着许多易地成才的故事。"孟母三迁"说的是环境对人的影响。孟轲小的时候，家境贫寒，母亲带他到处奔波，临时找个居住处，靠纺线织布维持生活。起初，他们的家安在一个墓地旁边，小孟轲整天跟一些专务丧事的人接触，不久对办丧事产生了兴趣。孟母见此情景，恐怕这不适合儿子居住，就赶

国学名句集锦

材、性、知、能，君子小人一也；好荣恶辱，好利恶害，是君子小人之所同也；若其所以求之之道则异矣。

——《荀子·荣辱》

忙搬迁远离。新邻居是个屠宰户，天长日久，小孟轲把办丧事的兴趣淡忘了，又形成了喜爱玩屠宰牲畜、大声叫卖的嗜好，声称"长大了要当个屠宰手"。孟母很担心，又很快迁居到一所学堂附近。这一来孟轲接触的是学生、老师，看到的是君子的礼仪举止，很快又对读书产生了兴趣。孟母称心如意了，在这里定居下来，日夜纺织，供儿子学六艺。小孟轲学儒学，学孔子操行，终于成了千古有名的学者。

才干出众的凤雏先生庞统来投刘备，刘备对庞统的"长揖不拜"感到不悦，"见统貌陋，心中亦不悦"，只委任为小小的耒阳县令。庞统到任后，"不理政事，终日饮酒为乐，一应钱粮词讼，并不理会"。自然，这绝不是此人存心乱刘备的法度，而是他"曲线露才"计划的一部分。果然，当刘备得知庞统的表现，就派张飞前去巡视。这时，庞统便大大显示了自己"不到半日，将百余日之事，尽断毕了"的才能。张飞经过细心考察，向刘备推荐了被放错地方、不被重用的庞统，刘备深感惭愧，立即委以重任，让他当上了副军师。到重要领导岗位后，庞统充分发挥了才干。

五代的陶谷，博学多才，志向宏远。宋朝建立后，他被召为翰林学士。他看到宋太祖对他们这些动笔墨的文臣不太重视，加之当时翰林院的差使，大都是些供奉之类的无聊事情，不能充分发挥他的才能，于是就请求调离。宋太祖对陶谷说："这种官很难做，只能依照葫芦的样子画葫芦，你姑且做着吧。"陶谷听了，心里很不是滋味，但又不敢当面直说。回去便在翰林院的墙壁上题诗一首，以泄满腹牢骚。诗云："官职有来须与做，才能用处不忧无，堪笑翰林陶学士，一生依样画葫芦。"后来，宋太祖看了这首诗，不但没有调离、重用他，反而更不喜欢他了。

诸如此类的历史故事很多，它说明一些本来是"龙"的人，在某处之所以"缩龙成寸"，变成"虫"，主要是因为"水土"不适。这种"不适"

国学名句集锦

蛟龙得云雨，终非池中物也。

——《三国志·吴书·周瑜传》

具体说来有：环境不好，待遇恶劣，学非所用，大材小用，用而多疑，压制、非议、打击、迫害，等等。如今，这些问题仍在一些单位不同程度地存在着。我们要求一个人才，不但在业务上要有一技之长，而且在政治上也应成为强者，不应屈从于环境，这当然是对的。但要进而认为一个单位尽管不能发挥自己的专长，也非得在那里工作下去不可，否则就不是一个"强者"，就未免似是而非了。

现实生活中的大量事实证明，有的人在原工作单位普普通通，毫不起眼，一旦换了环境，便龙腾虎跃，其中原因很多，各人的情况也不尽相同。但若异中求同，看来规律在于环境适宜不适宜，位置放得对不对。如果人才放错了单位或位置，"龙"变成了"虫"一点也不奇怪。比如有的人虽有才但屡不见用，良骥空怀千里之志，到头来还被视为一匹驽马；有的单位人才过于集中，菩萨挤破了庙，显示不出每个人的巨大潜能；有的地方对锐意进取之士看不惯，人才被长期埋没；还有嫉贤妒能、学非所用、用非所长等等弊端，都压抑和残害了人才。可见，对人才若一不会用，二不肯放，危害是越来越严重，决不可等闲视之！每一个领导同志都应以对革命事业高度负责的精神，结合具体情况，认真做好易地成才的工作。

国学名句集锦

北人看书，如显处视月；南人学问，如牖中窥日。

——《世说新语·文学》

宣父畏后生，英雄出少年

> 宣父犹能畏后生，丈夫未可轻年少。（唐·李白《上李邕》）
>
> 孔夫子尚认为后生可畏，当长辈的切莫小看年轻人。宣父即孔子，唐太宗贞观年间诏尊孔子为宣父。用人不能论资排辈，要充分相信年轻干部。选拔培养年轻干部，是党的干部工作的重中之重。

年轻干部少不经事，缺少基层工作经验和岗位磨练，这是事实。但是，不能因为这一点，就不敢把一些重要工作交给他们。相反，更加应该充分相信他们，要破除不放心、怕出事的心态，对那些看得准、有潜力、有发展前途的年轻干部，要敢于给他们压担子，有计划安排他们去经受锻炼。

有些领导，在用人上过分追求保险系数，怕"满负荷"出问题，怕嫩竹扁担挑不起大梁，能挑一百斤，只给六十斤。在他们看来，四十岁的人还是"毛孩子"，干个三年五年还是刚起步。这些领导忘了一个简单的道

国学名句集锦

后生可畏，来者难诬，恐吾与足下不及见也。

——三国·魏·曹丕《与吴质书》

理，人才是在实践中干出来的，你总把下属当"毛孩子"，总不愿为下属提供锻炼机会，又怎么能要求下属"成熟"呢？

汉武帝时，霍去病二十岁就当了骠骑将军，结果领兵大败匈奴。三国时东吴的周瑜、吕蒙、陆逊都在年纪不大时被委以重任。被认为"太嫩"的"黄口孺子"陆逊在猇亭之战中，火烧连营七百里，大败刘备，为东吴建立奇勋。拿破仑率部获土伦大捷，被晋升为准将时，不过 24 岁。这些人在"重任"面前，不仅未被压垮，相反成了叱咤风云的人物，建立了丰功伟业。

另有一种所谓的给下属"压担子"，只增加工作量，或只增加简单劳动的数量，这种所谓"压担子"，不仅"压"不出人才，往往把人才压垮。工作只有数量而没有质量，就没有足够的挑战性，自然锻炼不出能力来。就好比烧水只烧到八十度，时间再长这个水也烧不开。在用人时，要根据他的成长情况，逐步地将重要的、核心的工作委托给下属去办，这才是真正意义上锻炼人、培养人的"压担子"。

习近平总书记在全国组织工作会议上说，加强和改进年轻干部工作，要下大气力抓好培养工作。对那些看得准、有潜力、有发展前途的年轻干部，要敢于给他们压担子，有计划安排他们去经受锻炼。

给年轻干部"压担子"，不能单纯理解为"提拔"。现在有一种倾向，一个人希望被提拔，往往就要求组织"压担子"。对年轻干部来说，没经受过风吹雨打，走上关键重要岗位，往往很难经受住长期考验，更给党的事业埋下风险的种子。给年轻干部"压担子"，是让他们更多经受实践锻炼，多"墩墩苗"以变得根深体壮。要进一步完善激励机制，引导他们勇于到艰苦岗位、基层一线磨练，以此为荣，形成风气。

基层实践是检验识别干部的"试金石"。年轻干部多从家门到校门、

国学名句集锦

沉舟侧畔千帆过，病树前头万木春。

——唐·刘禹锡《酬乐天扬州初逢席上见赠》

毕业后直接进入到机关门，工作经历单一，不同程度地缺乏对基层实际情况的深入了解，在党性观念、意志品格、实际本领上还存在差距。让年轻干部到基层摸爬滚打，直接面对困难，独自处理矛盾和问题，不仅有利于加深对基层情况的了解，增进与人民群众的感情，也是对年轻干部成长观的再教育。

对年轻干部挂职锻炼这件事，要有正确的认识。到基层挂职，就是实实在在做事，年轻人是来"炼金"的，不是来"镀金"的。有干部反映，基层挂职期间无平台、无抓手，有劲无处使，有想法难作为，甚至产生被"边缘化"的感觉。有的接收单位"礼待"挂职干部，认为毕竟是上面派下来的人，不敢得罪、不敢怠慢，把挂职干部当贵宾，象征性地安排一点事"意思意思"，这就不利于年轻干部的成长，起不到锻炼的作用。

在实际工作中，对挂职干部建议一律以实职对待，明确分管工作和部门，挂实职，给实权，负实责，做到有职、有权、有位、有为。接收单位要多交任务、多压担子、多给机会，尽可能地将其放到重要部门、关键岗位和改革发展一线经受考验，放在情况复杂和矛盾较多的地方经受锻炼，安排参与协调处理一些突发事件和棘手问题，放心让他们去干、去闯、去参与决策，促使他们得到充分锻炼。

对年轻干部的提拔也不能违规，一味搞"火箭提拔"只会损害选人用人的公信力。提拔不是乱来，破格不是出格。要进一步完善破格选拔程序，强化显规则，遏制潜规则，使破格提拔的年轻干部的确德才兼备、众望所归。

江山代有才人出。相信只要坚持秉公用人、唯贤是举，我们党一定能培养出大批政治上靠得住、工作上有本事、作风上过得硬的优秀年轻干部，党的事业也一定会迎来更加美好的明天。

国学名句集锦

少年智则国智，少年富则国富，少年强则国强，少年独立则国独立。

——梁启超《少年中国说》